讲坛上的中国

民国人文讲演录

张春田 编

南京大学出版社

图书在版编目(CIP)数据

讲坛上的中国：民国人文讲演录 / 张春田编. —
南京：南京大学出版社，2015.9

ISBN 978 - 7 - 305 - 14934 - 4

Ⅰ. ①讲…　Ⅱ. ①张…　Ⅲ. ①人文科学－演讲－中国－民国－文集　Ⅳ. ①C53

中国版本图书馆 CIP 数据核字(2015)第 065422 号

出版发行　南京大学出版社
社　　址　南京市汉口路 22 号　　　邮　编 210093
出 版 人　金鑫荣

书　　名　讲坛上的中国——民国人文讲演录
编　　者　张春田
责任编辑　芮逸敏

照　　排　南京紫藤制版印务中心
印　　刷　江苏凤凰扬州鑫华印刷有限公司
开　　本　880×1230　1/32　印张 13　字数 292 千
版　　次　2015 年 9 月第 1 版　2015 年 9 月第 1 次印刷
ISBN　978 - 7 - 305 - 14934 - 4
定　　价　39.00 元

网址：http://www.njupco.com
官方微博：http://weibo.com/njupco
官方微信号：njupress
销售咨询热线：(025)83594756

目 录

第三辑 青 年

第四辑 学 问

第五辑 人 生

第六辑　文　化

第七辑　社　会

小引

“大时代”的声音

1927 年 2 月，鲁迅应香港中华基督教青年会的邀请来香港，在港岛住了两晚，这是他这一年第二次踏上香港。相比于七个月后他第三次路过香港时被“查关”的不愉快经历，这一次似乎还顺利。他在青年会做了两场讲演，题目分别是《无声的中国》和《老调子已经唱完》。鲁迅一生演讲并不太多，这两场在南国“边城”的演讲又都十分精彩，因此显得很突出。《无声的中国》是为白话文鼓吹的，但鲁迅的用意显然不止于此。“要恢复这多年无声的中国”，可以说是这个“中国现代文学之父”最为关切、也最为焦虑之所在。这不仅涉及白话和文言之争、口语与书面语之别，更涉及民众如何被“代表/再现”，新的集体性的身份意识如何生成，弱势民族从殖民主义世界体系中获得独立解放等一系列更为宏阔的大问题。正如他在次日《老调子已经唱完》的演讲中更为明确地指出，“老调子将中国唱完，完了好几次”，必须得告别那种“侍奉主子的文化”，中国才能有未来。他以革命后的俄国作为参照，相信“他们将来是一定要有声音的，因为俄国是活的，虽然暂时没有声音，但他究竟有改造环境的能力，所以将来一定也会有新的声音出现”。

从鲁迅青年时代开始，对“新的声音”的渴望就在他的关怀中占有着极其重要的位置，他的文字事业、他的人生选择，在在指向并参与了“有声的中国”的打造。其实，对“有声的中国”念兹在兹的，又何止鲁迅一人。面对晚清以后迫切的政治和文化危机，好几代中国知识分子都在思考和探索如何让中国在世界舞台上发出自己的声音，如何让这片土地上的人民发出自己的声音。从孙中山到毛泽东，从梁启超、章太炎到鲁迅、胡适，当然还包括李大钊、蔡元培、闻一多、朱自清，等等，他们思路不一，选择各异，却共同分享着关于我们这个历史文明共同体的“旧邦新命”的伟大抱负。在致力于寻找和建构“中国现代”的漫漫长途中，这些卓越的中国人曾通过各种形式的演讲、报告、讲学，传播自己的思想，讨论公共的议题，动员民众的行动。这些金石之声一路传扬，很多不仅影响于当时，而且回响于其后数十年，让人心驰神往。

拜留声机、速记等技术便利之赐，更感谢很多演说者自己把演说稿或记录稿修订成了文章发表，于是我们今天可以重温众多落在纸面上的，或慷慨激昂，或稳健深沉的声音。本书挑选了民国时期一些人文学者的演讲，结为一集，以从一个特别的角度呈现民国的人文风貌。名为《讲坛上的中国》，是想突显这些演讲者从不同侧面触碰和回应的时代精神，也便于读者迅速获得一种全景式的视野，对民国时期知识分子的公共关怀有一大致印象。根据各篇主题，大致分为“国家”“教育”“青年”“学问”“人生”“文化”“社会”七辑。这种划分当然只是一种权宜，相信读者自会注意到一些演讲本身涉及数个论题，宜以不同角度参照阅读。每篇文章前附有演讲者和相关背景的简单介绍，以期更好地呈现演讲的语境。

限于篇幅，本书所收大致为人文学者，其实缺了政治家和社会活动家的演讲，“人文”的意涵是很不全面的。好在那些演讲，不难在别的演讲录或者政治家们的文集中找到，本书也就不重复了。本书也有意避开了一些习见的篇目，尽可能选择一些未被或少被收录到其他文选或文集中的文章，尽可能选择有助于读者接近民国时期文化思想脉络的文章；重视大家，也注意到光谱的多样性；看重思想的深刻性，同时兼及普通读者的阅读兴趣。

这本书既然是“民国人文讲演录”，无疑，也希望对读者客观看待民国文化有所助益。近年来，对民国时期文化的热衷和怀旧似乎成了大众传媒中一个新现象或者症候，“民国范儿”应运而生，当然随之也出现了很多争论。在我看来，把民国过分理想化本身是一种迷思。民国并不是“黄金时代”，套用蔡元培的演讲题目，民国正是“黑暗与光明的消长”的时期。重要的是，在那样一个“由此得生，也可以由此得死”的“大时代”（鲁迅语），我们曾经有过这么多精彩的人，说过这么多掷地有声的话，对时代做过这么严肃的思考和介入。他们的启示、怀疑或者批判，都为我们今天的思考和行动提供了某种参照和资源。这才是民国或者更广泛的二十世纪中国经验的意义之所在。本书开篇罗素的演讲中提到，“世界的再兴，也要依靠你们的成功”。这是他鉴于“一战”后欧洲文明状况而作出的判断。将近一个世纪过去了，已经富强了的中国的确应该为人类文明作出更大贡献。

需要说明，民国时期的文章在语言和标点符号上都与今日规范有一定差别，为存历史之真，我们保留了文章原貌。在本书的编选过程中，责编芮逸敏女士提供了宝贵的意见。她细致而卓有成效的工作，体现出极好的专业素养和人文关怀，也让本书增色很多，谨此致谢。

张春田
2015 年 3 月

第一辑 国家

罗　素

罗素（前排右一）与赵元任（后排左二）等

中国到自由之路

罗素

罗素(Bertrand Russell,1872—1970),20世纪英国哲学家、数学家、历史学家,1950年诺贝尔文学奖获得者。应梁启超、张东荪等人邀请,罗素于1920年10月来华,在上海、杭州、南京、长沙、北京、保定等地作巡回讲演。本篇即1921年7月6日,罗素在北京教育部会场举行的告别演讲,英文题目为“China's Road to Freedom”。担任演讲翻译的是赵元任。罗素访华期间,赵不但为其正式演讲做翻译,而且也是其会见、考察等其他活动的随行译员。

一个外国的人,在华时候不久,中国文语完全不懂,有如我的样子,要对于中国的各种问题,个个发点议论,实在冒着闹笑话的极大危险。

中国有极古极繁复的文化,在现在世界当中,老的资格,真可称最。中国的习尚,和欧洲完全不同;中国从前在哲学上、美术上、音乐上,有过极大的贡献;但这种艺术,全然独立于欧洲影响之外,和古希腊文化各不相沾。以中国的社会道德宗教的基础,全不相同于基督教的社会,要教一个欧洲人去了解它的状况,已经要费多少的劲;何况再加以中国近代的事实,宜乎欧洲人想定出一个方式来改造中国,常常要走入歧途了。因此之故,我尝劝有心改革的中国人,去自立方式,不要全然依赖在外人知识的帮助上。

话虽如此,我现在终敢大胆地把我对于中国情形,及其改进的方法的感想,摆在诸君面前。这种感想,是我和诸君相处之间,渐渐得来,并非初跨上岸的时候,就到我脑筋里面的。

有两件极普通的事情，我觉得非常明白：第一，中国不应统括地采用欧洲文化；第二，中国传统的文化，已不能适应新需求，不得不对崭新的让步。

西方文明的失败
（Western Civilization a Failure）

欧洲文化的坏处，已经被欧洲大战显示得明明白白。当大战初起的时候，一般人便梦想说，这种坏处，并不是根源在制度上面；只要哪一方打胜，就可把彼除去的。现在则已证明是误解了。我们文化的基础，是资本主义的产业主义。这种制度在早年的时代，虽然带进许多物质上科学上的进步，然而只能引到破坏的战争的道路上去。最近为商场而战争，次则为生料货物而战争；这类战争，和因资本与劳工冲突而生的阶级战争，要是循环不已，西方文化虽说不会就此衰落，即抗拒野心家的侵入。

经济政治的问题
（The Economic and Political Problems are Basic）

要在中国造成这一种的教育，政府极其诚心来提倡，尚非经久长的期间不为功。教员的人才就很缺乏，不发展实业，经费就无着落，不能有比较现在良好的政府，不能预备你的第一步。所以讲到教育问题，又把我们拉回到经济政治问题了。

难避的工业主义
（Industrialism Undesirable but Inevitable）

中国实业的富源，不久要引到实业主义的道路，这是一定可以断言的。我并不以为实业主义对中国一定有利，或是一定不幸，但我相信是绝不可避的。既是绝不可避，就没有时间去辩论彼的要不要。现在中国实际上的重要问题，是以极少度的坏处，极大度的利益，来发展实业主义。现在列强都想占一份来启发中国的富源，此时中国人民，除非展施较前更强些的国民力量，不要禁止外国实业家的侵略。

国际管理的问题
（China no Worse Than Other Government）

前美国公使克兰，曾因中国不能保持秩序，提倡国际共同管理。这个国际共同管理，不特在中国，就在各国都有可以讨论的地方。英国若置在国际共同管理之下，爱尔兰的骚扰可以消灭。美国若置在国际共同管理之下，拳匪似的围杀黑人也可以不见。希望弭止战争的最后的球门，是要各国都置在国际管理之下而后可。法律要替国际间无治状态代兴，然而所谓国际管理者，视异种民族一无差别，并非一族的国家对于一种民族行使专制之谓。中国政府不良，固是无可讳言，各国政府又何尝不是如此。中国政府所做的罪恶，是否敌到大战中得胜的政府所做的罪恶，我实在有点怀疑。我以为中国非到强力的时候，足以摒除外国资本家以战舰军队强迫窥探中国的财源，国际管理终非中国之福。

应当提倡爱国心

（Must Develop Patriotism）

中国最要紧的需要是爱国心的发达，而于有高等知识足为民意导师的尤为要紧。日本的侵略政策，反激起中国的这类运动；但是还要有较此更锐敏更普遍一些的。中国帝国朝代几千余年，从未遇到真正仇敌的侵占，即有鞑靼满洲人种，然亦窃拒不久，于中国文化并没使能够残存，也要变成机械的向大处不断地膨胀，完全蔑弃个人的地位和个人的特性，又有什么价值可言？所以决计不是一味效法西方，中国人才能为他的国家或世界谋幸福。

中国积习宜破除

（Must Break Tradition in China）

从方面说，中国古来遗传的文化，以孔子学说为基础，而又掺杂佛学的意味，已经到了自然剥落的程度；即不能成就个人的事业，更不能解决当今中国前面的内外政治问题了。盖自千年以来，已呈浸衰气象，渐渐失其庄严，有如欧洲被征服以前，希腊罗马文化失其庄严的一样：一味崇拜古化，不问问彼的价值，这样坏处，一定脱离不了。一时代应该自谋适合自己的道理。祖先的方法，虽在祖先的时代见是适合，不应把彼来适合自己的现在。我尝听说欧洲人都说中国要是抛弃孔子的教训，中国道德真个要破产，要使移去孔教，精神区域内要变成真空。或许这位欧洲朋友的话，还有此事，要是还有较新的信条，对于近代问题更较适合可以得着人民的信仰与热心和孔教在它创始的时代一样，那就这位朋友所虑的，全没有这回事了。所以我以为中国的改造家，应当不愿盲从西方的文化和不愿保存残留的文化一样。我实在见得中国的将来和它的过去一样，对于文明一定有显著贡献，对于世界精神的区域内，不仅仅为数量的增加。

复辟切不可再犯

（Monarchy Restoration Undesirable）

中国经几百年以至于现在，有知识的人，总以为现在这种无政府状态的军阀主义不可不速灭；这实在是中国改革家至和缓以至急进派一致的调头。但是他的手段如何，就聚讼纷纷，欧洲人当中，甚至因此而赞成复辟，这实在是不当。因为新问题，不是恢复旧状态就能解决得来的。

需要新式的教育

（Modern Education Essential）

斩截和永久的解决，惟赖教育。但是教育这个字的意义很含糊，名实相称的教育，绝不容易再发生现在教职员罢课的政治状态当中所能求得。中国现在所需的教育，要普遍的和新式的，不应和从前一样，只有少数人有读书的特惠，也不应只读读古书就算学问；必要普及的科学的。科学又不是仅仅理论的，须知近代实业经济有密切的接触。中国有偌大的人口，一日不教育，一日不能支持以后实力的时代，留下多大痕迹，因之在中国国民遗传的道德性上，出于自卫所必需的爱国心，仅占极小的领域，爱国心的地位实为忠君心理所侵占。自改民国以来，忠君心理亦已毁坏，不幸中国国民又是在历史上第一次遇着真正可怕的仇敌，侵并的危机来到面前，爱国心所以最为紧要了。苟欲保存国家，应把以前对一家一姓的忠心，移到对国家上去。

要一万彻底的人

（The Thousand Resolute Men Needed）

希望在极短促的期间，把公共精神分播到民间去，实是痴想。但是改革之初，需有一万彻底的人，愿冒自己性命的牺牲，去制驭政府，创新实业重新建设。这类人又须诚实能干，不沾腐败习气，工作不倦，肯容纳西方的长处，而又不像欧美人做机械的奴隶。中国的恶根并不强固，不过历来抵抗彼的太近理论了。

政治的改革居先
（Political Reform First）

我和有思想的中国人谈话，常常觉得有一个问题：怎样能够发展中国的实业，同时又能免除资本主义的流毒？这是一难题。当我初来的时候，就觉不易解决。但是现在我觉得只要能如上面所说创造一万个彻底的人物，就能解决这个问题。但是直接从经济问题下手，终归无用，一定要先解决政治问题。非等到有了巩固诚实的国家，没有弊端的政府，不论哪种共产主义社会主义都不能成立。举例以言，中国矿产是归国有，彼的利益归之督军而不归之人民。这是如太阳必到中天一样的明了。政治的改革必居各种经济的发展的前面。

俄政策适合中国
（Russian Methods Suited to China）

中国政治改革，绝非几年之后就能形成西方的德谟克拉西。德谟克拉西存在的国家，设想该国的人民已经是能读能写有相当程度的政治知识。这类条件，在中国就不能满足。要到这个程度，最好经过俄国共产党专政的阶级。因为求国民的知识快点普及、发达、实业不染资本主义的色彩，俄国式的方法是惟一的道路了。俄国布尔什维克派，自然也有许多错误的地方，尤以对于农民的手段为甚，现在渐渐改进手段了。要循彼的道路走的，正可取彼做前车之鉴。当我在俄国的时候，我就觉得俄国想把它的方法，引进西欧各国，是无效的尝试，因为西欧各国，已有开发的实业和受教育的人口，德谟克拉西必可保留。若在中国和俄国，这类条件，全都缺乏，人民没有教育，产业不发达，所以俄国式的手段实是最可能。

国家社会主义观
（State Socialism is China's Way Out）

非资本主义的产业方法有多种：有无政府的共产主义，有工团主义，有国家社会主义。俄国所采用的有行会社会主义（即基尔特社会主义）、无政府社会主义、工团主义。行会社会主义，只适用于产业已发达的国家；在产业幼稚的国家，依我的意见，应用资本主义或国家社会主义。故现在若欲我答如何能免资本主义而发展实业，我必说第一步惟有国家社会主义。国家社会主义固然有许多的黑影，但是最容易促成实业的和教育的进步。我相信这类方法，比较等到教育上和实业上达到和英美一样的程度，然后再来祛除资本的流毒，总要好点。

社会主义的道路
(Socialism Must Pave Way for Freedom)

其中最重要的方法,就是矿产铁路水道实业农业都归国家所有,国家开采。若欲免除资本主义当中贫富不均的现象,那么,管理这类产业的人,一定要具有热心,不可自私而后可。再进言之,欲求国家社会主义,不做官僚的专政,那么,管理这类产业的人,一定要爱自由,爱德谟克拉西。

伦理和经济并重
(Ethical Factors as Important as Economic)

共产党常说:"共产党中生活,以经济问题为最要。"这实在是误解。我以为伦理观念也一样的重要。如我上面所提议改造中国经济的人物,一定要有操练的知识,是军人的出身,可以对内和无政府的军阀宣战,对外和侵略派的资本家抵御。试观俄国革命初成立的时候,就知此类人物的必要。战胜之后,又要能及早抛弃其所得之财富和归来的权力。欲能如此,伦理的品性确不可少了。财富和权力两样,尤以权力为难于割弃。俄国布尔什维克派得胜之后,就是想延长它的权力;而在中国,以我所观察,恐怕要得反面的弊病。爱财富的心重于爱权力。中国被治于一班爱钱财的督军底下,国民不有爱幸福爱国家的心理,是不能战胜它的。

中国最后的成功

实业和经济方面的生活，在西国过于重视它是一种目的，其实只能算是达到善良生活的一种手段。最终的人生目的，在于团体，实业仅其奴仆，而非主人。团体中间要有暇豫的生活，经济的目的，不应是统驭的。暇豫为美术科学友谊而存在，不应为出产过多而牺牲。中国实含有这类的性质：有艺术的意思，有享受文明的度量。缺乏这类的性质，暇豫就要变了无意味，中国将来引世界于进步的阶级，供给没有休息将发狂痫以亡的西方人民以一种内部的宁静，全赖在这点特性上。不特中国，即是世界的再兴，也要依靠你们的成功。

（原载上海《民国日报》，1921 年 7 月 11 日）

外交欤内政欤

梁启超

梁启超(1873—1929),中国近代思想家、政治家、学者。本篇系 1921 年 12 月 20 日,梁启超在北京高等师范学校平民教育社的公开讲演辞。

今日承平民教育社委托,有机会和诸君交换意见,不胜欣幸。所标讲题,当先加解释。我所要说的并非泛论外交内政问题,我的意思是国民运动的方向。应该在外交呀。还是在内政呢?

我讲演之前,还有对于平民教育社的一点意见。平民教育应该怎样教育法呢?我想不外两种:(一)从私的生活方面说,要教育他们学做现代的人。(二)从公的生活方面说,要教育他们学做共和国的国民。两种是不能偏废的,但无论从事于那一种,都不是用上讲堂背讲义的方法所能有效,最要紧是常常实地练习。譬如欲教成一个电车运转手,自然非拿电车给他练习驾驶不可。想要教成多数人会做共和国国民,非常常造出些机会,叫他们养成政治上协同动作之观念及技能不可。我所以极力提倡国民运动,就是此意。

本题所讲,分为七段:

(一)国民运动之意义及价值。

(二)中国是否曾有国民运动?

(三)"五四"之外交的国民运动。

(四)今后国民运动之方向。外交欤?内政欤?

(五)内政的国民运动之重要条件。

(六)现在国民运动应拿什么为主题?

梁启超

（七）“我”自己应做的事。

一、国民运动之意义及价值

近来社会上稍为时髦一点的人都喜欢用新名词，却是许多好名词，都被他们活活用坏了。即如“运动”这个字，在中国一般人说起来都觉得他含有夤缘诡秘可厌可鄙的观念。其实这个字是从英语 Movement 译来。Movement 的本训，何尝有一毫像中国人所说呢？我如今先要把运动这个字下一个正当的解释。好像把一锅水燉到沸度，水中种种质点，都在满锅里运动起来，现出变化作用；又像在化学室中，将几种原素放在一个玻璃瓶内，它们便运动起来，分析化合，忙个不了。这种物理学上运动状态，很可以借来做人类社会运动。解释社会是个有机体，凡有机体的生活，都是以构成他本身之分子的运动为养命之源，倘若“构成分子”运动停息，那有机体便活不成了。例如人体中无数细胞，刹那刹那在那里运动，周而复始，这算是经常运动。若忽然疾病来侵，便于经常运动之外，更起一种非常运动，体中健全的细胞，便一齐着急，对于那些陈腐毒害的霉菌，施行攻击或防卫。人类所以能保健却病，都是赖此。倘若有一个人，平时那血管运行，恹恹无力；遇着疾病，体中健全细胞躲起懒来，害起怕来，不肯或不敢和那些病菌对抗，这个人我敢说他不到几天便要死了。国家的构成分子——国民和人体的构成分子——细胞正是一样。国民当国家安宁的时候，要有继续不断的经常运动，然后政治上病的分子不至发生；国民当国家艰危的时候，要有急起直追的非常运动，然后内部发生或外部袭来之政治上病的状态，可以减轻或消灭。若是国民都躲懒都害怕，运动力停滞或止息，那么，这国家或是犯着一个险症，暴病而亡；或是害了痨伤，捱些时也断送性命。这是万无可逃的事理。这样说来，国民运动意义之重大，可以想见了。

一部西洋史，一言以蔽之，就是国民运动史。希腊市府国家的市民 Citizen，对于全市——即国家大大小小的事，人人都有权管，人人都爱管，所以古代文明的源泉，都从那几个斗大小城酝酿出来。罗马人的国民运动，更是好看，他们有一回最有趣的事。那平民和贵族对抗，忽然全体都跑往离罗马城外十三里的小丘上去了。历史上有名的叫作“退出国都”之役。贵族平时虽然是趾高气扬，碰着这种运动，也不得不低头了。因为统治阶级权力虽大，离却被治阶级却也活不成。强者能够制弱者死命的只有一件。弱者能够制强者死命的倒有几十件哩！只要弱者能有团结的运动，至弱便变成至强。罗马平民拿出他“看家本事”唱过这出有声有色的活戏。此后二千多年欧洲政治舞台，演的都是这一套。自从近世之文艺复兴宗教改革，经过法国大革命，直至现代之劳工同盟，戏本虽日日翻新，精神却是从一个源泉里导引出来。我们读西洋史，真是越读越有趣。处处峰回路转，时时柳暗花明。只看见他们国家里头的细胞，好像“无事忙”一般，在那里运动个不休。除宗教学术文艺上种种运动不计外，专就政治上说，那关于全部的，例如人权宣言运动、殖民地独立运动、民族建国运动、普通选举运动、社会主义运动，等等。那关于局部的，例如放奴运动、妇女参政权运动、禁酒运动，等等。看他们闹真闹得起劲，真运动得兴高采烈，淋漓尽致。拿我们中国人眼光看来，真是莫名其妙，只好说是“唠叨”“捣乱""多管闲事""干吗",好像那些方领矩步的老先生们,看着你们学生赛打球。两边成群结党,个个打得满身臭汗。究竟所为何来?殊不知,你们每日或隔日打一次球,便是身体保健的绝妙法门,比吃人参鹿茸还强几倍。他们唠唠呫呫爱管闲事,大至全人类的人权也要管,小至一家里头买个丫头用用也要管,一个人爱吃两口酒也要管。说声管,便大吹大擂地纠合千千万万人管起来。他们闹这种顽意,好像闹上了瘾,一天不闹,便一天不好过。哈哈!他们真是疯子吗?国家的发展、全人类的进化,都是从这一个根子来哩,我老实告诉诸君说罢,我们若不承认中华民国——不承认生今之世要适用共和政治,那便无话可说。如其不然,便要知道共和政治的土台,全在国民。非国民经过一番大觉悟大努力,这种政治万万不会发生;非继续地觉悟努力,这种政治万万不会维持。倘若国民不愿意管政治,或是不能够管政治,或是不会管政治,那么,这种国民只好像牛马一般,套上个笼头听人处分。碰着个把圣君贤相,大家便过几年安逸日子;碰着那强暴残忍的人压在上头,只好随他爱抢便抢爱杀便杀。凭你把国体政体的名目换几十趟招牌,结果还是一样。你若想取得自由市民的资格,可是海枯石烂,不会有这回事哩。怎么才算愿意管政治呢?是要靠国民运动来表示这意志。怎么才能够管政治呢?是要靠国民运动来争得这权利。怎么才会管政治呢?是要靠国民运动来练习这技能。简单说一句,国民运动便是共和政治唯一的生命。没有运动,便没有生命了。

欧美的国民运动,大概可分两种:(一)法定的;(二)特别的。法定的是选举运动:大总统若干年满任,国会及地方议会若干年改选。每到这时候,嗳哟,可了不得,全国人都像热锅上蚂蚁,动得个"不亦乐乎"。那些政党首领,日日从早到晚十几点钟的演说,或在公共会场，或是露天。到处人山人海。在这个市讲完，呜呜的搭火车飞跑到那个市。火车里头聚得一群人也要演说，车站上停得十分八分钟也要演说。那讨论问题的小册子，便像雪片一般飞满全国。那些主张都写着旗子，拿军乐队夹着游行，便像南洋烟草公司卖告白一般。全国人民，除非闭着眼，眼一张看见的便是政治问题；除非塞着耳，耳一开，听见的便是政治问题。他们每隔一两年，便做一趟这种法定的运动，好像乡村里定期迎神赛会。连七八十岁老太婆五六岁小孩子，都趁热闹大忙特忙起来。他们平时像一锅水保住平均的温度，一到选举时，更涨到沸度。他们闹惯了也忘了形，不知是责任呀还是兴味。依我看来，他们这样的政治运动，简直和赛球赛马赛舢板的运动同一性质，真是无事忙忙到举国若狂了。

什么是特别运动？大抵拿来要求某种应得而未得的权利，来处分某种应解决而未解决的问题。这些事在选举运动时虽亦常常提出，但未必都能成为选举竞争的目标，未必都能成为国会中讨论的主题。他们于是乎由一特种阶级——或一特种团体结合起来，举行种种方式的运动，把他们所要求所主张抬出来，唤起一般人注意而促反对者之警省。他们在平时——或法定选举时已经为不断地努力，遇有机会，更临时做刺激的运动。例如印度人乘英太子往游，便大大地做一回反欢迎的运动。劳工阶级每年五月一日，便大大地做一回国际纪念节的运动。这些运动多行一次，那主义的旗帜便加增一度的鲜明。运动来运动去，从前的空想，渐渐地都变成事实了。

这种运动，在人类政治生活上有什么意义呢？依我想，最重要的有三件：

第一，使多数人懂得政治是怎么一回事，懂得什么叫作政治问题。一般人的通患，莫过于脑筋里没有问题。无论在政治上在学问上在道德上，凡不用心思的人，总不会发生问题，件件事都觉得“照例如此”“不成问题”。那么全个社会都僵冷，都钉住，再不会改进了。运动的最大作用，是把各种问题大锣大鼓地抬出来放在公众面前，聒噪得大家耳根不得清净。初时那些浑浑沌沌什么事都回答个“不成问题”的人，你向他聒噪得几次，他脑筋里也渐渐成了问题了。例如我好贪几杯，觉得吃酒不成问题。倘使我住在美国，听他们戒酒会中人种种科学的解剖说法，许不免我脑中也成了问题。凡一个问题经过一度群众运动之后，那问题自然会成为“通俗化”。例如美国从前曾经拿用金用银问题来做两党竞争选举的目标。难道美国市民个个都是经济学博士吗？自然大多数人对于这问题不惟不管而且不懂。但当那运动正剧的时候，差不多连扫街夫连灶下婢开口便是金银本位的利害了。所以国民运动的作用，第一步，是把向来不成问题的事项渐渐都变成了问题。第二步，是把向来少数人注意了解的问题，叫多数人都注意都了解，这便是政治知识普及国民的唯一捷径。

第二，使多数人认识且信任政治生活之“改进可能性”。每一个时代的旧政治，总是被治阶级呻吟于统治阶级之下。统治阶级总是强者，被统治阶级总是弱者。弱者因为力量来不及，只好听天由命，只好盼望强者发慈悲赦免。两百年前欧洲的人民和现在中国的人民，都是如此。——中国人尤甚——国民运动，是由少数弱者的自觉，唤起多数的自觉；由少数弱者的努力，拢成多数的努力。自觉努力的结果，强者阶级必然降服，弱者阶级定然得解放。你不试过不肯信，试得一两回便信了。信得过这种种事业有“可能性”，自然政治生命常带活气。

第三，使多数人养成协同动作之观念及技能。国民运动虽然也需有指导的人，但他的性质，纯是多数共动，不是一人独动。譬如前几天你们高师学生和清华学生赛球，倘使你们多数的队员都没有打球的兴味和技能，那么纵令你们队里有一位"球圣"、两三位"球贤"，我敢保你们终是一败涂地。因为人类是社会的动物，除了互助协作外，断断不会做成一件事。要养成互助协作的习惯和技能，断不是靠口头提倡所能办到，总须找些机会，常常作实地练习。国民运动，是拿很松很宽很暂的团聚试行协同动作。做过一次，那习惯兴味技能便长进一次。所以致密坚强之民治组织，非经过多次运动而且常常继续运动不能成功。

上文所说三项，第一项是从智的方面说，第二项是从意的方面说，第三项是从情的方面说。所以我觉得国民运动的价值，在政治本身是可限量的，在国民教育上是无可限量的。一个个政治问题的运动，虽有成败之可言，从政治教育的意味看来，无成败之可言，凡国民政治运动，总是成功——虽失败也算成功。为什么呢？因为靠他才能养成做共和国民的资格。成固然养资格，败也是养资格。资格养成，什么事干不了。所以国民运动只有成功，没有失败。

二、中国有过国民运动没有

民众政治的思想，几千年来中国人脑里头是没有的。"人存政举"是我们祖宗相传唯一的信条。所以古今大政治家，能做到"格君心之非”便是第一等事业。汉宋明各时代，也曾有所谓“民间清议”，很像带点运动彩色，然而和欧美式的运动，性质根本不同。汉明式运动最高的结果，不过希望君相干好事。欧美式是要人民自己来干。汉明式运动，费尽九牛二虎之力，能把一个误国权奸打下去，已算莫大的成功。但那权奸做坏事已做够了，国家元气已丧尽了。况且一个权奸打下去，别一位权奸又挤上来。始终还是那么一回事。欧美式运动，是把政治筑成一个壁垒，叫坏人混不进去。所以他们只有政策对不对的问题。——政策本来没有绝对的好不好——没有人好不好的问题。就以人论罢，政府当局因才具不济，要做好事做不来的。容或有之，安心做坏事——把国事弄坏来谋一己利益的人——却断断没有。为什么呢？为的是他们大大小小政策，都是从国民运动产生出来。当局的地位，是靠国民运动才能得着。他们办的事，不过执行国民运动的结果。国民几千万双眼睛看着，那里容一个人作弊？我们在“清议”极盛的时代，尚且不能得这种结果，别的时代更不必说了。旧小说里头说的“一条好汉”最足表现中国人心理。无论好事坏事，总是靠一两条好汉去做。你看，戏台上打仗，总是一个红脸一个花脸单刀比武。那些打赤膊翻筋斗的配脚，完全不算一个脚色。欧美人便不然，做好汉一齐去做，并不是一条几条问题。他们的政治，像密集式的军队，不战便罢，一战是几十万人一齐往前，和我们的“两将对阵拼打几百围合”恰恰相反。所以中国虽然出些尧舜禹汤，归根总是“人亡政息”。欧美便没有“人亡”的问题。若说人亡除非全国人都死了，既已不会有这种事，所以他们的政再不会息。

中国国民运动的起源，算是前清末年才有点影子。当时所谓立宪运动，革命运动都是诉诸一般民众，合起来对付满洲政府。初时用文字宣传,后来渐渐做规模较大的国会请愿。最后因铁路国有问题,做一回极猛烈的运动,便成了辛亥革命的直接导火线。民国成立,也不能不说是由国民运动得来。但因为那时言论集会,太不自由,到底的秘密运动多、公开运动少,所以这中华民国,并未能建设在民众意识的基础之上。换一句话说,这中华民国的建设,并非由全国民认识共和政治之价值,协同努力去建设他,不过极少数人用"催生符"的方法,勉强得这意外的结果,既已如此,所以始终脱不了"几条好汉"的老思想。就令当局者果然高尚纯洁,不过变名的圣君贤相,结果还会落得个"人亡政息",何况当时并未有实力。这招牌还是假手于王莽曹操一流人挂起来呢。俗语说得好:"种瓜得瓜,种豆得豆。"这十年来的民国,人人都知道他是"挂着羊头卖狗肉",却还要知道,这不但是掌柜的混账,本来股东何尝有开羊肉铺的意思来?股东若决定卖羊肉,那些狗肉掌柜,能容他一刻站在柜台上吗?

我方才说欧美的"法定期国民运动"是选举。我们的选举——合法非法且不管——国会呢?说是选过三次了。总统呢?南南北北合计,说是选过四次了。诸君也曾听见过某年某月某日某城某镇某乡某党某人有过一回竞争选举的公开演说没有?到选举议员时候,只看见两两三三,交头接耳。或是跪倒在那些都督督军的膝前,恳求指派;或是派出成队成队的掮客,放盘买票。到选举总统时候,除买票外,还拿兵围着。议员口口声声说是"人民代表",总统口口声声说是"受全国人民委托"。人民吗?他们最通达时务的,知道"北京城里转了朝",已是了不得。其余十个有八个真是"不知有汉,何论魏晋",还说是现在"老佛爷当家"哩!什么鸟总统议员!他们脑里头就始终没有这个字。然而"代表""委托"等等名词，竟被那些大盗小偷偷用了十年了。诸君须知，这种现象——买票及派兵围议场等现象——不但北方满清遗孽统治的地方是如此，便是南方革命伟人统治的地方，也何尝不是如此。这种“法定期运动”尚且没有，那些临时运动更不消说了。诸君想想像北京这几年内大开门户卖官鬻爵、像广东这几年内明目张胆开赌贩烟（开赌是过去，贩烟是现在），倘使换转在外国中无论哪国，国民有个不起哄的吗？我们怎么样呢？除了忍气吞声之外，有人敢放一个屁吗？其余应兴应革之事，千头万绪，总没有人过问。违法地方是如此，护法地方也是如此。打开窗户说亮话，都是一丘之貉。

十年的民国闹到这样田地，是谁的责任呢？那些军阀，那些官僚，那些戴假面具的伟人志士，都不足责。因为他们本来是靠这行头来吃饭。最可惜的，有一群自命正人君子的人，他们积极方面的心理，是孔子说的“苟有用我者，期月而已可也，三年有成”，总认定要靠一两个有大力的人，才能施展他“致君泽民”的抱负；消极方面的心理，是孟子说的“归洁其身而已矣”，只求不肯“同流合污”，别的事也不愿多管了。不瞒诸君说，我自己和我的朋友，都是这一类的人。全国中这一类人，确也不少。这一类人，原算是人体中健全细胞，但他对于毒菌，或不肯抵抗，或懒得抵抗。那么，非让毒菌猖獗纵横，到处传染不可了。所以我觉得国事之坏，责任不在他们而在我们。我绝对不敢责备别人，只有责备自己。

总括一句可以说，中国做政治活动的人，——无论何党何派——都完全没有了解民主政治的真意义，所走的路都走错了。十年以来，号称优秀分子的人，或是运动这军阀，打那军阀，打倒一个军阀，便养成个更大的军阀；或是运动军阀手下的人去倒军阀；或是运动些土匪来倒军阀。结果，那能倒军阀的人，立刻便变成了新军阀。闹来闹去，总离不了这一套，始终并没有人从运动国民上痛下工夫。欧美式的国民运动，所以不能发生，原因都是如此。

三、"五四"之外交的国民运动

"五四运动"是民国史上值得特笔大书的一件事，因为他那热烈性和普遍性，的确是国民运动的标本。这回运动，从表面看来，性质完全是属于外交的，要评论这回运动，须先把别国的国民外交运动来比较一比较。

别国的国民外交运动，大率是政府先定有强硬的对外方针，国民起来做声援，运动是对外示威。示威的结果不是敌人让步，便是开战。所以这种运动，在别国是轻易不肯滥用，一用起来，力量却非常之大。"五四"外交运动，完全不是这样。政府和国民，分为两橛。这种外交运动，也许全无效果，就有，也断不能如别国的外交运动效果之大。

"五四"运动有效果没有呢？有。欧美一般人脑里头，本来没有什么中国问题，如今却渐渐地都有了。提起中国问题，便紧紧跟着联想到山东问题；提起中国问题，便人人都说"日本人欺负中国"。简单说，这回运动算是把中日关系问题大吹大擂地抬到世界人面前去了。这便是第一种效果。

这回太平洋会议，这问题虽然没有满意地解决，但日本人已渐渐觉得中国民气和世界舆论可怕，不能不稍为让步。这也算第二种效果。

因为这种运动，引起多数青年的自觉心，因此全国思想界忽呈活气。这是我认为最重要的第三种效果。

因这回运动,表示中国人"国民运动的可能性"将来也许引起别种国民运动。这是我希望的第四种效果。

四、今后国民运动之方向外交欤内政欤

"五四运动"与其说是纯外交的,毋宁说是半内政的,因为他进行路向,含督责政府的意味很多。论理这种运动,应该有扩大的可能性,应该跟着就把方向移到内政方面。然而我们国民仍旧迟迟不进。什么缘故呢?我想,缘故有两种。

一、外交问题较简单,容易把多数人的感情烧起来;内政问题较复杂,要转几个弯才能了解。多数人看得不痛切,不着急。

二、外交问题的运动和国内专权的人没有什么直接触犯,危险程度较少,多数人乐得附和;内政问题,任提何件,都是和目前盗国殃民炙手可热的人短兵相接,危险程度甚大。稍为计较一下胆顾一下,便不肯上前了。

这两件,我确认为内政的国民运动不能发展的主要原因。但我以为今后运动方向,非由外转到内不可。请言其理。

(一)外交运动的效力有一定限度,我们再没有法子能超过这限度。例如山东问题,这回华会解决如何,恐怕就算是他的最高限度,再闹也闹不出什么结果,只怕越闹越疲了。

(二)往后外交问题,恐怕日加一日的复杂,闹也闹不了许多。欧战当中和战后一两年,欧美人没有余暇经营中国,所以捣乱的只有一个日本。近来形势一变,各国对于中国权利争夺的故态,怕要

复活。你看西藏问题,不已是一步步逼紧来吗?我们枝枝节节地对外,恐怕对不了许多,徒然令人笑我们是"无意识的爱国",反为无益。

(三)内政上局面不转变,争外交绝无结果,外交主张,是要政府去办的,国民不能努力建设一个像样的政府,而拿许多话哓哓向人。在自己是"不揣其本而齐其末",在人家看来,完全是一种戏论。你看,这回华会中日本人放的空气,说"中国算得有政府没有",说"中国领土范围发生问题",诸如此类,几令我们无辞可答。我们欠的外债本利无着,人家当然来商量监督财政;我们铁路破产,人家当然来商量共管铁路。专靠民气抵抗,抵抗得了吗?

因这三种理由,所以我说,以后我们若不打算做国民运动便罢,若还打算做,决然应该把方向转变,从外交方面移到内政方面。

五、内政的国民运动之主要条件

条件有十:

第一,要积极的不要消极的。消极的运动,是主张"不要做某件事";积极的运动,是主张"必要做某件事"。例如消极地说:"当政府的人不许卖国。"这句话谁能说他错呢?但须要进一步说"要做某件事某件事才算不卖国",如其不然,那不卖国的主张,恐怕成了一句空泛的废话。有人说,中国是"否定性"的国民。他们虽然否定满清,却不见得可定共和;虽然否定集权,也不见得可定自治。乃至否定袁世凯的人,并不是可定孙文;否定张勋的人,并不是可定段祺瑞;否定安福派的人,并不是可定奉直派。这种现象,虽然是因为现在政治现象是“一丘之貉”，叫我们无从下一个“可定”的考语，但国民若使永远专持“否定”的态度，没有积极的主张拿出来，恐怕成了世界上虚无的国民便完事了。

第二，要对事的不要对人的。汉明清议，十有九是对人问题。去了个邓骘，来了个梁冀；去了个刘瑾，来了个魏忠贤。对付坏人是对付得无了期。费九牛二虎之力换掉一个，换来的还是一样。试问能有几个“九牛二虎”呀？我们中国人总是“有治人无治法”那副旧脑筋，所以对人问题还有兴味，对事问题便无兴味。对付袁世凯做皇帝，还许有全国一致的时候；对付北京市的电灯，却永没有全市一致的时候。我常说：“到了中国报纸里头的政治新闻没有人名字，中国政治便清明了。”所以国民运动是表示我们国民要要求那几桩事。当局的人，能办这几件事的便要他，不能的便撵他。他是张三还是李四，我们却没有闲工夫来管。

第三，要公开不要秘密。在专制淫威之下，国民运动带些秘密性质，或亦为事理所不能免。但我以为秘密总是罪恶，虽以极光明的人，多做几回秘密行动，也会渐渐变坏。况且我所主张的国民运动，纯然带“国民政治教育”的意味。若是秘密，则这种作用完全失掉了，所以我主张万事要公开。始终用堂堂之阵正正之旗，赤裸裸地把社会黑暗方面，都尽情暴露出来，连我们自己的缺点也暴露了。一切暴露之后，自然会有办法。

第四，要在内地不在租界。我想，中国有了这几个租界，便制造出一种畸形的社会。假如没有这租界，或者中国连几句空论都没有，也未可定。但是有了这租界，中国却是只有空论便完事了。在租界里当志士，发几封“快邮代电”，唱的调子比天还高。那本意是否取巧出风头，姑且不论，但无论如何，已是隔着一层。在租界大喊大叫，总贯彻不到内地人的耳朵，而且冒险牺牲的精神减少，说话的效力也减少了。所以真正的国民运动，非离去租界到内地不可。

第五，问题要大要普遍。国民运动的问题，要为"全民的"，然后能得多数人同情，增大他的效力。例如今年八校罢课，起初标的是教育基金问题，比较的还近于普遍，然而已不算十分普遍，因为教育界人认为很大，别界的人或认为很小。其后渐渐变为教职员欠薪问题，那更小了，因此而牺牲学生三四个月功课，实属不值，且不能得社会同情。学校经费为什么无着？因为不能履行预算。为什么不能履行预算？因为学校预算都被别的人吃去了。既是拼着牺牲学校里几个月光阴，为什么不把题目放大，鼓运起国民监督财政运动或其他运动？像学校罢课这类事情，我是最不赞成的。我希望他从此不再发现，但若到不得已而发现的时候，我望他总要把问题放大些才好。

第六，问题要简单明了。凡要拐几个弯的问题，断不能做国民运动的主题。排满革命运动为什么有力？说一声"满洲人抢掉了我祖宗的江山"，个个都了解了。五四运动为什么有力？说一声"日本人欺负中国"，个个都了解了。能够唱得起的国民运动，总是要这一类的问题。等到将来多数人政治知识渐充，政治兴味渐浓，那么稍为复杂的问题，也说得进了。

第七，要分段落。政治问题甚多，不能同时并举。既拿一个问题做主题，就专从这个问题下全力。好像攻要塞一般，攻破这个炮台再攻那个炮台。总要在某一个定期内，将某一个问题向国民耳朵边聒噪不休，叫人人心目中都认识这问题的价值，把一个问题闹出个段落，再闹第二个。

第八，运动主体要多方面。运动专以学生为主体，只是学生运动不能算是国民运动。运动专以商界或劳工界为主体，只是商界或劳工界运动，不能算是国民运动。国民运动纵然不能办到“全民的”，总须设法令他近于“全民的”。运动要由知识阶级发起，那是没有法子的事，但若专靠知识阶级做主体，却反于国民运动的精神了。

第九，运动不妨断续，但要继续。政治运动，很可以拿体育运动来做比方。我们舞哑铃打球，断不能成天价去舞去打。只要歇些时再去舞一趟打一趟，常常继续下去，技术自然会精，身体自然会强。我并不是劝许多人抛弃了他本来职业去做个“国民运动家”，只要隔些时便大家鼓起精神去做他一下。有人骂中国人只有“五分钟热度”，这句话我就不甘服。人类感情热烈的高潮，原只有五分钟。难道外国人又会过五分钟以外吗？只要你隔些时又来他五分钟，再隔些时又来他五分钟，那么几十几百个五分钟，力量却再大不过了。

第十，不要问目前的成败。天下事本要带着“知不可而为”和“为而不有”的精神去做。个人生活如此，何况国家大事。若件件打过算盘千妥万当本利还元才去做。那么，只好一事不做了。诸葛孔明说的“成败利钝非所逆睹”，真是人类生活安心立命的不二法门。试看欧美人近一百多年国民运动事业，哪一件不是经几十年几十次的失败才能做成？所以我们当着手运动之先，便要先把“失败”两个字批在自己预算册上头，只认为应该做的，便大踏步做去。

六、目前的国民运动该拿什么做主题

国民运动的重要既如彼,那应注意的条件又如此。假如我们全国人要起一次大大的国民运动,应该选择哪个题目最好呢?

平和统一运动吗?不好不好。一则是太空泛,虽然个个人都赞成,却说的都是不着边际的话。二则是容易被野心家利用,无论是分赃的平和,是南征北伐的统一,都只有军阀的好处,没有国民的好处。

省宪运动吗?好是好极了,但太过复杂要拐几个弯才能说明他的必要,不能一叫便醒,而且噜噜苏苏的法理论,多数人厌听,又容易发生意见。

劳工运动吗?不能说他不好,但是不切题,搔不着痒处。这是将来的问题,不是现在的问题。好像和小学校学生们讲婚姻问题,他们绝对不感觉他必要,更绝对不感觉得有兴味。

此外别的问题虽甚多,但各各都有些不甚适切之处。我以为目前最痛切最普遍最简单的,莫如裁兵或废兵这个大问题。我们应该齐集在这面大旗底下,大大地起一次国民运动。

几百万兵放在国里头,什么事都没有办法。拿这几百万兵变回人民,这笔养兵费省下来,什么事都有办法。这是眼面前最显浅的事理,全国民人人心目中都有这见解,一点便醒。对于问题本身,几乎没有容插异议的余地。从政治实际上看,固然是极重要的问题,从国民政治教育上看,也是极适当的问题。要起这种运动,那程序怎么样呢?凡运动总须用三种手段,废兵运动自然也是这样。

（一）研究。应该有些人将问题中之问题，忠实研究。例如中国是否要有兵？要有兵要有多少？要的是怎么样的兵？裁兵费要多少？怎么筹法？怎么用法？人民裁兵的可能性在哪里？用什么机关去裁？裁了怎么样安顿？如此等等。非有人专门研究清楚不可。

（二）宣传。宣传是把研究的结果传布出去，叫他成为舆论，或将研究结果全部分宣传，或仅宣传他一部分，是要看那对面的人地位如何感想如何。有对于一般市民的宣传，有对于军官或兵士的宣传，说法虽不同，总求得他了解，引起他的同情。

（三）实行。舆论养成之后，便要起一次或数次公开的联合的大运动——老实说一句，就是示威运动。但举行运动时，有两个附带的重要条件：第一，运动的目的，全在表示意思，说不上有什么行为。一切法律外的行动，万不可有。第二，运动手段如罢市罢课等，自然要用，但是一天便了。断不能因此荒废本业。

七、"我"所应该做的事

这段题目所标的这"我"字，并非指我梁启超自己。各人各有个"我"，要人人反省"我"应该做什么事。这种反省的作用在哪里呢？头一件，固然是靠他来唤起自己的责任心。第二件却更紧要，因为各人地位不同、能力不同，甲所能做的，乙未必能做。所以甲所应做的是这件，乙所应做的却不是这件而是那件。真正的国民运动，并不是某人指挥某人去做，乃是要人人自动地去做。自动地去做，便要各人经一番反省之后，知道“我”能做哪件，“我”该做哪件，然后各用其长，各尽其才，庶几可以收互助的效果了。

既已说到此处，自然我梁启超自己的“我”应该有一番反省。我索性趁这机会明白告诉诸君罢。国内有些人，对于我这人根本怀疑，说什么“研究系阴谋家”，这个头衔我实在不敢承领。因为我是个感情生活的人，简直可以说我所用的字典里头没有“秘密”这两个字。谋尚且不会，阴更不必说了。但别人对于我种种怀疑，我并不怪。因为我的举动，表面上看来好像常常矛盾。这种性质，我虽然自认为我的短处，却不自认为我的坏处。这是情感生活的人应有的结果。我若把我的矛盾去掉，同时怕并把我做事的活力也去掉了。

别人怎么议论我我不管，我近来却发明了自己一种罪恶。罪恶的来源在哪里呢？因为我从前始终脱不掉“贤人政治”的旧观念，始终想凭借一种固有的旧势力来改良这国家，所以和那些不该共事或不愿共事的人，也共过几回事。虽然我自信没有做坏事，多少总不免被人利用我做坏事。我良心上无限苦痛，觉得简直是我间接的罪恶。这还是小的，我的最大罪恶，是这几年来懒了，还带上些旧名士愤时疾俗独善其身的习气，并未抖搂精神向社会服务，并未对于多数国民做我应做的劳作。我又想，凡人对于社会都要报恩，越发受恩深重的人，越发要加倍报答。像我恁样的一个人，始终没有能够替社会做出一点事，然而受了社会种种优待，虚名和物质生活都过分了。我若还自己懒惰，不做完我本分内的事，我简直成了社会的罪人。

我生平是靠兴味做生活源泉。我的学问兴味政治兴味都甚浓。两样比较，学问兴味更为浓些。我常常梦想能够在稍为清明点子的政治之下，容我专作学者生涯。但又常常感觉，我若不管政治，便是我逃避责任。我觉“我”应该做的事，是恢复我二十几岁时候的勇气，做个学者生涯的政论家。我很盼望最近的将来，有真正的国民运动出现。倘若有么，我梁启超应该使役我的舌头和笔头来当个马前小卒。

（选自梁启超《饮冰室合集·文集》第四册，中华书局，1989 年）

鲁迅（史沫特莱摄）

无声的中国

鲁　迅

鲁迅(1881—1936),文学家,中国现代文学的奠基人。本篇系1927年2月16日,鲁迅在香港中华基督教青年会所作的讲演。

以我这样没有什么可听的无聊的讲演,又在这样大雨的时候,竟还有这许多来听的诸君,我首先应当声明我的郑重的感谢。

我现在所讲的题目是:《无声的中国》。

现在,浙江、陕西,都在打仗,那里的人民哭着呢还是笑着呢,我们不知道。香港似乎很太平,住在这里的中国人,舒服呢还是不舒服呢,别人也不知道。

发表自己的思想,感情给大家知道的是要用文章的,然而拿文章来达意,现在一般的中国人还做不到。这也怪不得我们;因为那文字,先就是我们的祖先留传给我们的可怕的遗产。人民费了多年的工夫,还是难于运用。因为难,许多人便不理它了,甚至于连自己的姓也写不清是张还是章,或者简直不会写,或者说道:Zhang。虽然能说话,而只有几个人听到,远处的人们便不知道,结果也等于无声。又因为难,有些人便当作宝贝,像玩把戏似的,之乎者也,只有几个人懂——其实是不知道可真懂,而大多数的人们却不懂得,结果也等于无声。文明人和野蛮人的分别,其一,是文明人有文字,能够把他们的思想、感情,借此传给大众,传给将来。中国虽然有文字,现在却已经和大家不相干,用的是难懂的古文,讲的是陈旧的古意思,所有的声音,都是过去的,都就是只等于零的。所以,大家不能互相了解,正像一大盘散沙。

将文章当作古董,以不能使人认识,使人懂得为好,也许是有趣的事罢。但是,结果怎样呢?是我们已经不能将我们想说的话说出来,我们受了损害,受了侮辱,总是不能说出些应说的话。拿最近的事情来说,如中日战争,拳匪事件,民主革命这些大事件,一直到现在,我们可有一部像样的著作?民国以来,也还是谁也不作声。反而在外国,倒常有说起中国的,但那都不是中国人自己的声音,是别人的声音。

这不能说话的毛病,在明朝是还没有这样厉害的;他们还比较地能够说些要说的话。待到满洲人以异族侵入中国,讲历史的,尤其是讲宋末的事情的人被杀害了,讲时事的自然也被杀害了。所以,到乾隆年间,人民大众便更不敢用文章来说话了。所谓读书人,便只好躲起来读经,校刊古书,做些古时的文章,和当时毫无关系的文章。有些新意,也还是不行的;不是学韩,便是学苏。韩愈苏轼他们,用他们自己的文章来说当时要说的话,那当然可以的。我们却并非唐宋时人,怎么做和我们毫无关系的时候的文章呢。即使做得像,也是唐宋时代的声音,韩愈苏轼的声音,而不是我们现代的声音,然而直到现在,中国人却还要耍着这样的旧戏法。人是有的,没有声音,寂寞得很。——人会没有声音的么?没有,可以说:是死了。倘要说得客气一点,那就是:已经哑了。

要恢复这多年无声的中国,是不容易的,正如命令一个死掉的人道:"你活过来!"我虽然并不懂得宗教,但我以为正如想出现一个宗教上之所谓"奇迹"一样。

首先来尝试这工作的是"五四运动"前一样,胡适之先生所提倡的"学革命"。"革命"这两个字,在这里不知道可害怕,有些地方是一听到就害怕的。但这和文学两字连起来的“革命”，却没有法国革命的“革命”那么可怕，不过是革新，改换一个字，就很平和了，我们就称为“文学革新”罢，中国文字上，这样的花样是很多的。那大意也并不可怕，不过说：我们不必再去费尽心机，学说古代的死人的话，要说现代的活人的话；不要将文章看作古董，要做容易懂得的白话文章。然而，单是文学革新是不够的，因为腐败思想，能用古文做，也能用白话做。所以后来就有人提倡思想革新。思想革新的结果，是发生社会革新运动。这运动一发生，自然一面就发生反动，于是便酿成战斗……

但是，在中国，刚刚提起文学革新，就有反动了。不过白话文却渐渐风行起来，不大受阻碍。这是怎么一回事呢？就因为当时又有钱玄同先生提倡废止汉字，用罗马字母来替代。这本也不过是一种文字革新，很平常的，但被不喜欢改革的中国人听见，就大不得了了，于是便放过了比较的平和的文学革命，而竭力来骂钱玄同。白话乘了这一个机会，居然减去了许多敌人，反而没有阻碍，能够流行了。

中国人的性情是总喜欢调和，折中的。譬如你说，这屋子太暗，须在这里开一个窗，大家一定不允许的。但如果你主张拆掉屋顶，他们就会来调和，愿意开窗了。没有更激烈的主张，他们总连平和的改革也不肯行。那时白话文之得以通行，就因为有废掉中国字而用罗马字母的议论的缘故。

其实，文言和白话的优劣的讨论，本该早已过去了，但中国是总不肯早早解决的，到现在还有许多无谓的议论。例如，有的说：古文各省人都能懂，白话就各处不同，反而不能互相了解了。殊不知这只要教育普及和交通发达就好，那时就人人都能懂较为易解的白话文;至于古文,何尝各省人都能懂,便是一省里,也没有许多人懂得的。有的说:如果都用白话文,人们便不能看古书,中国的文化就灭亡了,其实呢,现在的人们大可以不必看古书,即使古书里真有好东西,也可以用白话来译出的,用不着那么心惊胆战。他们又有人说,外国尚且译中国书,足见其好,我们自己倒不看么?殊不知埃及的古书,外国人也译,非洲黑人的神话,外国人也译,他们别有用意,即使译出,也算不了怎样光荣的事的。

近来还有一种说法,是思想革新紧要,文学改革倒在其次,所以不如用浅显的文言来作新思想的文章,可以少招一重反对。这话似乎也有理。然而我们知道,连他长指甲都不肯剪去的人,是决不肯剪去他的辫子的。

因为我们说着古代的话,说着人家不明白,不听见的话,已经弄得像一盘散沙,痛痒不相关了。我们要活过来,首先就须由青年们不再说孔子孟子和韩愈柳宗元们的话。时代不同,情形也两样,孔子时代的香港不这样,孔子口调的"香港论"是无从做起的,"吁嗟阔哉香港也",不过是笑话。

我们要说现代的、自己的话;用活着的白话,将自己的思想、感情直白地说出来。但是,这也要受前辈先生非笑的。他们说白话文卑鄙,没有价值;他们说年轻人作品幼稚,贻笑大方。我们中国能做文言的有多少呢,其余的都只能说白话,难道这许多中国人,就都卑鄙,没有价值的么?至于幼稚,尤其没有什么可羞,正如孩子对于老人,毫没有什么可羞一样。幼稚是会生长,会成熟的,只不要衰老、腐败,就好。倘说待到纯熟了才可以动手,那是虽是村妇也不至于这样蠢。好的孩子学走路,即使跌倒了,她绝不至于叫孩子从此躺在床上,待到学会了走法再下地面来的。

青年们先可以将中国变成一个有声的中国。大胆地说话，勇敢地进行，忘掉了一切利害，推开了古人，将自己的真心的话发表出来。——真，自然是不容易的。譬如态度，就不容易真，讲演时候就不是我的真态度，因为我对朋友、孩子说话时候的态度是不这样的。——但总可以说些较真的话，发些较真的声音。只有真的声音，才能感动中国的人和世界的人；必须有了真的声音，才能和世界的人同在世界上生活。

我们试想现在没有声音的民族是哪几种民族。我们可听到埃及人的声音？可听到安南、朝鲜的声音？印度除了泰戈尔，别的声音可还有？

我们此后实在只有两条路：一是抱着古文而死掉，一是舍掉古文而生存。

（选自《鲁迅演讲全集》，长江文艺出版社，2007 年）

许地山

造成伟大民族底条件

——对北京大学学生讲演

许地山

许地山(1893—1941),作家、学者,曾任香港大学文学院教授。本篇系1935年许地山在北京大学的讲演辞。

有一天,我到天桥去,看那班“活广告”在那里夸赞自己的货色。最感动我底是有一家剃刀铺底徒弟在嚷着“你瞧,你瞧,这是真钢!常言道:要买真钢一条线,不买废铁一大片”。真钢一条线强过废铁一大片,这话使人联想到民族底问题。民族底伟大与渺小是在质,而不在量。人多,若都像废铁,打也打不得、铸也铸不得,不成材,不成器,那有什么用呢?反之,人少,哪怕个个像一线底钢丝,分有分底用处,合有合底用处。但是真钢和废铁在本质上本来没有多少区别,真钢若不磨砺锻炼也可以变为废铁。废铁若经过改造也可以变为真钢。若是连一点也炼不出来,那只可称为锈,连名叫废铁也有点够不上。一个民族底存在,也像铁一样,不怕锈,只怕锈到底。锈到底民族是没有希望底。可是要怎样才能使一个民族底铁不锈,或者进一步说,怎能使它永远有用,永远犀利呢?民族底存在,也像“逆水行舟,不进则退”,退到极点,便是灭亡。所以这是个民族生存底问题。

民族,可以分为两种,就是自然民族与文化民族。自然民族是“不识不知,顺帝之则”底。这种民族像蕴藏在矿床里底自然铁,无所谓成钢,也无所谓生锈,若不与外界接触,也许可以永远保存着原形。文化民族是离开矿床底铁，和族外有不断的交通。在这种情形底下，可以走向两条极端的道路。若是能够依民族自己的生活的理想与经验来保持他底生命，又能采取他民族底长处来改进他底生活，那就是有作为，能向上的。这样的民族底特点是自觉的，自给的，自卫的。若不这样，一与他民族接触，便把自己的一切毁灭掉，忘掉自己，轻侮自己，结果便会走到灭亡底命运。我们知道自古到今，可以够得上称为文化民族底有十个。

第一，苏摩亚甲民族（Sumerian Akkadian）。这民族文化发展底最高点是从西纪前 3200 年到 1800 年。

第二，埃及民族（Egyptian）。发展底顶点是从西纪前 2800 年到 1200 年。

第三，赫代亚述民族（Hittite-Assyrian），起自小亚细亚中部。最后造成大利乌王（Darius）底伊兰帝国。发展的顶点是从西纪前 1800 年到 800 年。

第四，中华民族。发展底顶点是从周到汉，就是西纪前 1126 年到西纪 220 年。

第五，印度民族。发展的时代也和中华民族差不多，但是降落得早一点。

第六，希拉罗马民族。这两民族文化是一线相连的，所以可以当做一个文化集团看。发展底顶点是从西纪前约 1200 年起于爱琴海岸直到罗马帝国底末运，西纪 295 年。

第七，犹太天方民族。这民族底文化从西纪前 600 年起于犹太直到回教建立以后几百年间。

第八，摩耶民族（Maya）。发生于美洲中部，时间或者在西纪前 600 年，到新大陆被发现后，西班牙人把这民族和文化一齐毁灭掉。

第九，西欧民族：包括日耳曼、高卢、盎格鲁撒逊诸民族。发展底顶点从西纪 900 年直到现在。

第十，史拉夫民族。这民族底文化以俄罗斯为主，产生于欧战后，时间离现在太近，还不能定出发展底倾向来。

我们看这十个文化民族，有些已经消灭，有些正在衰落，有些在苟延残喘，有些还可以勉强支持，有些正在发生。在这十个民族以外，当然还有文化民族，像日本民族，斯干地那维安民族，北美民族，等都是。但严格地说起来，维新以前底日本文化不过是中华文化底附庸，维新后又是属于西欧的。所以大和的文化或者还在孕育的时期罢。同样，北美和北欧底民族也是承受西欧底统系，还没有建立为特殊的文化。美利坚虽然也在创造新文化底行程上走，但时间仍是太短，未能如史拉夫民族那么积极和显明。此地并不是要讨论谁是文化民族和谁不是，只是要指出所举底民族文化发荣时期好像都在一千几百年间，他们底兴衰好像都有一定的条件。若合乎兴盛底条件，那民族便可以保存，不然，便渐次趋到衰灭。所以一种文化能被维持得越久长，传播越广远就够得上称为伟大。伟大的和优越的文化存在于伟大的民族中间。所谓伟大是能够包容一切美善的事物底意思，所谓优越是凡事有进步、不落后底意思。包容底范围有广狭，进步底程度有迟速，在这里，文化民族间底优劣就显出来了。进步得慢，包容得狭，还可以维持，怕底不能够容而且事事停顿。停顿就是退步，就容易被高文化底民族，甚至于野蛮民族的征服。然则要怎样才能使文化不停顿呢？不停顿的文化是造成伟大民族的要素。所以我们可以换一句话来问，要具什么条件才能造成伟大的民族？现在且分列在下面。

一、凡伟大的民族必拥有永久性底典籍和艺术

典籍与艺术是连续文化底线。线有脆韧，这两样也有久暂。所谓永久性是说在一个民族里，从他的世界观与人生观所产出底典籍多寓“恒久之至道，不刊之鸿教”(《文心雕龙·宗经》)；艺术作品在无论在什么时代都能“奋至德之光，动四气之和，以著万物之理”，乃至能使人间“耳目聪明，血气和平，移风易俗，天下皆宁”。(《礼记·乐记》)典籍和艺术虽然本身含有永久性，也可得依赖民族自己底信仰、了解和爱护才能留存。古往今来，多少民族丢了他们宝贵的文化产品，都由于不知爱惜，轻易舍弃。我们知道一个民族底礼教和风俗是从自有的典籍和艺术底田地发育而成底。外来的理想和信仰只可当做辅成的材料，切不可轻易地舍己随人。民族灭亡底一个内因，是先舍弃自己的典籍和艺术，由此，自己的礼俗也随着丧失。这样一代一代自行摧残，民族的特性与特色也逐渐消灭，至终连自己底生存也陷入危险的境地，所以永久性是相对的，一个民族当先有民族意识然后能保持他底文化的遗产。

二、凡伟大的民族必不断地有重要的发明与发见

学者每说“须要是发明之母”，但是人间也有很须要而发明不出来底事实。好像汽力和电力，飞天和遁地底器具，在各民族间不能说没须要。汽力和电力所以代身体的劳力，既然会用牛马，便知

人有寻求代劳事物底须要，但人间有了很久的生活经验，却不会很早地梦想到利用它们。飞天和遁地底玄想早已存在，却要到晚近才实现。可见在须要之外，应当还有别的条件我权且说这是“求知欲”与“求全欲”。人对于宇宙间底物与则当先有欲知底意志；由知而后求透彻的理解，由理解而后求完全的利用。要如此发明与发见才可以办到。凡能利用物与则去创物既创成又能时刻改进，到完美地步都是求知与求全底欲望所驱使底。中华民族底发明与发见能力并不微弱，只是短少了求全的欲望，因此对于所创底物，所说底物，每每为盲目的自满自足。一样物品或一条道理被知道以后，再也没有进前往深追究底人。乃至凡有所说，都是推磨式的，转来转去，还是回到原来那一点上。血液循环底原理在中国早已被发见，但“运行血气”底看法于医学上和解剖学上没有多少贡献。木鸢飞天和飞车行空底事情，自古有其说，最多只能被认为世界最初会放风筝底民族，我们却没有发展到飞机底制造。木牛流马没有发展到铁轨车，火药没用来开山疏河，种种等等，并非不须要，乃因想不到。想不到便是求知与求全底欲望不具备底结果。想不到便是不能继续地发明与发见底原因。

然则，要怎样才能想得到呢？现代的发现与发明，我想是多用手的原故。人之所以为人，能用手是主要的条件之一。由手与脑连络便产生实际的知识。古代文明与现代文明底区分，只是偏重脑与偏重手底关系。古人以手作为贱役，所以说劳力者是役于人底。他们所注重底是思想，偏重于为人间立法立道，使人有文有礼，故此哲学文学艺术都有相当的成就。现代人不以手作劳动为贱役，他们一面用手，一面用心，心手相应底结果便产出纯正的科学。不用手去着实做，只用脑来空想，绝不会产生近代的科学。没有科学,发明与发见也就难有了。我们可以说旧文化是属于劳心不劳力底有闲者所产,而新文化是属心手俱劳底劳动者底,而在两者当中,偶一不慎便会落到一个也不忙,也不闲,庸庸碌碌,浑浑沌沌底窠臼里。在这样的境地里,人做什么他便跟着做什么;人说什么他便随着说什么。我们没有好名称送给这样的民族文化,只可说是"嘴唇文化","傀儡文化",或"鹦鹉禅的文化"。有这样文化底民族,虽然可以享受别人所创底事物,归到根柢,他便会萎靡不振,乃至于灭亡,岂但弱小而已!

三、凡伟大的民族必具有充足的能力足以自卫卫人

一个伟大的民族是强健的,威武的。为维持正义与和平当具有充足的能力。民族底能力最浅显而具体的是武备,所以说:"兵者,国之大事,死生之地,存亡之道,不可不察也。"(《孙子·始计》)伟大民族底武备并不是率禽兽食人或损人肥己底设施。吴起说兵底名有五种:"一曰义兵,二曰强兵,三曰刚兵,四曰暴兵,五曰逆兵。禁暴救乱曰义;恃众以伐曰强;因怒兴师曰刚;弃礼贪利曰暴;国乱人疲,举事动众曰逆。"(《吴子·图国》)战争是人类还没离禽兽生活底行为,但在距离大同时代这样道阻且长的情形底下人不能不戒备,所以兵是不可少的。禁暴救乱是伟大民族底义务。他不能容忍人类受任何非理的摧残,无论族内族外,对于刚强暴逆诸兵,不恤舍弃自己去救护。要达到这个地步,民族自己的修养是不可缺乏底。他要先能了解自己,教训自己,使自己底立脚处稳固,明白自己所负底责任,知道排难解纷并不是由于恚怒和贪欲,乃是

为正义上的利人利己。我们可以借佛家底教训来说明自护护他底意义。“若自护者,即是护他;若护他者,便成自护。云何自护即是护他? 自能修习。多修习故,有所证悟。由斯自护,即是护他。云何护他便成自护? 不恼不恚,无怨害心,常起慈悲,愍念于物。是名护他变成自护。”(《有部毗奈耶·下十八》)能具有这种精神才配有武备。兵可以为义战而备,但不一定要战,能够按兵不动,用道理来折服人,乃是最高的理想。孙子说:“百战百胜,非善之善者也;不战而屈人之兵,善之善也。”(《谋攻》)这话可以重新地解说。我们生在这有武力才能讲道义底时代,更当建立较高的理想,但要能够自护才可以进前做。如果自己失掉卫护自己底能力那就完了。摩耶民族底文化被人毁灭,未必是因为当时底欧洲人底道德高尚或理想优越,主要原因还是自卫底能力低微罢了。

四、凡伟大的民族须有多量的生活必须品

物质生活是生物绝对的需要。所以天产底丰歛,与民族生产力底强弱,也是决定民族命运底权衡。我们可以说凡伟大的民族都是自给的,不但自给,并且可以供给别人。反过来说,如果事事物物仰给于人,那民族就像笼中鸟,池里鱼,连生命都受统制,还配讲什么伟大? 假如天赐底土地不十分肥沃,能进取底民族必要用心手去创造,不达到补天开物底功效不肯罢休。就拿粮食来说罢,“民以食为天”,没得粮食是变乱和战争底一个根源。若是粮食不足,老向外族求籴,那是最危险不过底事。正当的办法是尽地力,尽天工,尽人事。能使土地生产量增加是尽地力。能发见和改善

无用的植物使它们成为农作物是尽天工。能在工厂里用方法使一块黏土在很短的期间变成像麦粉一样可以吃得底东西是尽人事。中华古代底社会政策在物质生活方面最主要的是足食主义。“国无九年之蓄曰不足;无六年之蓄曰急;无三年之蓄曰国非其国也。”(《礼记·王制》)无三年之蓄即不能成国,何况连一日之蓄都没有呢?在理想上,应有九年之蓄,然后可以将生产品去供给别人,不然,便会陷入困难的境地,民族底发展力也就减少了。

五、凡伟大的民族必有生活向上底正当理想,不耽于物质的享受

物质生活虽然重要,但不能无节制地享用。沉湎于物质享受底民族是不会有高尚的理想底。一衣一食,只求其充足和有益,爱惜物力,守护性情深思远虑,才能体会他和宇宙的关系。人类底命运是被限定的,但在这被限定底范围里当有向上底意志。所谓向上是求全知全能底意向,能否得到且不管它,只是人应当努力去追求。为有利于人群,而不教自己或他人坠落与颓废底物质享受是可以有底。我们也可说伟大的民族没有无益的嗜好,时时能以天地之心为心。古人所谓“明明德,止至善”,便是这个意思。我信人可以做到与天同体,与地合德底地步,那只会享受不乐思惟底民族对于这事却不配梦想。

六、凡伟大的民族必能保持人生底康乐

人生底目的在人人能够得到安居乐业。人对于他底事业有兴趣才会进步。强迫的劳作或为衣食而生活是民族还没达到伟大的境地以前所有底事情。所谓康乐并不是感官的愉快，乃是性情底满足，由勤劳而感到生活底兴趣。能这样才是真幸福。在这样的社会里，虽然免不了情感上的与理智上的痛苦，而体质上的缺陷却很少见。到这境地人们底情感丰富，理智清晰，生无贪求，死无怨怼，他们没有像池边底鹭鸶或街旁底瘦狗那样底生活。

以上六条便是造成伟大民族底条件。现存的民族能够全备这些条件底，恐怕还没有。可是这理想已经存在各文化民族意识里，所以应有具备底一天。我们也不能落后，应当常存着像《礼记·杂记》中所说底“三患”和“五耻”底心，使我们底文化不致失坠。更应当从精神上与体质上求健全，并且要用犀利的眼，警觉的心去提防克服别人所给底障碍。如果你觉得受人欺负而一时没力量做什么，便大声疾呼要“卧薪尝胆”，你得提防敌人也会在你所卧底薪上放火，在所尝底胆里下毒药。所以要达到伟大底地步，先得时刻警醒，不要把精力闲用掉，那就有希望了。

冰森对我说这稿曾有笔记稿寄到报馆去，因为详略失当，错漏多有，要我自己重写出来。写完之后，自己也觉得没有新的见解，惭愧得很，请读者当随感录看吧。

作者附记

（原载《北平晨报·北晨学园》第779期，1935年2月8日）

闻一多先生在西南联大讲演盛况

组织民众与保卫大西南

——民国三十三年昆明各界双十节纪念大会演讲词

闻一多

闻一多(1899—1946),现代诗人、学者。本篇系1944年闻一多在昆明西南联大的讲演辞。

诸位!我们抗战了七年多,到今天所得的是什么?眼看见盟国都在反攻,我们还在溃退,人家在收复失地,我们还在继续失地。虽然如此,我们还不警惕,还不悔过,反而涎着脸皮跟盟友说:“谁叫你们早不帮我们,弄到今天这地步!”那意思仿佛是说:“现在是轮着你要胜利了,我偏败给你瞧瞧!”这种无赖的流氓意识的表现,究竟是给谁开玩笑!溃退和失地是真不能避免的吗?不是有几十万吃得顶饱,斗志顶旺的大军,被另外几十万喂得也顶好,装备得顶精的大军监视着吗?这监视和被监视的力量,为什么让他们冻结在那里?不拿来保卫国土,抵抗敌人?原来打了七年仗,牺牲了几千万人民的生命,数万万人民的财产,只是陪着你们少数人斗意气的?又是给谁开的玩笑!几个月的工夫,郑州失了,洛阳失了,长沙失了,衡阳失了,现在桂林又危在旦夕,柳州也将不保,整个抗战最后的根据地——大西南受着威胁,如今谁又能保证敌人早晚不进攻贵阳,昆明,甚至重庆?到那时,我们的军队怎样?还是监视的监视,被监视的被监视吗?到那时我们的人民又将怎样,准备乖乖地当顺民吗?还是撒开腿逃?逃又逃到哪里去?逃出去了又怎么办?诸位啊!想想,这都是你们自己的事啊!国家是人人自己的国家，身家性命是人人自己的身家性命，自己的事为什么要让旁人摆布，自己还装聋作哑！谁敢掐住你们的脖子！谁有资格不许你们讲话！用人民的血汗养的军队，为什么不拿出来为人民抵抗敌人？以人民的子弟组成的队伍，为什么不放他们来保卫人民自己的家乡？我们要抗议！我们要叫喊！我们要愤怒！我们的第一个呼声是：拿出国家的实力来保卫大西南，这抗战的最后根据地的大西南！

但是，今天站在人民的立场，我们一方面固然应当向政府及全国呼吁，另一方面我们也得认清我们人民自身的责任与力量。对于保卫大西南，老实说，政府的决心是一回事，他的能力又是一回事。郑州、洛阳、长沙、衡阳的往事太叫我们痛心了，保卫国土最后的力量恐怕还在我们人民自己的身上。一切都有靠不住的时候，最可靠的还是我们人民自己。而我们自己的力量，你晓得吗？如果善于发挥，善于利用，是不可想象的强大呀！今天每一个中国人，以他人民的身份，对于他自己所在的一块国土，都应尽其保卫的责任，也仅有保卫的方法。我们这些在昆明的人无论本省的或外来的，对于我们此刻所在的这块国土——昆明市，在万一他遭受进攻时，自然也应善用我们自己的方法来尽我们自己的责任。诸位，昆明在抗战中的重要性，不用我讲，保卫昆明即所以保卫云南，保卫云南即所以保卫大西南，保卫大西南即所以保卫中国，不是吗？

在今天的局势下，关于昆明的前途，大概有三种看法，每种看法代表一种可能性。第一种是敌人不来，第二种是来了被我们打退，第三种是不幸我们败了，退出昆明。第一种，客观上即会有多少可能性，我们也不应该作那打算，果然那样，老实说，那你就太没有出息了！我们应该用奋发的心情准备迎接敌人的进攻，并且立志把他打退，万一不能，也要逼他付出相当代价，再作有计划的，有秩序的荣誉的退却。然后走到敌后，展开游击战争，给敌人以经常的扰乱与破坏，一方面发动并组织民众，使他成为坚强的自卫力量，以便配合着游击军。等盟国发动反攻时，我们便以地下军的姿态，卷土重来，协同他们作战以至赶走敌人，完成我们的最后胜利。我们得准备前面所说的第二种，甚至干脆的就是第三种可能的局面，我们得准备迎接一个最黑暗的时期，然后从黑暗中，用我们自发的力量创造出光明来！这是一个梦，一个美梦。可是你如果不愿意实现这个梦，另外一个梦便在等着你，那是一个恶梦。恶梦中有两条路，一条是留在这里当顺民，准备受无穷的耻辱。一条是逃，但在还没有逃出昆明城郊时，就被水泄不通的混乱的人群车马群挤死，踏死，辗死，即使逃出了城郊，恐怕走不到十里二十里就被盗匪戳死，打死，要不然十天半月内也要在途中病死饿死。……衡阳和桂林撤退的惨痛故事，我们听够了，但昆明如有撤退的一天，那惨痛的程度，不知道还要几十倍几百倍于衡阳桂林！诸位，你能担保那惨痛的命运不落到你自己头上来吗？恶梦中的两条路，一条是苟全性命来当顺民，那样可以说是一种“不自由的生”，另一条是因不当顺民就当难民，那样又可说是一种“自由的死”。但是，诸位试想为什么必得是:要不死便不得自由，要自由就得死？自由和生难道是宿命的仇敌吗？为什么我们不能有“自由的生”！是呀！到“自由的生”的路就是我方才讲的那个美梦啊！敌人可能给我们选择的是不自由和死，假如我们偏要自由和生，我们便得到了自由的生，这便叫作“置之死地而后生”。

诸位，记住我们人民始终是要抗战到底的，万一敌人进攻，万一少数人为争夺权利闹意气而不肯把实力拿出来抵抗敌人，我们也有我们的办法。不要害怕，不管人家怎样，我们人民自始至终是有决心的，而有决心自然会有办法的。还要记住昆明在国际间“民主堡垒”的美誉，我们从今更要努力发扬民主自由的精神。哪一天我们的美梦完成了，我们从黑暗中造出光明来了，到那时中国才真不愧四强之一。强在哪里？强在我们人民，强在我们人民呀！今天政府不给人民自由，是他不要人民，等到那一天，我们人民能以自力更生的方式强起来了，他自然会要我们的。那时我们可以骄傲地对他说：“我们可以不靠你，你是要靠我们的呀！”那便是真正的民主！我们今天要争民主，我们便当赶紧组织起来，按照实现那个美梦的目标组织起来，因为这组织工作的本身便是民主，有了这个基础，我们便更有资格，更有力量来争取更普遍的、完整的和永久的民主政治。

（选自朱自清、郭沫若、吴晗、叶圣陶编《闻一多全集》[三]，生活·读书·新知三联书店，1982 年）

第二辑 教育

身穿和服的章太炎

留学的目的和方法[1]

章太炎

章太炎(1869—1936),国学大师。本篇系1910年章太炎在日本庚戌会上的讲演辞。

做一件事,说一句话,最怕别人要问:什么缘故?现在诸君在这边留学,是什么缘故?又问回家去教育子弟,是什么缘故?大概总说求学是要使自己成有用之材,教育是要他人成有用之材;这句话,原是老生常谈。但看起来,有几分不对;致用本来不全靠学问,学问也不专为致用,何以见得呢?你看别国的政治学者,并不能做成政治家;那个政治上的英雄伟人,也不见他专讲究政治学。政治本来从阅历上得来的多,靠书籍上得来的少。就像中国现在,袁世凯不过会写几行信札,岑春煊并且不大识字,所办的事,倒比满口讲政治的人好一点儿。又向实业一边看来,日本农科大学的学问,颇还好了,也该有几分行到民间,但民间农业仍旧不好;论到日本田边一看,秋收以后,桩子还在,并不知道收后要耕一次。直到来年下种,方才去耕。所以每年收获,不过同中国山东一样。中国江苏、浙江、江西的农人,两只黄耳朵,并没有听人说过什么农学,收获倒比日本加倍。固然几分靠着地质,到底是农人勤耕美粪的力居多。可见在致用上,第一要紧是阅历,第二要紧是勤劳,书本子上的学问,不过帮助一点儿,哪里有专靠帮助的!学问本来是求智慧,也不专为致用,中国古代的学问,都趋重致用一边;因为当时的

① 原题为《代社说:庚戌会》。

人,只有看外边的眼光,没有看里边的眼光。觉得学了无用,不如不学。但到战国时候,已经渐渐打破。近来分科越多,理解也越明,自己为自己求知识的心,比为世界求实用的心,要强几倍。就晓得学问的真际,不专为致用了。况且致用的学问,未必真能合用;就使真能合用,还有一件致用的致用,倒不得不碰机会。机会不巧,讲致用的还是无用。专求智慧,只要靠着自己,并不靠什么机会。假如致用不成,回去著书立说,那件致用的方法,又是各时各代不同。近几代有用的,将来又变成没用,这书也就废了。不是枉费精神么?至于专求智慧,见得几分真理,将来总不能泯没。就有一点儿漏洞,总不会全局都翻。这书倒还可以传到后来。照这两样看起来,讲学问的,又何苦专向致用一路呢!在政府设许多学校,原只望成就几个致用的人,至于学生求学,以及教人求学,就不该专向致用一面。大概诸君心里,自己都晓得有自己,也晓得他人都有自己,未必是专向外边去驰逐的。

还有人说:求学是为修养道德,教人是为使人修养道德。兄弟看起来,德育、智育、体育,这三句话,原是应该并重。不过学校里边的教育,到底与道德不相干。兄弟这句话,并不是像教士的话,说道德都在礼拜堂里。但道德是从感情发生,不从思想发生。学校里边,只有开人思想的路,没有开人感情的路。且看农工商贩,有道德的尽多,可见道德是由社会熏染来,不从说话讲解来。学校里边,修身的教训,不过是几句腐话,并不能使人感动;再高了,讲到伦理学,这不过是研究道德的根源,总是在思想上,与感情全不相关。怎么能够发生道德出来!况且讲伦理,讲修身的教习,自己也没有什么道德;上堂厚了面皮,讲几句大话,退堂还是吃酒,狎妓。本来他为自己的饭碗,不得不虚应故事,去讲几句。俗语说的:“做一日和尚撞一日钟”,这就是伦理学教师的职分!说话与感情本没相干;自己的道德,又不能为学生做表仪,要想学生相观而善,不是“煮沙成饭”么!不单是这样说,先生就果然有道德,也未必能成就学生,何以见得呢?中国的孔夫子,道德就不算极高,总比近来讲伦理学的博士要高一点;教出来的学生,德行科也只有四个,其余像宰我就想短丧,冉有就帮季氏聚敛,公伯寮还要害自己同学的人,有什么道德!郑康成的道德,能够感化黄巾,倒是及门的郗虑,害了孔融,又害了伏后,始终不能受郑康成的感化。后来几位理学先生,像二程的道德,也算可以了;教出来的学生,有一个邢恕,和蔡京、章惇一党,名字列在《宋史·奸臣传》里。孔子、郑康成、二程,道德是本来高明的,所设的又是学会,不是学校。先生学生的亲切,总不像学校里头,见面日久,还不识学生的姓名,尚且有一般学生,反背道德的,何况入广大无边的学校?从空口大话的教习?于道德有什么益处!兄弟看来,大凡一处地方,人聚得越多,道德就越腐败;像军营、寺院,都是一样,寺院里边的人,满口高谈道德,还有许多戒律约束他,道德尚且不好;军营里边,有极严厉的军法,逼得军人一步不得自由,也不过勉强把面子糊了去;学校里边,规则本来较宽,实在也不能用严厉的法子硬去逼束,空空的聚了许多人,道德自然难得好的。就有几个好的,或者天资本来醇厚,或者是从他的家教得来,或者所交的朋友,都还是品行端方,所以不很走作,并不是学校能够养成他的道德。但一切讲教育的人,总要把德育的话敷衍门面,不过因为道德是人间必不可少的东西,若开口说我这个学校里不讲道德,面子有点儿过不去,所以只好撑这个虚架子。究竟学校里面所讲的,在智育一面多,在德育一面少。就有几句修身伦理的话,只像唱戏,先要天官出场,到底看戏,并不要看天官。跳天官的也不是有名脚色。学生听讲的，并不要听伦理修身的话；讲伦理修身的，也不见得是有道德的人。诸君不要说兄弟的话太刻薄，只要自己问一问自己的心，再向上看一看那个教习，一定要说兄弟的话是先得我心了。如果揭开帘子，说几句亮话，只要说学校本来是为智育，并不是为德育，道德果然不可缺乏，却并不是学校的教育所能成就。诸君果然道德完具，也不能在学校里头，把道德送给他人。以后从事学校的教育，可以拿定主意，向智育一方去，不必再装门面，向德育一方去。

照以上的话，求学不过开自己的智，施教不过开别人的智，是最大的坦途了。既然求智，就应该把迷信打破，迷信不是专指宗教一项；但凡不晓得哪边实际，随风逐潮，胡乱去相信哪边，就叫作迷信。中国十几年前，相信欧洲的学问，没有路去求，求着教士，就觉得教士无所不知，无所不能；后来听得福建严几道的话，渐渐把迷信教士的心破了。又觉得严几道无所不知，无所不能，后来有游学日本的风气，渐渐把迷信严几道的心又破了。又觉得日本的博士、学士，无所不知，无所不能，及到日本了，晓得分科，也知道一个人不能无所不知，无所不能；但看日本全体的学者，依然觉得无所不知，无所不能，不是一边的迷信破了，一边的迷信又起么？欧洲所有各科的学问，日本人学了一科，到底能否登峰造极？没有欧洲的学者来对质，总不能破。就有欧洲的学者要来对质，不识得日本字，也难得破。至于中国的各种学问，日本的深浅，兄弟已经略略看得明白了。现在不必揭他人的短处，只说诸君回去施教，若信了日本的语，就要防防学生的伏兵，且看中国历史一项，一部《纲鉴易知录》，向来中国略读书的人，是看得最浅陋的，但到这边来听的历史，一部《支那通史》，翻来覆去，缭绕了许多，比《易知录》更加浅陋。学校以外，就有几个讲历史的人，只记得一点儿事迹，许多正史的书志，早已抛在九霄云外，并不是专忘记细碎，连大端也实在不讲。万一学生看过《资治通鉴》，或者又看过几卷志，问出一句话来，先生不晓得，恐怕只好说："你在《图画集成》《册府元龟》里头翻来的僻事，哪里能够记得许多！"过了一会，学生就拿这部原书，折了一只角，放在先生案上，岂不是遇着伏兵，没有处躲闪么？中国的地理，本来有许多沿革，有一位什么博士，把湖北杨惺吾作的《沿革图》钞去，改头换面，变为自己的著作，称为《支那疆域沿革图》，已经好笑了；还有那边画的中国地图，一省里头，胪列了许多府，却是缺了一两府。一府里头胪列了许多县，却是缺了一两县。所缺的府县，并不是于形势上无关紧要；所列的府县，又不是于形势上最关紧要。不过那边画图的人，精神错乱，偶然忘了，万一学生来问，某省的某府，某府的某县，现在在什么方位？古来叫什么名字？请问怎么样答对呢！只好说："恐怕没有这一府，这一县，是你随口编造。"那个时候，学生取出中国自造的地图来对质，不是又遇了伏兵，到辙乱旗靡的地位么？中国的哲学，近的是宋明理学，远的是周末九流，近来那边人也略略把周末九流随口讲讲；有一位什么博士，作一部《支那哲学史》，把九流的话，随意敷衍几句，只像《西游记》说的猪八戒，吃人参果，没有嚼着味，就囫囵吞下去；那边的人，自己有一句掩饰的话，说我们看汉土的书籍，只求它的义，不求它的文。这句话只好骗骗小孩儿。仔细说来，读别国的书，不懂它的文，断不能懂它的义，假如有人不懂德国文字，说我深懂康德的哲学，这句话还入耳么？说是这样说，到底掩饰不过去。那位博士，不知不觉把《史记》里头"士为知己死"一句话，引做《论语》的话了。若是相信了这位博士的话，回去施教，学生随便举一句古书，问先生在哪一部书？先生就不免对错。到后来学生取出《史记》《论语》来对校，说这句话，果在《史记》上，并不在《论语》上。我想先生只好说日本的古本《论语》，还在《汉石经》《唐石经》以前有这句话，岂不是又遇着一路伏兵，把先生的脚都陷了下去么？中国的文法，本来句句顺的，那边的文法，是颠倒的居多；所以那边几个大儒，做了几百年的汉文，文理总不很通。宋朝以后的文章，还勉强看得下去，唐朝以前的文章，就看不下去。他自己说：只求义不求文，倒也罢了！却有一个什么学士，自出心裁，作了一册《汉文典》，硬用那边的文法，来强派中国的文法，有一大半不通。本来中国有一部《马氏文通》，做得颇好，近来有人说马氏的书旧了，倒是这位学士的好。唉！真是好笑。别的有新旧，文字的通不通，也有新旧么？中国沿海的人，已经迷信了，只望内地的人和日本留学生纠正几分，假如不能纠正，反用了那学士的书做文法参考书，自己的文章，也必定变做不通，何况去教学生？万一学生看了先生的文章，在墙背后指天画地地笑，先生怎么能够自己解说？恐怕只好说："现在的新文法，要不通才算通。"岂不是又遇了一路伏兵，使先生进退无门么？唉！真是苦！学生的伏兵很多，先生的军备很少！在中国做先生，不像日本做先生的容易：一边是学生程度已经整齐，一边是学生程度还没有整齐。入京师大学的，或者只有入得小学校的程度；入小学中学的，或者也有入得大学校高等学校的程度。先生的知识，要百倍于教科书，十倍于学生，方才支持得下（为什么比教科书要高百倍，比学生只要高十倍呢？因为学生的知识，颇有在教科书之上的），不然，就一生要吃苦了！（这句话，也并不专为应对学生起见，其实自己本来应该要有这种知识。）问这个苦是谁给你吃的？也怪不得日本教习，只怪自己迷信。兄弟近来有几句话，使许多人解一解迷信,什么话呢?说日本人学欧洲的学问,第一是从欧洲人那边直接受来的,第二是懂得语言文字以后,再去研究的,第三是分科学习,不混在一起的,所以破绽还少。对着中国学问就不然,一向是不从中国学者亲受,也不学中国语言文字,也不知分科去求,所以做了一千多年的大梦,至今没有醒悟。还有许多自己不懂,向横滨、长崎的商人去问(这是二十年以前的事)。还有几个江湖游客,捏造许多古事古迹来,有意诳骗他们。以前是这边骗那边人,现在那边受了这边人的骗,又转来骗这边人。假如诸君见着几个商人游客,想来总不把学问的话去请教他。现在转了一个小弯,倒不知不觉入其玄中,自己想想,好笑不好笑?得了这一声笑,迷信自然瓦解冰消了。以上单说关于中国的学问,若关于欧洲的学问,想来必有破绽,且等欧洲人来破。

各种的迷信都破了!在求学上也有益,在施教上也有益。不过学问既然为求智慧,得了前人已成的学问,不可将就歇手,将就歇手,自己仍没有自己的心得。要知道知识与道德,原是不同;道德或者有止境,知识总是没有止境。以前的人,积了几千年的知识,后人得了这个现成,又发生自己的知识来,就比前人进了一级。现在看当时的后人,又是前人,应该要比他更进一级,学问才得新新不已。兄弟这句话,不是教人舍旧谋新,只是教人温故知新。大概看前人已成的书,仿佛是借钱一样,借了来,会做买卖,赢得许多利息,本钱虽则要还债主,赢利是自己所有。若不会做买卖,把借来的钱,死屯在窖子里头,后来钱还是要还债主,自己却没有一个赢余,那么就求了一千年的学,施了一千年的教,一千年后的见解,还是和一千年前一样,终究是向别人借来的,何曾有一分自己的呢!如果说自己没有,只好向别国去求,别国的学问,或者可以向别国去求，本国的学问，也能向别国去求么？就是别国的学问得了来，还是借来的钱，必要想法子，去求赢利，才得归自己享用；若只是向别国去求呢，中国人没有进境，去问欧洲人，欧洲人没有进境，又去问什么洲的人呢！诸君现在所驻的这一国，他本来自己没有学问，所以只向别国去求；求得了以后，也不想再比那国的人更高，原是这一国的旧习使然。所以欧洲人好比写信的人，这一国的学生，好比接信的人，这一国的博士学士，好比邮便局送信的人。到学生成就了，学生又做第二个送信的人。总是在送信的地位，没有在写信的地位。中国就不然，自己本来有自己的学问，只见一天精密一天，就是采取别国，也都能够转进一层。且看中国得欧洲的学问，以前只有算法一项，徐光启送信以后，梅定九又能够自己写信；李壬叔、华若汀先做送信的人，后来又能够做写信的人。只望将来各项学问，都到写信的地位，那个求学施教的事，才得圆满呢！临了还要说一句话，书籍不过是学问的一项，真求学的，还要靠书籍以外的经验，学校不过是教育的一部，真施教的，还要靠学问以外的灌输。现在只论施教的事，假如诸君知识，果然极高，在近来学校里头，能够不能够施展呢？恐怕不能！因为学校不论在公在私，都受学部管辖，硬要依着学部的章程，在外又还要受提学使的监督，学部和提学使，果然自己有一件专长的学问，倒也罢了，但现在学部是什么人？看来不过是几个八股先生。各省的提学使，是什么人？看来不过是几个斗方名士。章程也不能定得好，监督也不能得当，不过使有知识的教习，不能施展，反便宜了无知识的教习，去误一班学生。况且现在教习，对着提学使，隐隐约约有上司下属的名分，可不是和老教官一样么？别国虽然也有这一个风气，原不能说是好制度，中国向来教官只是个虚名，实在施教的，还是书院里头的掌教。掌教一来不归礼部管辖，二来不是学政和地方官的属员，体统略高一点。所以有学问的人，还肯去做。如果照现在的制度，知识高的人，反做知识短浅的人的属员，看甘心不甘心呢？或者为了饭碗，也甘心了，但临了必有许多后悔。且看四川有位廖季平，经学是很有独得的。（廖季平的经学，荒谬处非常多，独得也很不少。在兄弟可以批评他，别人恐怕没有批评他的资格。）屈意去做高等学校的教习，偶然精神错乱，说了几句荒谬的话，那个提学使和他向来有恨，就把他赶走了。外边颇说提学使不是。兄弟看来，谁教这位季平先生，屈意去做提学使的属员？直到赶走，悔之无及，倒是这位季平先生，自取其咎。假如诸君有一科的学问，和廖季平的经学，有一样的程度，愿诸君再不要蹈廖季平的覆辙罢！诸君如果说，师范学生，受了官费，不得不尽义务；就不是师范学生，要寻饭碗，又怎么样呢？兄弟替诸君想一个法子。一面不妨充当教习，一面可以设个学会。学会不受学部的管辖，也不受提学使的监督，可以把最高的知识，灌输进去。后来有高深知识的愈多，又可以再灌输到学校去。这句话，并不是兄弟有意看轻学校。不过看中国几千年的历史，在官所教的，总是不好。民间自己所教的，却总是好。又向旁边去看欧洲各国，虽然立了学校，高深的知识，总在学校以外，渐渐灌输进去。学校也就带几分学会的性质，方得有好结果。大概学校仿佛是个陂塘，专靠陂塘水总不免要干，必得外边有长江大河，辗转灌输，陂塘才可以永久不涸。所以说学校不过是教育的一部。求学校的进步，必定靠着学校以外的东西。假如诸君又专去迷信学校，兄弟的话，也就无可说了！

（原载《教育今语杂志》第 4 册，1910 年 6 月）

蔡元培

就任北京大学校长之演说

蔡元培

蔡元培(1868—1940),教育家。本篇系 1917 年 1 月 9 日,蔡元培就任北京大学校长的演说辞。

五年前,严几道[①]先生为本校校长时,余方服务教育部,开学日曾有所贡献于本校。诸君多自预科毕业而来,想必闻知。士别三日,刮目相见,况时阅数载,诸君较昔当必为长足之进步矣。予今长斯校,请更以三事为诸君告。

一曰抱定宗旨。诸君来此求学,必有一定宗旨,欲知宗旨之正大与否,必先知大学之性质。今人肄业专门学校,学成任事,此固势所必然。而在大学则不然,大学者,研究高深学问者也。外人每指摘本校之腐败,以求学于此者,皆有做官发财思想,故毕业预科者,多入法科,入文科者甚少,入理科者尤少,盖以法科为干禄之终南捷径也。因做官心热,对于教员,则不问其学问之浅深,惟问其官阶之大小。官阶大者,特别欢迎,盖为将来毕业有人提携也。现在我国精于政法者,多入政界,专任教授者甚少,故聘请教员,不得不聘请兼职之人,亦属不得已之举。究之外人指摘之当否,姑不具论。然弭谤莫如自修,人讥我腐败,而我不腐败,问心无愧,于我何损?果欲达其做官发财之目的,则北京不少专门学校,入法科者尽可肄业法律学堂,入商科者亦可投考商业学校,又何必来此大学?

---

① 严几道:即严复(1853—1921),近代启蒙思想家、翻译家。民国建立后,经蔡元培遴选并由临时总统任命为北京大学(京师大学堂正式更名)的第一任校长。

所以诸君须抱定宗旨，为求学而来。入法科者，非为做官；入商科者，非为致富。宗旨既定，自趋正轨。诸君肄业于此，或三年，或四年，时间不为不多，苟能爱惜光阴，孜孜求学，则其造诣，容有底止。若徒志在做官发财，宗旨既乖，趋向自异。平时则放荡冶游，考试则熟读讲义，不问学问之有无，惟争分数之多寡；试验既终，书籍束之高阁，毫不过问，敷衍三四年，潦草塞责，文凭到手，即可借此活动于社会，岂非与求学初衷大相背驰乎？光阴虚度，学问毫无，是自误也。且辛亥之役，吾人之所以革命，因清廷官吏之腐败。即在今日，吾人对于当轴多不满意，亦以其道德沦丧。今诸君苟不于此时植其基，勤其学，则将来万一因生计所迫，出而任事，担任讲席，则必贻误学生；置身政界，则必贻误国家，是误人也。误己误人，又岂本心所愿乎？故宗旨不可以不正大。此余所希望于诸君者一也。

二曰砥砺德行。方今风俗日偷，道德沦丧，北京社会，尤为恶劣，败德毁行之事，触目皆是，非根基深固，鲜不为流俗所染。诸君肄业大学，当能束身自爱。然国家之兴替，视风俗之厚薄。流俗如此，前途何堪设想。故必有卓绝之士，以身作则，力矫颓俗。诸君为大学学生，地位甚高，肩此重任，责无旁贷，故诸君不惟思所以感己，更必有以励人。苟德之不修，学之不讲，同乎流俗，合乎污世，己且为人轻侮，更何足以感人。然诸君终日伏首案前，营营攻苦，毫无娱乐之事，必感身体上之苦痛。为诸君计，莫如以正当之娱乐，易不正当之娱乐，庶于道德无亏，而于身体有益。诸君入分科时，曾填写愿书，遵守本校规则，苟中道而违之，岂非与原始之意相反乎？故品行不可以不谨严。此余所希望于诸君者二也。

三曰敬爱师友。教员之教授，职员之任务，皆以为诸君求学之便利，诸君能无动于衷乎？自应以诚相待，敬礼有加。至于同学共处一堂，尤应互相亲爱，庶可收切磋之效。不惟开诚布公，更宜道义相勖，盖同处此校，毁誉共之。同学中苟道德有亏，行有不正，为社会所訾詈，己虽规行矩步，亦莫能辩，此所以必互相劝勉也。余在德国，每至店肆购买物品，店主殷勤款待，付价接物，互相称谢，此虽小节，然亦交际所必需，常人如此，况堂堂大学生乎？对于师友之敬爱，此余所希望于诸君者三也。

余到校视事仅数日，校事多未详悉，兹所计划者二事：一曰改良讲义。诸君既研究高深学问，自与中学、高等不同，不惟恃教员讲授，尤赖一己潜修。以后所印讲义，只列纲要，细微末节，以及精旨奥义，或讲师口授，或自行参考，以期学有心得，能裨实用。二曰添购书籍。本校图书馆书籍虽多，新出者甚少，苟不广为购办，必不足供学生之参考，刻拟筹集款项，多购新书，将来典籍满架，自可旁稽博采，无虞缺乏矣。今日所与诸君陈说者只此，以后会晤日长，随时再为商榷可也。

（原载《东方杂志》第14卷第4号，1917年4月）

陈独秀

南开学校旧址

近代西洋教育

陈独秀

陈独秀(1879—1942),中国共产党创始人之一,新文化运动领导人之一。本篇系 1917 年受张伯苓之邀,陈独秀在天津南开学校作的讲演辞。

今日之中国,各种事业败坏已极,承贵校诸君招来演说,鄙人心中想说的话极多,但是从何处说起呢?诸君毕业后,或当教习,或别入他校求学,大约不离教育界。现在就着教育事业,略说一二:

吾人提起“教育”二字,往往心中发生二种疑问:第一是吾人何以必须教育?第二是教育何以必须取法西洋?

第一种疑问,就是西洋也有一派学者,主张人之善恶智愚,乃天性生成,教育无效的。但是此种偏见,多数学者,均不承认,以为人之善恶智愚,生来本性的力量诚然不小,后来教育的力量又何尝全然无效?譬如木材的好丑和用处大小,虽然是生来不同,但必经工匠的斧斤雕凿,良材方成栋梁和美术的器具,就是粗恶材料,也有相当的用处。教育的作用,亦复如此。未受教育的人,好像生材;已受教育的人,好像做成的器具。人类美点,可由教育完全发展;人类的恶点,也可由教育略为减少。请看世界万国,那教育发达的和那教育不发达的人民,智愚贤否迥然不同,这就是吾人必须教育的铁证了。

第二种疑问,乃是中国人普通见解,以为西洋各国不过此时国富兵强,至于文物制度,学问思想,未必事事都比中国优胜;简单说起来，就是不信服西洋文明驾乎中国之上，所以不信服中国教育必须取法欧、美。方才贵校校长张先生说："此时西洋各国学术思想潮流，居世界之大部分，吾国不过居一小部分，只合一小部分随从大部分，不能够强教大部分随从一小部分：所以我们中国必须舍旧维新。"鄙人觉得张校长这话犹是对那没有知识比较中西文明优劣的人说法。其实吾国文明若果在西洋之上，西洋各国部分虽大，吾人亦不肯盲从，舍长取短。正因西洋文明远在中国之上，就是中国居世界之大部分，西洋各国居世界之最小一部分，这大部分的人也应当取法这一小部分。所以鄙人之意，我们中国教育必须取法西洋的缘故，不是势力的大小问题，正是道理的是非问题。秋桐先生方才说道："西洋种种的文明制度，都非中国所及。单就经济能力而言，我们中国人此时万万赶不上。倘不急起直追，真是无法可以救亡。"鄙人以为秋桐先生此言，可谓探本之论。

吾人的教育，既然必须取法西洋，吾人就应该晓得近代西洋教育的真相真精神是什么，然后所办的教育才真是教育，不是科举，才真是西洋教育，不是中国教育。不然，像我们中国模仿西法创办学校已经数十年，而成效毫无。学校处数固属过少，不能普及，就是已成的学校，所教的无非是中国腐旧的经史文学，就是死读几本外国文和理科教科书，也是去近代西洋教育真相真精神尚远。此等教育，有不如无。因为教的人和受教的人，都不懂得教育是什么，不过把学校毕业当作出身地步，这和从前科举有何分别呢？所以我希望我们中国大兴教育，同时我又希望我们中国教育家，要明白读几本历史洋文，学一点理化博物，算不得是真正的近代西洋教育。我们教育若想取法西洋，要晓得真正的近代西洋教育，有几种大方针：

第一，是自动的而非被动的，是启发的而非灌输的。

我国教育和西洋古代教育，多半是用被动主义，灌输主义，一心只要学生读书万卷，做大学者。古人的著书，先生的教训，都是神圣不可非议。照此依样葫芦，便是成功的妙诀。所谓儿童心理，所谓人类性灵，一概抹杀，无人理会。至于西洋近代教育，则大不相同了：自幼稚园以至大学，无一不取启发的教授法，处处体贴学生心理作用，用种种方法启发他的性灵，养成他的自动能力，好叫人类固有的智能得以自由发展，不像那被动主义灌输主义的教育，不顾学生的心理状态，只管拼命教去，教出来的人物，好像人做的模型，能言的鹦鹉一般，依人作解，自家绝没有真实见地、自动能力。此时意大利国蒙得梭利(Moria Montessori)女士的教授法，轰动了全世界。她的教授法是怎样呢？就是主张极端的自动启发主义：用种种游戏法，启发儿童的性灵，养成儿童的自动能力；教师立于旁观地位，除恶劣害人的事以外，无不一任儿童完全的自动自由。此种教授法，现在已经通行欧、美各国，而我们中国的教育，还是守着从前被动的灌输的老法子，教师盲教，学生盲从。启发儿童的游戏图画等功课，毫不注意。拼命地读那和学生毫无关系的历史(小学生绝不懂得自己与历史有什么关系)，毫无用处的外国文，以为这就是取法西洋的新教育了。哈哈！实在是坑死人也！

第二，是世俗的而非神圣的，是直观的而非幻想的。

孔特分人类进化为三时代：第一曰宗教迷信时代，第二曰玄学幻想时代，第三曰科学实证时代。欧、美的文化，自十八世纪起，渐渐地从第二时代进步到第三时代，一切政治、道德、教育、文学，无一不含着科学实证的精神。近来一元哲学，自然文学，日渐发达，一切宗教的迷信，虚幻的理想，更是抛在九霄云外；所以欧、美各国教育，都注重职业。所教功课，无非是日常生活的知识和技能。此时学校教育以外，又盛兴童子军（Boy Scout）的教育，一切煮饭、烧菜、洗衣、缝衣、救火、救溺、驾车、驶船等事，无一不实地练习。不像东方人连吃饭穿衣走路的知识本领也没有，专门天天想做大学者，大书箱，大圣贤，大仙，大佛。西洋教育所重的是世俗日用的知识，东方教育所重的是神圣无用的幻想；西洋学者重在直观自然界的现象，东方学者重在记忆先贤先圣的遗文。我们中国教育，若真要取法西洋，应该弃神而重人，弃神圣的经典与幻想而重自然科学的知识和日常生活的技能。

第三，是全身的，而非单独脑部的。

谭嗣同有言曰："观中国人之体貌，亦有劫象焉。试以拟之西人，则见其委靡，见其猥鄙，见其粗俗，见其野悍，或瘠而黄，或肥而弛，或萎而伛偻，其光明秀伟有威仪者，千万不得一二！"这是什么缘故呢？就是中国教育大部分重在后脑的记忆，小部分重在前脑的思索，训练全身的教育，从来不大讲究。所以未受教育的人，身体还壮实一点，惟有那班书酸子，一天只知道咿咿唔唔摇头摆脑地读书，走到人前，痴痴呆呆地歪着头，弓着背，勾着腰，斜着肩膀，面孔又黄又瘦，耳目手脚，无一件灵动中用。这种人虽有手脚耳目，却和那跛聋盲哑残废无用的人，好得多少呢？西洋教育，全身皆有训练，不单独注重脑部。既有体操发展全身的力量，又有图画和各种游戏，练习耳目手脚的活动能力。所以他们无论男女老幼，做起事来，走起路来，莫不精神夺人，仪表堂堂。教他们眼里如何能看得起我们可厌的中国人呢？

中国教育,不合西洋近代教育的地方甚多。以上三样,乃是最重要的。诸君毕业后,或教育他人,或是自己教育自己,请在这三样上十分注意。

(原载《新青年》3 卷 5 号,1917 年 7 月 1 日)

北大时的蔡元培(左)与陈独秀

黑暗与光明的消长

蔡元培

本篇系1918年11月15日，蔡元培在北京天安门广场举行的庆祝协约国胜利大会上的演说辞。

我们为什么开这个演说大会？因为大学教员的责任，并不是专教几个学生，更要设法给人人都受一点大学的教育，在外国叫作平民大学。这一回的演说会，就是我国平民大学的起点！

但我们的演说大会，何以开在这个时候呢？现在正是协约国战胜德国的消息传来，北京的人都高兴得了不得。请教为什么要这样高兴？怕有许多人答不上来。所以我们趁此机会，同大家说高兴的缘故。

诸君不记得波斯拜火教的起源么？他用黑暗来比一切有害于人类的事，用光明来比一切有益于人类的事。所以说世界上有黑暗的神与光明的神相斗，光明必占胜利。这真是世界进化的状态。但是黑暗与光明，程度有浅深，范围也有大小。譬如北京道路，从前没有路灯。行路的人，必要手持纸灯。那时候光明的程度很浅，范围很小。后来有公设的煤油灯，就进一步了。近来有电灯、汽灯，光明的程度更高了，范围更广了。世界的进化也如此。距今一百三十年前的法国大革命，把国内政治上一切不平等黑暗主义都消灭了。现在世界大战争的结果，协约国占了胜利，定要把国际间一切不平等的黑暗主义都消灭了，别用光明主义来代他。所以全世界的人，除了德、奥的贵族以外，没有不高兴的。请提出几个交换的主义作个例证：

第一是黑暗的强权论消灭，光明的互助论发展　从陆谟克、达尔文等发明生物进化论后，就演出两种主义：一是说生物的进化，全恃互竞，弱的竞不过，就被淘汰了，凡是存在的，都是强的。所以世界只有强权，没有公理。一是说生物的进化，全恃互助，无论怎么强，要是孤立了，没有不失败的。但看地底发见的大鸟大兽的骨，他们生存时何尝不强，但久已灭种了。无论怎么弱，要是合群互助，没有不能支持的。但看蜂蚁，也算比较的弱极了，现在全世界都有这两种动物。可见生物进化，恃互助，不恃强权。此次大战，德国是强权论代表。协商国，互相协商，抵抗德国，是互助论的代表。德国失败了。协商国胜利了。此后人人都信仰互助论，排斥强权论了。

第二是阴谋派消灭，正义派发展　德国从拿破仑时受军备限制，创为更番操练的方法，得了合国皆兵的效果。一战胜奥，再战胜法。这是已往时代，彼此都恃阴谋，不恃正义，自然阴谋程度较高的占胜了。但德国竟因此抱了个阴谋万能的迷信，遍布密探。凡德国人在他国作商人的，都负有侦探的义务。旅馆的侍者，苗圃的装置，是最著名的了。德国恃有此等侦探，把各国政策、军备，都知道详细，随时密制那相当的大炮、潜艇、飞艇、飞机等，自以为所向无敌了，遂敢唾弃正义，斥条约为废纸，横行无忌。不意破坏比利时中立后，英国立刻与之宣战。宣告无限制潜艇政策后，美国又与之宣战。其他中立等国，也陆续加入协商国中。德国因寡助的缺点，空费了四十年的预备，终归失败。从此人人知道阴谋的时代早已过去，正义的力量真是万能了。

第三是武断主义消灭，平民主义发展　从美国独立、法国革命后，世界已增了许多共和国。国民虽知道共和国的幸福，然野心的政治家，很嫌他不便。他们看着各共和国中，法、美两国最大，但是这两国的军备都不及德国的强盛，两国的外交，又不及俄国的活泼。遂杜撰一个“开明专制”的名词，说是国际间存立的要素，全恃军备与外交。军备与外交，全恃武断的政府。此后世界全在德系、俄系的掌握。共和国的首领者法若美且站不住，别的更不容说了。不意开战以后，俄国的战斗力，乃远不及法国。转因外交狡猾的缘故，貌亲英、法，阴实亲德，激成国民的反动，推倒皇室，改为共和国了。德国虽然多挣了几年，现在因军事的失败，喝破国民崇拜皇室的迷信，也起革命，要改共和国了。法国是大战争的当冲，美国是最新的后援，共和国的军队，便是胜利的要素。法国、美国都说是为正义人道而战，所以能结合十个协商的国，自俄国外，虽受了德国种种的诱惑，从没有单独讲和的。共和国的外交，也是这一回胜利的要素。现在美总统提出的十四条，有限制军备、公开外交等项，就要把德系、俄系的政策根本取消。这就是武断主义的末日，平民主义的新纪元了。

第四是黑暗的种族偏见消灭，大同主义发展　野蛮人只知有自己的家族，见异族的人同禽兽一样，所以有食人的风俗。文化渐进，眼界渐宽，始有人类平等的观念。但是劣根性尚未消尽，德国人尤甚。他们看有色人种不能与白色人种平等，所以唱黄祸论，行“铁拳”政策。看犹太、波兰等民族不能与亚利安民族平等，所以限制他人权。彼等又看拉丁民族、盎格鲁撒克逊民族又不能与日耳曼民族平等，所以唱“德意志超过一切”，想先管理全欧，然后管理全世界。此次大战争，便是这等迷信酿成的。现今不是已经失败了么？更看协商国一方面，不但白种的各民族，团结一致，便是黄人、黑人也都加入战团，或尽力战争需要的工作。义务平等，所以权利也渐渐平等。如爱兰的自治，波兰的恢复，印度民权的申张，美境黑人权利的提高，都已成了问题。美总统所提出的民族自决主义，更可包括一切。现今不是已占胜利了么？这岂不是大同主义发展的机会么？

世界的大势已到这个程度，我们不能逃在这个世界以外，自然随大势而趋了。我希望国内持强权论的，崇拜武断主义的，好弄阴谋的，执著偏见想用一派势力统治全国的，都快快抛弃了这种黑暗主义，向光明方面去呵！

（原载《北京大学日刊》，1918 年 11 月 27 日）

新教育

陶行知

陶行知(1891—1946),教育家、民主人士。本篇系1919年7月22日,陶行知在浙江省立第一师范学校毕业生讲习会上的讲演辞。

今天得有机会,与诸同志共聚一堂,研究教育,心中愉快得很。现在把关于新教育上各项要点,略些谈谈。

一、新教育的需要

我们现在处于二十世纪新世界之中,应该造成一个新国家,这新国家就是富而强的共和国。怎样能够造成这新国家呢?固然要有好的领袖去引导平民,使他们富,使他们强,使他们和衷共济;但是虽有好的领袖,而一般平民不晓得哪个领袖是好的,哪个领袖是不好的,也是枉然。所以现在所需要的,是一种新的国民教育,拿来引导他们,造就他们,使他们晓得怎样才能做成一个共和的国民,适合于现在的世界。举例来说,有一个后母给她的儿子洗澡,所用的水,时而太冷咧,时而太热咧,这就是不能合着他儿子的需要。我们所研究的新教育,不应该犯这个毛病,一定要合于现在所需要的。

陶行知

二、新教育的释义

先说“新”字是什么意思？某处人家因为要请客，一切设备家伙，都去向别家借用，用过之后，就去还了。这是客来则新，客去便旧了，不得为根本的新。我们中国的教育，倘若忽而学日本，忽而学德国，忽而学法国、美国，那是终究是无所适从。所以新字的第一个意义要“自新”。今日新的事，到了明日未必新；明日新的事，到了后日又未必新。即如洗澡，一定要天天洗，才能天天干净。这就是日日新的道理。所以新字的第二个意义要“常新”。又我们所讲的新，不单是属于形式的方面，还要有精神上的新。这样才算是内外一致，不偏不倚。所以新字的第三个意义要“全新”。

次说“教育”是什么东西？照杜威先生说，教育是继续经验的改造(Continuous reconstruction of experience)。我们个人受了周围的影响，常常有变化，或是变好，或是变坏。教育的作用，是使人天天改造，天天进步，天天往好的路上走；就是要用新的学理，新的方法，来改造学生的经验。

三、新教育的目的

这目的可分两项来说明：第一对于天然界，要使学生有利用他的能力。例如，我们要使光线入室不需风的时候，就要用玻璃窗。照这样把所有一切光、电、水、空气等，都要被我们操纵指挥。现在中国和外国物质文明的高下，都从这利用天然界能力的强弱上分别出来的。然而其中也有危险的地方，如造出许多杀人的物扰乱世界，是万万不可的。所以第二项目的，是对于群界要讲求共和主义，使人人都能自由守着自己的本分去做各种事业。一方面利用天然界，一方面谋共同幸福。可说一句，新教育的目的，就是要养成这种能力，再概括说起来，就是要养成"自主""自立"和"自动"的共和国民。自主的就是要做天然界之主，又要做群界之主。即如选举卖票一事，卖和不卖，到底由自己的主张。果能自主的人，富贵不淫，贫贱不移，威武不屈，人家有什么法子对付他呢？至于自立的人，在天然界群界之中，能够自衣自食，不求靠别人。但是单讲自立，不讲自动，还是没有进步，还是不配做共和国民的资格。要晓得专制国讲服从，共和国也讲服从，不过一是被动的，一是自动的，这就是他们的分别了。

四、新教育的方法

此番我从南京到上海，再从上海到嘉兴，一直到杭州来，有种种的方法，或是走，或是坐船，或是坐火车，或是坐飞艇。在这几种方法之中，哪几种是较好，哪一种是最好，而且哪一种是最快，这便是方法的考究。要考究这个方法，下列的几条，应该注意的：

（甲）符合目的　杀鸡用鸡刀，杀牛用牛刀，这就是适合的道理；教育也要对着目的设法。现在学校里有兵操一门，是为了养成国民有保护国家的能力而设的。但是照这样"立正""开步"的练习，经过几年之后，能否达到应战之目的，却须要研究的。

（乙）依据经验　怎样做的事，应当怎样教。譬如游水的事，应当到池沼里去学习，不应当在课堂上教授。倘若只管课堂的教授，不去实习，即使学了好几年，恐怕一到池里，仍不免要沉下去的。各种知识有可以从书上求的，不妨从书上去得来；有不可以从书上求的，那应该从别处去得他了。

（丙）共同生活　在学校中不能共同做事，一到社会也是不能的。所以要国民有共和的精神，先要学生有共和的精神；要学生有共和的精神，先要使他有共同的生活，有互助的力量。

（丁）积极设施　教人勿赌博，勿饮酒，这都是消极的禁止。至于积极的办法，要使他们时常去做好的事情，没有机会去做那坏的事情。在学校之中，常常有正当的游戏运动，兴味很好，自然没有功夫去做别的坏事了。

（戊）注重启发　在学校里并非一面教人，一面受教，就算了事。要使学生的精神意志和能力，渐渐地发育成长。孔子说"不愤不启，不悱不发"。我更要进一步说，使他不得不愤，使他不得不悱。杜威先生也说，教学生的法子，先要使他发生疑问；查出他疑难的地方，使他想种种方法，去解决这个问题；从这些方法之中，选出顶有成效的法子，去试试看对不对；如其不对，就换个法子，如其对了，再去研究一下。照这方法来解释同类的问题和一切的问题。所以现在的时候，那海尔巴脱的五段教授法等，觉着不大适用了。

（己）鼓励自治　这便是教学生对于学问方面或道德方面，都要使他能够自治自修。

（庚）全部发育　身体和精神要全体顾到，不可偏于一面。譬如在体育上，耳目口鼻手足统要使他健全；在智育上，既要使他自知，又要使他能够利用天然界的事物；在德育上，公德和私德，都不可欠缺的。

（辛）唤起兴味　学生有了兴味，就肯用全副精神去做事体，所以“学”和“乐”是不可分离的。学校里面先生都有笑容，学生也有笑容。有些学校，先生板了脸孔，学生都畏惧他，那是难免有逃学的事了。所以设法引起学生的兴味，是很要紧的。

（壬）责成效率　凡做一事，要用最简便、最省力、最省钱、最省时的法子，去收最大的效果。做这件事，用这个方法，在一小时所收的效果是这样，用别个方法只需十分钟或五分钟，就有这样的效果，那后法就比前法为胜了。照此把时间、精力、金钱和效果的比较选择，可以得出一个最好的法子。

以上所讲，都是新教育上普通的说明。至于新教育对于学校课程等的设施和教员学生应当怎样的情形，休息几分钟再讲。

新学校

学校是小的社会，社会是大的学校。所以要使学校成为一个小共和国，须把社会上一切的事，拣选他主要的，一件一件地举行起来。不要使学生在校内是一个人，在校外又是一个人。要使他造成共和国民的根基，须在此练习。对于身体方面、道德方面、政治方面，凡国民所不可不晓得的，都要使他晓得，那学校便成为具体而微的社会了。我国学校的弊病，不但在与社会相隔绝，而且学校里面，全以教员做主，并不使学生参与。要晓得一社会里的事务，该使大家知道的，就该大家参与；该使少数领袖管理的，就该少数领袖参与。这样不靠一人，也不靠少数人，使每个学生、每个教员晓得这个学校是我的学校，肯与学校同甘苦，那才是共和国社会里的真学校。

新学生

“学”字的意义，是要自己去学，不是坐而受教。先生说什么，学生也说什么，那便如学戏，又如同留声机器一般了。“生”字的意义，是生活或是生存。学生所学的是人生之道。人生之道，有高尚的，有卑下的；有片面的，有全部的；有永久的，有一时的；有精神的，有形式的。我们所求的学，要他天天加增的，是高尚的生活，完全的生活，精神上的生活，永久继续的生活。进一步说，不可学是学，生是生，要学就是生，生就是学。求学的事，是为预备后来的生存呢？还是现在的生存，就是全体生活的一部分呢？既然晓得教育是继续经验的改造，那么对于天然界和群界，自然受他的影响；天天变动，就是天天受教育，差不多从出世到老，与人生为始终的样子。你哪一天生存不是学？你哪一天学不是生存呢？孔子到了七十岁，方才从心所欲不逾矩，他是一步一步上进的。凡改变我们的，都是先生；就是我们自己都是学生。以前只有在学校里的是学生，一到家里就不是学生；现在都做社会的学生，是从根本上讲，来得着实，不至空虚。虽出校门，仍为学生，就是不出于教育的范围。所以每天的一举一动，都要引他到最高尚、最完备、最能永久、最有精神的地位，那方才是好学生。

新教员

新教员不重在教，重在引导学生怎么样去学。对于教育，第一，要有信仰心。认定教育是大有可为的事，而且不是一时的，是永久有益于世的。不但大学校高等学校如此，即使小学校也是大有可为的。夫勒培尔研究小学教育，得称为大教育家。做小学教师的，人人有夫氏的地位，也有他的能力；只须承认，去干就能成功。又如，伯斯塔罗齐、蒙铁梭利都从研究小学教育得名，即如杜威先生，也是研究小学教育的。这都是实在的事，并非虚伪赞扬。我从前看见一个土地庙面前对联上，有一句叫"庙小乾坤大"，很可以来比。况我们学校虽小，里头却是包罗万象。做小学教员的，万勿失此机会，正当做一番事业。而且这里头还有一种快乐——照我们自己想想，小学校里学生小，房子小，薪水少，功课多，辛苦得很，哪有快乐？其实，看小学生天天生长大来，从没有知识，变为有知识，如同一颗种子的由萌芽而生枝叶，而看他开花，看他成熟，这里有极大的快乐。照以上两层——做大事业得大快乐——是为一己的，而况乎要造新国家、新国民、新社会，更非此不行嘛！那不信仰这事的，可以不必在这儿做小学教员。一国之中，并非个个人要做这事的，有的做兵，有的做工，有的做官吏，……各人依了他的信仰，去做他的事。一定要看教育是大事业，有大快乐，那无论做小学教员，做中学教员，或做大学教员，都是一样的。第二，要有责任心。不但是自己家中的小孩和课堂中的小孩，我应当负责任；无论这里那里的小孩，要是国中有一个人不受教育，他就不能算为共和国民。在美国一百个人之中,有九十几个受教育。中国一百个人之中,只有一个人受教育。而且二十四个学生中,只有一个女学生。我们要从这少数的人,成为多数的人,要用多少年的功夫?非得终身从事不行。况且我们除了二十岁以前、六十岁以后,正当有为之时没有多少,即使我们自己一生不成,应当代代做去。切不可当教育事业是住旅馆的样子,住了一夜或几夜之后,不管怎么样,就听他去了。那教育事业,还有发达的希望吗?第三,做新教员的要有共和精神。就是不可摆出做官的态度,事事要和学生同甘苦,要和同学表同情,参与到学生里面去,指导他们。第四,要有开辟精神。时候到了现在,不可专在有教育的地方办教育。要有膨胀的力量,跑到外边去,到乡下地方,或是到蒙古、新疆这些边界的地方,要使中国无地无学生。一定要有单骑匹马勇往无前的气概,有如外国人传教的精神,无论什么都不怕,只怕道理不传出去。要晓得现在中国,门户边界的危险,使那个地方的人,晓得共和国的样子,用文化去灌输他,使他耳目熟习,改换他从来的方向,是很要紧的。第五,要有试验的精神。有些人肯求进步,有些人只晓得自划的,除了几本教科书外,没有别的书籍。——诸君已经毕业之后,还在这儿讨论教育,那是最好的。——他人叫我怎样办,我便怎样办,专听上头的命令。要晓得上头的命令,只不过举其大端,其中详细的情形,必定要我们去试验。用了种种方法,有了结果,再去批评他的好坏,照此屡试屡验,分析综合,方才可下断语。倘使专靠外国,或专靠心中所有,那么,或是以不了了之,或是但凭空想,或是依照古老的法子,或是照外国的法子,统是危险的。从前人说"温故而知新",但是新的法子从外国传到中国,又传到杭州,我们以为新的时候,他们已经旧了。所以望大家注意,不可不由自己试

验得出真理,方不至于落人之后哩!

新课程

这要从社会和个性两方面讲。从社会这面讲来,要问这课程是否合乎世界潮流,是否合乎共和精神。学了这课程之后,能否在中国的浙江,或是浙江的杭州,做一个有力的国民。更从个性的一面讲来,谁的事教谁,小孩子的事教小孩子,农人的事去教农人,方才能够适合。我且拿学代数来做个例,看这课程是否为学生所需要。我有一次对学生发问道:"有几多人应用过代数?"那一百人中只有七八个人举手。又问:"不曾用过代数的人举手!"就有九十几个。后再查考那七八个人所用的东西,只须一星期,至多不过一月,就可教了。照这样看来,我们应该有变通的办法。是否为了七八个人去牺牲那九十几个人。那七八个人,或为天文家,或习工业,或学医生,所用代数,不过百分之一罢了。我们不可以为了一个人,去牺牲九十九个人;也不可以为了九十九个人,去牺牲那一个人。总要从社会全体着想,有否其他有用的东西未列在课程里?或是有用不着的东西还列在课程里呢?照这样去取舍才行。

新教材

就教科书一端而论,编书的人,有的做过教员,有的竟没有做过教员。就拿他自己的眼光来做标准,不知道各地方的情形怎么

样。用了这种书去教授,哪里能适合呢?所以教科书只可作为参考,否则硬依了他,还是没有的好。又有一种讲义,当看作账簿一般。社会上各种文化风俗,都写在这账簿上。这账簿有没有用处,或是正确不正确,须要仔细考查。譬如富翁,虽然将他所有的财产,写在账簿上,拿来传给他的儿子,若是不去实地指点他,那几处房子或是田地,是我所有,和这账簿对照一下,他的儿子仍然不晓得底细。也许有几处田地房产,已经卖出;也许有几处买进的,还没有登记上去,总要使他儿子完全明了,那账簿方才有效。要拿教科书上的情形引导给学生看,或是已经变迁的情形,指点他明白。几年前的朝鲜和现在不同;俄国已经分做十几国,更不可以拿从前的来讲。总要明白实际的事情,因为账簿是死的,人是活的,要拿账簿来为我所用,不要将活泼泼的人为死书所用。要晓得账簿之外,还有许多文化在那里,要靠教科书是有害的。

新教育的考成

我到店里去要一件东西,他拿了别的东西给我,我就不答应了,怎么我要这件,你偏与我那件呢?教育的事,也是这样。要按照目的去考成,方才不会枉费了精神和财力。譬如从农业、工业或商业学校里毕业出来的学生,有几多人在那里做他应当做的事。若是不问他的结果,一味地办去,正如做母亲的人把她的女儿出嫁,不将她长女出嫁的情形,来加以参考,以至于第二第三个女儿吃着同样的苦头,这是因为不考成的缘故。

再有几层,我在别处已经讲过,暂且不说。总之,大家觉得要教育普及，先要认定目的。做若干事，须得若干的代价，绝不是天然能成功的。即就小孩子而论，美国一人需费四元四角五分，中国每人只有六分。试问没有代价的事，能办得好办不好？但这事人人负有责任。我们做教员的，不但教学生，又要想法子使得社会上的人对于教育认为必要。譬如有钱的人，可以教自己的孩子，同时他邻舍的小孩子，因为没得钱受教育，和这小孩子一块儿玩，就把他带坏了。所以单教自己的儿子，还是不中用的。把这种情形使他们觉悟，人非木石，断没有一定不信的。虽然有些困难的地方，我们总可以用自己的力量去战胜他的。

（原载《教育潮》第1卷第4期，1919年9月）

先进者之新觉悟与新任务

梁启超

1922 年 8 月 20 日至 24 日,梁启超在南通参加了中国科学社年会。本篇系 8 月 21 日下午二时,应南通报社、南通县教育会、中等以上学校联合会、附属小学联合会等四团体之请,梁启超所作的讲演辞。此次讲演,由梁启超的长子梁思成笔记。

南通是我们全国公认第一个先进的城市。南通教育会和各团是我国教育界中之先进者。它们价值之高,影响之大,国人共知,也不必我来颂扬。我今日来讲,也无非是希望它"百尺竿头,再进一步"的意思。

凡是先进者必定已经先有了觉悟,然后才可以叫作"先进者"。有许多别人所还没有见到的事,自己先见到了;别人所还未做的事,自己先做了,然后可以叫作先进。南通是已经有它先乎他人的觉悟与事业,所以是个先进者。它既是个先进者,当然是尽了许多任务的。或是为本身已尽了许多任务,然而因为本身尽任务,影响到别的地方,令它们模仿我,这便是对全国尽了任务。然而这些都是旧任务,以后还应当有新的。我们想知道先进者之新任务,要知道它的困难:

第一,对于旧社会阻力之抵抗。譬如有个后进者,跟着人家走,是没有什么难的。然而先进者所做的事是前人所未做;社会上见了,觉得非常怪诞,以为是不应该的,或者以为是应当做,而认为做不成的。这种种的心理,都要先进者去开辟它,是第一件难事。

第二,人才缺乏。初办一件事业,往往只有几个人能看得到。

梁启超

同辈中因为眼光各不相同,不肯帮助。要等后辈,他们还未成就,所以往往感觉到人才不足。

因为有这两点难处,所以先进者的事业,往往不能完备。一面旧社会阻力强大,要与它奋斗。有时还要迁就迁就它,于是不免把自己的理想和计划,牺牲一部分,以求事业之成功。对于第二点就因为一件事不能一人全做,在这时候,自己虽有十分的理想,也不过只行得到四五分乃至六七分,所以其势是不能完备的。

我们若是看看他们事业成功后之现象,又看见有两种流弊:

第一,因为经过多少奋斗之后,然后成一件事业。一人精力有限。先进者已经成了一件事业,已经疲倦了,要休息休息,于是进步一定也停一停。他那前进的朝气一停,暮气便立刻乘机而起,有了这种通病,所以先进者成功之后,正如涨到最高点的潮水,立刻就要退下去的。这是第一个流弊。

第二,成功的先进者,因过去之成功,得了经验,以为成功一定要从这条路走,其结果便易偏于保守。一个人做事一定要有经验,经验太深就往往为环境所蒙蔽。十年前的路,固然是应当如此走法的,殊不知环境是时时变更的,一味地用老法子是走不通的。若是有人上条陈请他改革,先进者便把经验抬出来,说我成功所走的路如此。但是我们要知道时代不同,而先进者往往因经验而轻视环境。

因为有这两个弊,所以先进者的事业不能跟环境开展,然而人类的进步——一切生物都要顺环境——又不能以旧限今。譬方我们中国,可算是世界上唯一的先进国了。今日的英、德、法等国,不知比它后多少辈数,然而何以今日事事落人之后呢?因为它是一个先进者,而且是个成功的先进者,所以限于疲倦和保守,不能跟着环境俱进。

先进者既犯了这两种弊病，他的结果就足以：

第一，预后进者以坏影响。因为先进者是后进者的模范。先进者在昔日本有他的理想和计划，因为遇着困难，未得完成。后进者见了，以为他们只是如此便了，不知时代不同，只顾模仿那保守之先进者。若是如此，先进者便为社会制了不良之影响，使社会退却而失去进步之弹力性。

第二，前面已说过，先进者是后进者的模范了。因为他不能顺应环境，所以必定要停止不进。例如引路的人，引路的停了，跟的必停，若是不停，必定要超过引路的。如此后进者便不承认他为先进者。于是又生不良之影响。先进者是过来人，后进者是没有经验的。先进者引着，便不会走错路。现在先进不动了，后进者只得自己前进，如此便有走错路的危险。这结果又是个不好的现象。

先辈和后辈本来是和连环一样的，永远不使它断绝。若是先进者不能尽引路之责，使后进者横冲直撞；使环扣断绝，便是一种险现象。

如此看来，先进者便不能不有一种觉悟，他应觉悟：一，当初之困难；二，成功后之弊病；三，有弊病后所生的坏影响。他们应当有这种觉悟，并且求所以免其病，以完了他们的任务。

然则其任务何在？古人有句话，说“继往开来”。这便是“承上启下”的意思。如同蛇蜕皮一般，由旧社会蜕到新社会，使它不要断绝。

然则如何指导法子呢？就是将昔日走路之困难，以及所走的冤枉路告知后进者。或是把空理想之做不到者，指点给他们。此外还要将自己实在之事业和久远之计划告诉他们，令他们不要以我先进者之事业为满足。先进者要常站在战线第一排上与旧社会开战。个人的先进者,团体的先进者,皆当如此。一国之所以贵有先进者亦在乎此。不然,若有学者或是政治家,拿着他二十年前的学问狂妄自大,他先进者的资格便立刻消灭。没有这种精神,便不足以为先进者。无论在政治、教育、实业,以及自治团体等等,都应当站在第一排,炮火最猛处,须要步步与新潮并进。凡先进者都尽了这任务,那社会便日进无疆。现在世上最有这种精神的民族,便是盎格罗索克逊族(Anglo Saxon)。看他们好像保守,然而内面是时时刻刻与新潮并进的。

南通在中国是个先进的地方,而在座诸君在南通多半是后进者。然而以团体而论又是个先进的团体。以个人之后辈,而维持团体上先进的精神与面目,是一件极不易的事。若南通有许多不足为人模范者而被人学去,那就害人不浅了。或是人家都进前去了,而南通还落后,那么南通的庄严要堕下去,亦非社会之福。乃至其他方面的进步,亦要受南通的影响。南通诸君,要觉悟自己地位之重要,任务之重大。有了这种觉悟,就可以进步了。

以上所说就是很普通的,就一切任务而说的。至于教育,乃是各种任务中之一件,又是根本上之一件。我希望教育界诸君,顺应环境进步,时时都站在第一排。至于具体的条件,不能多讲,请只举四点。

第一,希望教育界注重公民教育。现在中国全国的学校教育,多半都靠着书本子知识,教人做个人的很少。至于如何方能做一个共和国国民的常识,则绝对的还没有。在学校的学生必定要有这种训练,不然就不能成为一个共和国国民。试问现在的国民,有没有把选举当作一件正经事的?以一国民,在代议政治之下,而不以选举当一回事,如此的国民哪能改良政治?所以共和国民最普通应做的事,必定要根本上在学校里注意。

第二,希望教育界注重科学教育。今年科学社在南通开会,是因为社员对于南通有一种景仰。还有一个意思就因南通是全国之先进者。想在这里开会可以刺激到南通教育界之一部分,叫它注意科学教育。我望南通率先做去,万不可以为科学是大学理科然后可以做的,乃是要从小打底子。我们中国的中学小学实在没有这门,虽有也不过是些教科书的学问,教法又是非科学的。我望先进的南通教育界率先把南通做成科学的教育的首创人。

第三,希望教育界注重自动的教育。二十年来我国教育界都是受了日本的影响。都是装罐头的——怎么装进去的,还是照模照样吐出来。这种教法,简直与八股没有分别。不过八股读的是:"子曰:学而时习之……",而他们读点教科书便了。先生教多少,学生只知得先生的一部分。然而教育这件事,乃是要学生自己找知识的。小小的孩子,要母亲啮饭喂;若是长大了还食母亲的啮饭,便无味了。现在的学校教育,都是啮饭喂人的。又如拉人力车的,拉着坐车的人走了一趟,坐车人还是不识路的。再拉一趟还是不识的。不过你若指点他,如此如此走,叫他自己走一次,路便识了。所以善于教人的不代人啮饭,不代人走路。以后我们的小学以至大学,都非大大地改革不可。我望先进的南通教育界做新教育,不代人走路。

第四,造成模范的中学。这一项本来不能与前三项并列的,不过现在姑且当第四项讲。南通的小学现在已有好几百了,各专门也有了。大学也在筹备了。去年孟禄博士来中国,说我们中学缺乏。中学不好,大学便没有好学生,如此学问界便产生不出领袖人才。若不好好地改革中学,中国教育界便没有好的日子。我听这惊心动魄的话,回头一看,果然不差。我们现在正求解决它,但是没有实行。我望先进的南通教育界,特别注意,造成一个模范的中学。

我望南通教育界能注重这四点,那么南通教育界便不愧为举国承认之先进者。若是南通都不做,别处我更不能去责备了。最后一段话,望南通教育界以之自任。前面所说,尤愿南通全部人民,有那种觉悟,拿来做自己的任务。

(原载《时事新报·学灯》,1922 年 8 月 26 日)

蒋梦麟

什么是教育的出产品

蒋梦麟

蒋梦麟(1886—1964),教育家,曾任北京大学校长。本篇系20世纪20年代末,蒋梦麟在上海的一次学术讲演之一部分。

我们以前听了俾士麦说,德国的强盛,是小学教育的成功。所以我们也来办小学,以为小学堂办几千个,中国就强了。后来听说日本的强盛,也从小学教育得来的,所以我们大家都信小学教育,好像一瓶万应如意油,一瓶百病消散丸,灵验无比,吃了就百病消散。小学学生现在也有三百多万了,哪知道社会腐败,比以前一样,国势衰弱,比以前一样,这是什么缘故呢?(据民国十八年度统计,全国小学及幼稚园的学生,已达八百九十万人。)

第一是人数太少,中国四万万人,若以五分之一入小学计算,须有八千万人。这三百多万,只能占百分之四,还有百分之九十六的儿童没有受教育,哪里能够收到小学教育的效果呢?第二是教育根本思想的误谬,我常常听见人说,学生是中国的主人翁,若是学生是中国的主人翁,谁是中国的奴隶呢?教育不是养成主人翁的。又有人说,教育是救国的方法,所以要小学生知道中国的危险,激发他们的爱国心;痛哭流涕地对小学生说,中国要亡了,这班天真烂漫的小学生,也不知中国是什么东西,只听得大人说"不好了""要亡了"这些话,也就悲哀起来:弄得正在萌芽,生气勃勃的小孩子,变成了枯落的秋草!

"主人翁""枯落的秋草"两件东西,可算是我国办教育的出产品。

我们向来的教育宗旨,本来养成主人翁的。俗话说,“秀才,宰相之根苗”;向来最普通的小学教科书《神童诗》说:“朝为田舍郎,暮登天子堂。”我们又常常说,“范文正为秀才时,即以天下为己任”。个个秀才都要做宰相,个个田舍郎都想登天子堂,你看哪里有这许多位置呢?

我们向来读书的宗旨,确是要把活泼泼的人,做成枯落的秋草。科举的功效,把天下的人才都入了彀中;读书的结果,把有用的人都变成了书呆子。这不像枯落的秋草么?

主人翁,和枯落的秋草,本来是旧教育的出产品,也是新教育的出产品,不过方法不同罢了。

若以高一层论,读书是学做圣贤,王阳明幼时对先生说,“读书是学做圣贤”。若个个读书的人要做圣贤,国中要这许多圣人贤人做什么?我们现在的教育,还赶不上说这一层咧。

大学讲修身,齐家,治国,平天下,是中国教育的宗旨。到了后来,“规行矩步”“束身自好”算修身;“父为子纲”“夫为妇纲”“三从四德”等等算齐家;愚民的“仁政”算治国。你看身哪里能修,家哪里能齐,国哪里能治呢?

现在要讲修身,要养成活泼泼的个人;要讲齐家,要夫妇平等,爸爸不要把儿子视作附属品;儿子不要把爸爸做子孙的牛马;要讲治国,先要打破牧民政策,采用民治主义。

并要把个人和家的关系改变过,创造一个进化的社会出来,个人是社会的分子;不是单在家庭之中,做父亲的儿子,儿子的父亲,母亲的女儿,女儿的母亲,老婆的丈夫,丈夫的妻子,把家庭国家,认作社会的两个机关,来发展个人和社会的幸福,不要用家庭国家,来吞没个人,毁坏社会。

我们讲教育的，要把教育的出产品，明明白白，定个标准。预定要产什么物品，然后来造一个制造厂。不要拿来一架机器，就随随便便地来造物品。据我个人的观念，我们以前所产的"主人翁"，"枯草"，和所产的宰相圣贤，都是不对。我们所要产的物品，是须备三个条件的人。

一、活泼泼的个人

一个小孩子，本来是活泼泼的。他会笑，会跳，会跑，会玩耍。近山就会上山去采花捕蝶；近水就会去捞水草，拾蚌壳，捕小鱼；近田就会去捕蝗虫，青蛙。他对于环境，有很多兴会。他的手耐不住地摸这个，玩那个；脚耐不住地要跑到这里，奔到那里，眼耐不住地要瞧这个，那个；口关不住地要说这样，那样；你看如何活泼。我们办学校的，偏要把他捉将起来，关在无山、无水、无虫、无花、无鸟的学校里；把他的手脚绑起来，使他坐在椅上不能动；把他的眼遮起来，使他看不出四面关住的一个课堂以外；要他的口来念"天地元黄，宇宙洪荒""人之初，性本善"，种种没意义的句子。现在改了"一只狗""一只猫""哥哥读书，妹妹写字"，这些话，就算是新式教科书了。还有讲历史的时候，说什么"黄帝擒蚩尤"这些话，小孩子本不识谁是黄帝，更不识谁是蚩尤。孩子听了，好像火星里打来的一个电报。还有叫他唱"陀，来，米，发，索，拉，西"的歌；叫他听"咿哩呜噜"响的风琴。不如小孩儿素来所唱的"萤火虫，夜夜红，给我做盏小灯笼"好得多。二十五块钱的坏风琴，不如几毛钱的笛和胡琴好得多。小儿的生长，要靠着在适当的环境里活动。现在我们把他送入“牢监”里束缚起来，他如何能生长。明代王阳明也见到这个道理，他说“大抵童子之情，乐嬉戏而惮拘检。如草木之始萌芽，舒畅之则条达，摧挠之则衰萎。今教童子必使其趋向鼓舞，心中喜悦，则其进自不能已。譬之时雨春风，霑被草木，莫不萌动发育，自然日长月化。若冰霜剥落，则生意萧索，日就枯槁矣。……若近世之训蒙穉者，日惟督以句读课仿，责其检束，而不知导之以礼；求其聪明，而不知养之以善；鞭挞绳缚，若待拘囚，彼视学舍，如囹狱而不肯入，视师长如寇仇而不欲见，……是盖驱之于恶，而求其为善也，可得乎哉？”（训蒙大意）德国福禄培创教养儿童自然的法儿，他设了一个学校，用各种方法，使儿童自然发长；他不知道叫这学校做什么，一日他在山中游玩，看见许多花木，都发达的了不得；他就叫他的学校作幼稚园（Kindergarden）。“kinder”是儿童，而“garden”是花园。幼稚园的意思是“儿童的花园”，后来哪知道渐渐变为“儿童的监狱”。我们把儿童拿到学校里来，只想他得些知识，忘记了他是活泼泼的一个小孩子，就是知识一方面，也不过识几个字罢了。

无论在小学里，或在中学里，我们要认定学生是本来是活的，他们的体力、脑力、官觉、感情，自一天一天地发展。不要用死书来把他们的生长力压住。我们都知道现在中学卒业的学生，眼多近了，背多曲了。学级进一年，生气也减一年。这是我们教育的出产品！

二、能改良社会的个人

个人生在世上，终逃不了社会，所以社会良不良，和个人的幸福很有关系。若我但把个人发展,忘却了社会,个人的幸福也不能存在。中国办学的一个难处,就是社会腐败。这腐败社会的恶习,多少终带些入学校里来。所以学校里的团体,终免不了社会上一种流行的恶习,不过比较的好些罢了。学校是社会的镜子,在这镜子里面瞧一瞧,可以见得社会上几分的恶现象。不过学校里的生活,终比社会上高一层,所以学生可以有改良社会的一个机会。学校须利用这个机会,养成学生改良社会的能力。普通父母送子弟入学校的用意,是有两种希望。一种是为家庭增资产;以为"我的儿子"入了学校念了书,将来可以立身,为家增一个有用的分子。一种是为国家求富强,以为"我的儿子"求了学,将来可以为"拯世救民"的人才。第一种是家属主义的"余荫",第二种是仁政主义的"余荫"。学校的宗旨,虽不与此两种希望相反对,但不是一个注重点。学校的宗旨,是在养成社会良好的分子,为社会求进化。社会怎样才进化呢?个人怎样来参加谋社会进化的运动呢?这两个问题,是学校应该问的。社会怎样才进化这个问题,我们可暂时不讲,个人怎样来参加谋社会进化的运动,是我们现在应该研究的。我想要学生将来参加改良社会的运动,要从参加改良学校社会的运动做起。我讲到此,不得不提起学生自治问题了。学生自治,可算是一个习练改良学校社会的机会。我们现在讲改良社会,不是主张有一二个人,立在社会之上,操了大权,来把社会改良。这种仍旧是牧民制度,将来的结果是很危险的。教育未发达以前,或可权宜用这个方法,如山西阎百川的用民政治。但这个办法,是人存政存,人亡政息,不是根本的办法。江苏南通将来的危险也在这里。所以我们赞许阎百川治晋是比较的,不是单独的。若以单独的讲起来,这种用民政治,仍是一种"仁政主义""牧民政策"。我是很佩服阎百川的，我并不是批评他，但我希望他一面“用民”，一面不要忘了这是权宜之计，将来终要渐渐儿改到民治方面去才好。我常常对人说，江浙两省，是江南富庶之地，兄弟之邦，得了两个兄弟省长，为何不照阎百川的办法来干一干呢？这种事情不干，如浙江的齐省长，没有事做，看了学生的一篇文，倒来小题大做。我想一省的省长，哪里有这种空功夫！

学生自治，是养成青年各个的能力，来改良学校社会。他们是以社会分子的资格，来改良社会，大家互助，来求社会的进化。不是治人，不是做主人翁；是自治，是服务。有人说，学生自治会里面，自己捣乱，所以自治会是不行的。我想自治会里边起冲突，是不能免的，这是一定要经过的阶段。况且与其在学校里无自治，将来在社会上捣乱，不如在学校中经过这个试验，比较地少费些时。

三、能生产的个人

以前的教育，讲救国，讲做中国的主人翁，讲济世救民；最好的结果，不过养成迷信牧民政策的人才。不好的结果，自己做了主人翁，把国民当作奴隶；不来救国，来卖国；不来济世救民，来鱼肉百姓；到了后来，“只准州官放火，不许百姓点灯”。今后的教育，要讲生产，要讲服务，要知道劳工神圣。为什么要讲劳工神圣呢？因为社会的生产都靠着各个人劳力的结果，各个人能劳力，社会的生产自然就丰富了。假如大多数的人，都是“四体不勤，五谷不分”，社会怎样能生存呢？又如杜威先生说，希腊文化很发达，科学的思想也很发达，何以希腊没有物质科学呢？何以物质科学到十九世纪才发展起来呢？因为希腊人瞧不起做工的人。瞧不起做工，就不会做试验；不会做试验，就没有物质科学了。我们中国，素来把政治道德两样合起来，做立国的中心，如孔子说的，“为政以德，譬如北辰，而众星拱之”。如孟子说的“王何必曰利，亦曰仁义而已矣”。都是道德和政治并提。我们的学校，也不外政治道德四个字。如孟子说，“立庠序之教，所以明人伦也：父子有亲，君臣有义，夫妇有别，长幼有序，朋友有信”。几千年来的教育宗旨，都是一个“拯世救民”的仁政主义，牧民政策；今天以百姓当羊，来牧他；明天羊肥了，就来吃他，你看中国几千年的“一治一乱”，不是羊瘦牧羊，羊肥吃羊的结果么？现在我们假设百姓是羊，我们要羊自己有能力来寻草吃，不要人来牧；那么羊虽肥，不怕人来吃他的肉。这是讲句笑话罢了，我们哪里可当百姓作羊？百姓都是活泼泼的人。我们把百姓能力增高起来，使他们有独立生产的能力，哪要人来施仁政，来牧他们？

要能独立生产，要先会工作，要知道劳工神圣。美国教员联合会现在已加入劳动联合会。这是全国教师承认教书也是劳工。凡有一种职业，为社会生产的，都是劳工。劳心劳力，是一样的。“劳心者役人，劳力者役于人”，这两句话，实在有分阶级的意思在里面，未免把劳力的人看得太轻了。把以上的话总括说一句，教育要定出产品的标准，这标准就是：

活泼泼的，能改良社会的，能生产的个人。

（选自《蒋梦麟学术文化随笔》，中国青年出版社，2001 年）

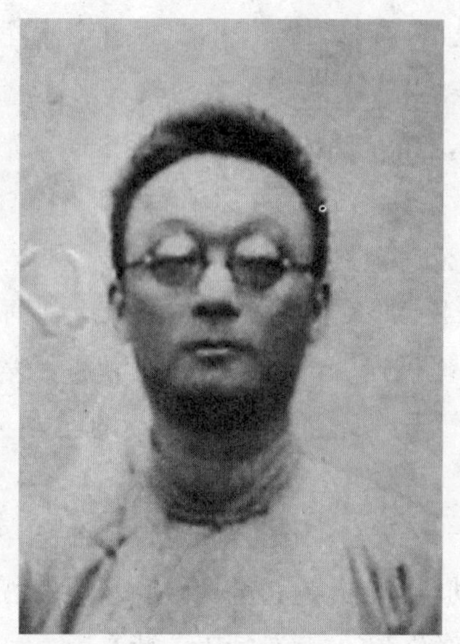

罗　庸

国文教学与人格陶冶

罗庸

罗庸(1900—1950),国学家。本篇系1938年8月,罗庸在云南省中等学校教职员暑期讲习会上的讲演辞。

甲　过去的检讨

一、学校商业化的由来

学校商业化成了近年来大家注意的严重问题,主要的是感觉到学校中师生的关系日趋淡薄,教员拿知识换钱,学生拿钱买知识,交易而退,各得其所,全无人格上的陶熔感化,失去了教育的意义,只剩下知识的传习。

但社会上一种病态或弊端,决非凭空而来,都有它们不得不然的原因在。学校的商业化,就因为中国今日的学校制度,完全抄自以工商业立国的近代西洋文明国家。

大家都知道,近代的西洋学校制度,是由中古教会书院蜕化而来,虽社会工商业化,学校仍得保有其独特的风格,像中国近年来的毛病是不会有的。中国旧来家塾书院的师严道尊,本来也只有教育的意义而绝无商业的意味;但自变法维新以来,旧的制度都在根本扬弃中,师严道尊的意思,不复能在新学校制度中存在。加以农村经济崩溃的结果，父兄送子弟入学，主要的是为取得将来在社会上谋食的技能与资格。有如做生意的下本钱。学生入学，既不为谋道而来，其与学校的关系，恰如“置物瓶中，出则离耳”。除了以考卷换取学分，以学费换取文凭，殆不复知学校对于他还有其他的关系和意义。学校商业化，正是势所不得不然，教育的实施，正不得不减削其效力。

二、公民训育与人格陶冶之不同

为了人格陶冶，从前的中小学，设有修身一课，大半由校长或学监担任，其效果如何，大家都知道的；然所讲的究竟还是些嘉言懿行。自修身改为党义，党义改作公民，训育主任除了宣传政治理论，执行学校规则，便什么也做不来，结果是和学生站在相对的地位。

教育本来以培养学生自发的向上心为其目的，所以内心的陶冶是教育的基础，而行为的规范和政治的训练乃是外面的工夫。所谓“乐由中出，礼自外作”。现在只有外作的礼，而缺乏了中出的乐，致令学生知识的空虚有法填补，而内心的苦闷无人解决。“隐其学而疾其师，苦其难而不知其益”，就造成了今日师生间的游离状态。

但事实上学生的思想与感情总需要有所依止，在这方面比较关系最切的要算国文教师了。大半的中学毕业生，对于训育主任和公民教师，不见得有深厚的感情，而对国文教师，往往无形中受很大的影响。那就因为国文课本的内容，比较可以滋润青年们枯渴的心灵。所以在现制度下的学校，对于学生心理的陶熔，国文教师实负有很大的责任。

三、近年中学国文教材之繁杂笼统

然事实上的结果则如何者？自民国七八年“国学书目”“青年必读书”的风气打开以来，二十年来国文的教材造成一种博而不专的现象。大学入学试验要考国学常识，高中的国文课就不得不教学术源流。选文标准，既要按文学史的次序每时代都得有代表作，又须按文体的分配各体平均。一方面要教文言，一方面又要教语体。散文之外，还得加些诗词。讲文之余，还得指示修辞和文法。教者张皇幽邈，脚乱手忙，学生坐席未温，浅尝辄止。试想如此一种百科全书式的选本，内容哪能不矛盾冲突？教育介于群言之间，不惜以今日之我与昨日之我宣战，或则弥缝调停，无可无不可。大道以多歧亡羊，学生以多方疑师。教材的无中心，造成学生思想的纷乱。教授目的的不确定，使学生无所适从。教授法不从专精纯熟方面下工夫，使学生对于读物永远得不到一贯的涵泳。文章尚且作不好，还谈得到什么人格的养成！

所以，在现在的学校制度未能改善以前，要求青年得到一点真实的内心陶冶，就非从国文教学根本下手不可！

乙　中国文化与士大夫

我们首先要问：我们的青年究竟需要培养成一种什么样的风节？

我们可以简单地答一句话：我们需要养成一种纯正的中国士大夫。

所谓士大夫，是中国文化里的中心主干，要明白士大夫的意义，就需要先明白中国文化是什么？

一、所谓中国文化者

有些人根本否认中国有其自己的文化，以为：我们穿的是胡服，睡的是胡床，听的是胡乐。历史上文化交流的结果，所谓中国文化者，早已成为极不明确的名词。但我们这里所谓文化者，并不是指的一些具体的文明，乃是指的一民族自己的生活态度，中国人有其与西洋人不同的生活态度，那就是中国文化。

观察一民族的文化，首先应当明了这文化的由来。中国自殷周以来，建立了以农立国的基础，散漫的农村社会，形成了安土重迁的民族心理，造成了家族本位的社会组织。人与人之间，只有亲族的伦理关系，最远的推到朋友而止。天子号称“家天下”，也不过是把天下看成一个大的家族。君臣以义合，只不过是朋友的变相。力田，尽伦，长养子孙，生活便算圆满了。农业社会，三分靠人力，七分靠自然。农村的生活，最先感到的是自然界的伟大，和平，和有秩序，尤有意味的是“万物并育而不相害”的一片生机。孕育在这种环境中的人类，除了力耕自足而外，如何与自然求谐和？成了唯一的人生目的。所谓“人法天，天法道，道法自然”，所谓“先天而天弗违，后天而奉天时”，成了人生哲学上最高的境界。反观其他动物界的搏击吞噬，同类相残，便憬然发生了“人之所以异于禽兽者几希”的觉悟。由此人的自觉，而有仁、义、礼、乐一套的理论与实施。

这一套农本、人本的人生哲学，奠基于周，而完成于孔子，推阐于七十子以后的儒家，形成了三千年来的民族意识。只要中国的农村本位的社会没有根本的改变，则这一套文化的形式永远不会变更。至于人的自觉这一点，则更是几千年志士仁人出生入死拼命护持的所在，纵使粉身碎骨，也不肯为禽兽之归的。

以农村的自给自足形成了寡欲知足，以力求谐和自然，故极力裁制人欲，这样子是不会有长足进步的物质文明和工业制造的，因而也就免除了财富的兼并与经济斗争。以安土重迁故不勤远略，因而没有拓殖的欲望；故步自封是毛病，但也永远不会成为帝国主义者。以人的自觉老早成熟，故很早便脱离了宗教的束缚，因而像欧洲历史上宗教的黑暗和战争是没有的。人本的思想使得对人类只有文化的评价而无种族的歧视，“中国进于夷狄则夷狄之，夷狄进于中国则中国之”，因而养成了对于异族的同化力和大度宽容。记得严粲《诗缉》评《诗经》的周诗一句话说，“周弱而绵”。中国文化表面看来似乎是散漫而无力，但是这绵的力量却是屡遭侵略而终不灭亡的根源。

假使帝国主义的暴横残杀是人类文化的病态，则中国文化无论有什么缺点其最后的核心到底是人类文化的正常状态！

代表中国经济层的是农民，代表中国文化层的便是士大夫，此外，兼并的豪商，独裁的霸主，都是中国人厌弃的对象。

二、士大夫的历史及其前途

士大夫实在是中国文化的轴心，他的责任是致君泽民，上说下教。他一方面是民众的代表，一方面是政府的监督，而以尽力于人伦教化为其职志。自从东周政衰，世卿的制度崩溃，所谓王官失守，学在私门，有心的士大夫便以在野之身，积极地作文化运动，孔子便是这时代唯一的代表。但战国的局面，正在封建制度崩溃的前夕，诸侯的军备扩张，造成了农村的破产。大都市繁荣的结果，增加了商人赚钱的机会。士大夫也者，没有了代耕之禄，不得不学商人的样，挟策求售，曳裾王门。读书人商业化的结果，造成了游士之风，贤如景春，也不免艳羡，称他们为大丈夫。秦始皇帝和李斯似乎很有办法，他们对付都市膨胀的办法是毁名城，对付土豪的办法是杀豪俊，对付资本家的办法是徙富豪十二万户于咸阳，对付散兵游勇——不能归田的农民——的办法是北筑长城，置戍五岭。剩下那些剩余商品的游士，就只好活埋了。这种大刀阔斧的做法，在我们读春秋战国三百多年的历史头昏脑涨之余，诚然是一件快事，但可惜积极方面忘却了中国的社会基础是散在农村。中国文化的中心是仁义之道。结果，努力造成的一个集权的中央，不旋踵而遭遇了散兵革命。汉袭秦法。只有重农的一件事，却根本地挽回了当时社会的生机。惠帝的奖励孝弟力田，窦太后的好黄老，文景四十年的与民休息，恰是适合了中国社会的需要。在这里，贾谊晁错的眼光，实在高过李斯。所以，在两汉四百年中朝廷上尽管宗室打外戚，外戚杀宗室，宦官又打外戚，外戚又杀宦官，而农村的基础和文化的根基却日见稳定。读书人以居乡教授作处士为荣，东汉的气节，在士的历史上造成了空前的好榜样。这样，刘家一姓的私事，才不至于动摇整个的社会下层。

董卓的入卫，开创了中国历史上的军阀专政之局，曹氏、司马氏，以及宋齐梁陈，刻板地在定型下互相抄袭，造成了几百年奸雄的历史。处士一变而为党锢，再变而为文学侍从，三变而为世族的门客。读书人的生活，从居乡教授到运筹决策，再到作劝进表，加九锡文，最后到应诏咏妓，南朝士人的身份降到无可再降。而隋唐之际一些来自田间的笃实之士，却在北朝异族的统治下培养出来，实在是一件很可伤心的事。

隋唐的科举，虽然造成了乞怜奔竞之风，但究竟在“白屋”中，拔出些“公卿”，读书人犹得以气类相尚。北宋的宰相，大半是寒士出身，眼光渐渐由都市转到乡村，使得久居被动的农村，又有独立自存的趋向。两宋理学家于讲学之余，大都注意到农村的组织和建设，如朱子家礼，吕氏乡约，都是意义深长，有其远大的看法的。只可惜明清两代的八股科举，与腐败的胥吏政治相为因缘，造成了所谓土豪劣绅的一阶级，出则黩货弄权，处则鱼肉乡里，士大夫的意义，早已不复有人顾及了。

近三十年来，读书人的现象大家都知道，不必再说；现在只须问一句话：我们现在究竟是应该继东汉两宋之风而有所振拔呢，还是任着青年走战国、南朝，和明清士人的旧路？

迷途未远，近年来事实上的要求逼得朝野都有些觉悟，复兴农村，和知识分子下乡，已由理论渐进于实行，这正是我们垂绝的民族文化一线光明的展望。

三、我们所需要的知识分子——士的风节

古曰士大夫，今曰知识分子，名实相类，而知识分子一名，实不足以尽士大夫之全。因为士大夫之所以为士大夫，在其全部的志事与人格，而知识分子仿佛只靠了有些知识可以贩卖。所以我们还是说士大夫，得称曰士，说士君子也好。

士是不事生产的，所谓“无事而食”。所以王子垫要问孟子“士何事”？而孟子回答的却是“尚志”。再问“何谓尚志”？孟子的回答只是“仁义而已矣”，“居仁由义，大人之事备矣”。

原来士之所以为士，在其能以全人格负荷文化的重任而有所

作为，所以说："士不可以不宏毅，任重而道远。仁以为己任，不亦重乎？死而后已，不亦远乎？"然必其先有自发之志，然后能有所奔赴，所以尚志是第一件事。能尚志必能好学，哪一段有所奔赴不容自己之情，便会使他"食无求饱，居无求安，敏于事而慎于言，就有道而正焉"。谋食、怀居的私欲减轻，那一副虚明刚大的胸怀便会喻于义，然后可以"见危致命，见得思义"，然后可以"托六尺之孤，寄百里之命，临大节而不可夺"。到了欲罢不能的时候，"无求生以害仁，有杀身以成仁"，是很自然的结果。但看"生我所欲也，义亦我所欲也，二者不可得兼，舍生而取义者也"，是一种什么样的自然、洒落与坚刚！

士便是以这样的一种精神毅力成己成物，立己立人。有了这样的风节，无论从政讲学，都会有一贯的内容和面目。有了这样的风节，自然对自己和社会有他的深到的看法与合理的安排。

中国民族便是在这样的一种风格的陶冶中出生入死支持它的生命到如今。为了负荷人的自觉的使命，受尽了异族的蹂躏；而终究不沦于绝灭者，就在人类的向上心毕竟不会完全失掉；到了途穷思返的时候，中国文化正在以人类的正常态度和平而宽厚地等待他们。

这便是中国民族的自信力，而这自信力的培成，却全靠士以他的整个的人格来负担。

丙　诗教论

文化的推动，合赖推动者有所自得，而自得必由自发，所以教育对于学者内心的启发是唯一的工夫。《学记》说："不兴其艺不能乐学。"孔子说："兴于诗，立于礼，成于乐。"学者志气的激发，诗教又是第一步工夫。我们重视国文教学的意义在此。

一、何谓诗教？

《礼记·经解》篇说："孔子曰：'入其国，其教可知也。其为人也，温柔敦厚，诗教也。疏通知远，书教也。广博易良，乐教也。洁静精微，易教也。恭俭庄敬，礼教也。属辞比事，春秋教也。'"这里《易》《书》《礼》《春秋》四教，偏于理解和行为，只有诗乐二教是性情之事，所以孔子对于诗乐之教特别看重。他说："小子何莫学夫诗？"又说："人而不为《周南》《召南》，其犹正墙面而立也与？"乐教深远，姑且缓谈；单说诗教，它是教育上最有力的因素。

温、柔、敦、厚，即所谓中和之德，是人生之本然，而冷酷、僵木、轻浮、凉薄都是失其本心的状态。中国文化的根本下手处是教人反身而诚，而诗教便是修辞立诚之事。"唐棣之华，翩其反而；岂不尔思，室是远而。"孔子批评这诗说："未之思也，夫何远之有？"便是因为它不诚，不诚便是失其本心。而《三百篇》大多是恳诚款恻、直抒性情之作，所以感人最深，文学的价值也最悠久。六经而后，诗教便成了中国文学的正宗。如章实斋所说，战国后的文体固然导源于《诗经》，就是后人的鉴赏文学，也是以立诚感人为根本原则。所以，不但雕章琢句言不由衷的文章不登大雅之堂，就是任情奔放之作也会遭明达的非议。真正大雅的文章，必是"仁义之人，其言蔼如也"的，才能使人感兴而反躬，复归于温柔敦厚，这正是中国民族的人生态度。

二、诗教的实施与完成

在战国以前,诗教与乐教是不可分的,所以文学的教育是以音乐教育为其基础。性情的培养,志气的激发,主要靠了弦歌,所以孔子说:“兴于诗。”又说“诗,可以兴。”兴者,志有所之而行欲从之之谓,这时便须有以规范其行为,那就靠着礼了,所以又说“立于礼”,“不学礼,无以立”。但礼自外作,须由勉行而归于安行,这就靠了乐教为之溶冶和谐,使其从立志、制行,到完全统一的人格,为一贯的施设。万不能杂施不逊,以至于坏乱不修。孔子便是这样一个自己把自己教育完成的人,自从十五志学便真能兴,到了三十便立了;此后不惑,知命,耳顺,一直到从心所欲不逾矩,便是乐之成。请看“发愤忘食,乐以忘忧,不知老之将至”是一种什么样的精神?再体味喟然与点是一种什么样的境界!

诗乐之教既然不由外作,故必学者先能心有所存,然后可以如孟子所说的以意逆志,可以如子夏的告诸往而知来者。至于“博学而详说之,将以反说约也”,则孟子的知人论世是很必需的。

晋人是很会读书的,杜预《左传序》所说:“优而柔之,使自求之;餍而饫之,使自趋之;若江海之浸,膏泽之润,涣然冰释,怡然理顺,然后为得也。”和陶渊明的“好读书,不求甚解,每有会意,便欣然忘食”便都是以意逆志的自得之境。

孟子说得好:“自得之则居之安,居之安则资之深,资之深则取之左右逢其源。”这正是文学教育的正轨。

丁　一个具体的建议

一、国文教材应有其自己的中心

古语说:“教无传疑,疑则不教。”国文教师本来应有其自己的学养,以立诚的态度说由衷之言,才能以其所信使学生共信。现在教法,说高一点是代古人立言,说坏了便是应景做戏,不但学生彷徨歧路,同时也毁坏了教师。所以,国文教师为了自尊和学养的进修,应该有独立的远大的眼光选一种不违诗教的教材,用自己的信心去施教。自然各人致力的方面和兴趣不必尽同,但传播中国文化的精神和培成士大夫这个目标则必须一致。痛革从前趋风气、逐时尚的浮薄浅陋的毛病,和东扶西倒不能自立的病根,而为民族国家百年树人的大计下一番深沉反省的工夫,必能如诸葛武侯所说的:“庶几之志,揭然有所存,恻然有所感。”大本既立,则枝叶的小节自然不成问题。我渴望着有这样的一种教材,在各位会员的手中出现。

二、国文与国史的沟通

帝国主义者灭亡人家的国家,必先使其人民忘记自己的历史,以消灭其民族意识。所以,一个国家假使不幸而亡国,只要其民族未忘国史,则必有恢复的一天。现在一般中学,关于国史的课,大半是形在神亡,国史与国文更少连络,以致国史变为枯槁的记诵,国文成了飘渺的虚谈。孟子说:“诵其诗,读其书,不知其人可乎?

是以论其世也，是尚友也。”司马迁也说：“我欲托诸空言，不如见之行事之深切著明也。”一段国史，假令有一段好的文章陪衬着，便异常感人；一篇国文，如能与其有关的史实相参证，便越加亲切。比如我们教一篇鄘风的载驰，空洞地说说许穆夫人，甚至牵扯到中国妇女文学史，那就越说越远。假如我们先讲《左传》闵公二年冬十二月狄人伐卫，把载驰插在当中，而以“卫文公大布之衣”一段作结，便丰富得多。若是音乐教师再能把载驰谱出，那末，唱过几遍后便连《左传》也永远不会忘的。这方法国内似乎还少有人注意到，而我们的敌人却早已实行了。在日本有些高等女校用着一种当作汉文教本的书，叫作《靖献遗言》，内容从《离骚》选起，如诸葛武侯《出师表》，岳武穆《五岳祠盟记》《满江红》词，谢翱《西台恸哭记》等，篇幅并不很多，但每篇前后都附载史事。如《五岳祠盟记》前面就先载《宋史·岳飞传》，《通鉴》中宋金和战的记载，然后是盟记本文，文后附王船山《宋论》，再后便是编者的意见，大意总是说：支那是劣等民族，历史上虽有些忠臣义士，但结果是奸人得势，忠臣失败。我们大和民族要学忠臣的样，而支那人总不免是汉奸云云。这书在汉文教本里有相当势力，而我们却连这样的教本都没有；甚至于有些中学生连六朝五代的先后都分不清。

在云南有些位中学国文教师是兼教国史的，我认为这是很好的机会，可以无所牵碍地把这一个责任负起来。

三、打成一片的国文教学法

文学本来是极活泼的东西，其所寄托在文字，而本身却散在生活的各方面。假如上堂就有国文，下堂就没国文，那就失去了国文的目的。在这里，我且提出两条教学法的改造，供各位参考：

一、教师的言行与教材内容打成一片。古人说:“以身教者从,以言教者讼。”国文教学虽然是言教,但教师对于所选的教材如能身体力行,则学生在观感上所得的影响,自较说空话所得为多。同时教师也可以即教即学,把自学与教人打成一片,实际上收教学相长之益,而学生尊师敬业之意也可日益增高。

二、课内教学与课外生活打成一片。广义地说,生活即是艺术,学文学的人如不能变化气质,纵使文章作得好,也与学问无关。所以国文教学对于学生课外的生活要能随时启导,如能做到以教材证实生活,自然最好;即不然,也要因时因地予以文学的陶熔。照我的意见,教师应于课堂外多与学生共处,旅行,看报,待人,接物,随时授以活的教材。日记的督促和批改是很必要的,在这里可以看出学生生活的实况,而予以实际的纠正与充实。如此,则课卷呆板的方式可以得到合理的替换。还有一种副收获,即应用文件体裁的说明和训习可以不必再设专科。此外书法和文学方面的艺术的需要,也可以随时指导,语言的练习也可以在水边林下养成。

照我个人的看法,国文教学与人格陶冶实在只是一件事的两方面,但要真能做到圆满,就非国文教师先对于中国文化有清楚的了解,并真能自己具有士大夫的风格不行。

“其身正,不令而行;其身不正,虽令不从。”“有诸己而后求诸人,无诸己而后非诸人。”个人愿与诸位共同向这方面努力!

(选自《鸭池十讲》,辽宁教育出版社,1997 年)

第三辑 青年

章太炎

今日青年之弱点

章太炎

本篇系1919年，章太炎所作讲演辞，王光祈笔记。谢樱宁所著《章太炎年谱摭遗》中，断本篇为“太炎在该学会(少年中国学会)的演说”。

现在青年第一个弱点，就是把事情太看容易，其结果不是侥幸，便是退却。因为大凡做一件事情，在起初的时候，很不容易区别——谁为杰出之士，必须历练许多困难，经过相当时间，然后才显得出谁为人才，其所造就，方才可靠。近来一般人士，皆把事情看得容易；亦有时时凑巧，居然侥幸成功，他们成功，既是侥幸得来，因之他们凡事，皆想侥幸成功。但是天下事，哪有许多侥幸呢？于是乎一遇困难，废然而返，则毁谤丛集——譬如辛亥革命诸人，多半未经历练，真才不易显出——诸君须知凡侥幸成功之事，便显不出谁是勇敢，谁是退却，因之杂乱无章，遂无首领之可言。假使当时革命能延期间三年，清廷奋力抵抗，革命诸人由那艰难困苦中历练出来，既无昔日之侥幸成功，何至于有今日之纷纷退却？又如孙中山之为人，私德尚好，就是把事情太看容易，实是他的最大弱点。现在青年若能将这个弱点痛改，遇事宜慎重，决机宜敏速，抱志既极坚确，观察又极明了，则无所谓侥幸退却，只有百折不回，以达吾人最终之目的而已。

现在青年第二个弱点，就是妄想凭借已成势力，就将自己原有之才能，皆一并牺牲，不能发展。譬如辛亥革命，大家皆利用袁世凯推翻清廷，后来大家都上了袁世凯的当，历次革命之利用陆荣廷、岑春暄，皆未得良好结果；若使革命诸人，听由自己的力量，一步一步地做去，旗帜鲜明，宗旨确定，未有不成功的；他们的少年中国学会，主张不利用已成势力，我是很赞成的。不过已成势力，无论大小，皆不宜利用；抱定宗旨，向前做去，自然志同道合的青年，一天多似一天，那力量就不小了！惟最要紧的，须要耐得过这寂寞日子，不要动那凭借势力的念头！

现在青年第三个弱点，就是虚慕文明。虚慕那物质上的文明，其弊是显而易见的。就是虚慕那人道主义，也是有害的。原来人类性质，凡是能坚忍的人，都是含有几分残忍性；不过他时常勉强抑制，不易显露出来；有时抑制不住，那残忍性质，便和盘托出。譬如曾文正破九江的时候，杀了许多人，所杀者未必皆是洪杨党人，那就是他的残忍性抑制不住的表示，也就是他除恶务尽的办法。这回欧洲大战，死了多少人，用了若干钱，直到德奥屈服，然后停战；我们试想欧战四年中，死亡非不多，损失非不大，协约各国，为什么不讲和呢？这就是欧美人做事彻底的表现，也就是除恶务尽的办法。现在中国是煦煦为仁的时代，既无所谓坚忍，亦无所谓残忍。当道者对于凶横蛮悍之督军，卖国殃民之官吏，无不包容之奖励之，决不妄杀一个，是即所谓人道主义。今后之青年做事皆宜彻底，不要虚慕那人道主义。

现在青年第四个弱点，就是好高骛远；在求学时代，都以将来之大政治家自命，并不踏踏实实去求学问。在少年时代，偶然说几句大话，将来偶然成功，那些执笔先生，就称他为少年有大志。譬如郑成功作了一篇《小子当洒扫应对进退》的八股，中有“汤武征诛，亦洒扫也；尧舜揖让，亦进退也；小子当之，有何不可”数语；不过偶然说几句大话而已，后人遂称为少年有大志。故现在青年之好高骛远，在青年自身，当然亟应痛改！即前辈中之好以“少年有大志”奖励青年者，亦当负咎！我想欧美各国青年，在求学时代，必不如中国青年之好高骛远，大家如能踏踏实实去求学问，始足与各国青年相竞争于二十世纪时代也。

（原载《少年中国学会会务报告》发刊号，1919 年 3 月 1 日）

1920 年 3 月，胡适（右二）同蔡元培（左二）、蒋梦麟（左一）、李大钊（右一）在北京西山卧佛寺的合影

北京大学成立第二十五年纪念会开会词

蔡元培

1922年12月17日，上午九时，北京大学第三院大礼堂召开纪念会，蔡元培校长宣布开会并致开会词(赵仲滨、郁士元记录)，教务长胡适、总务长蒋梦麟报告校务。

本校自从京师大学堂开办以来，到了昨日，恰恰满足二十四年，今天是二十五年的第一日。本来打算满了二十五年再来开个纪念会，表示我们庆祝的意思。不过，回想从前二十周年的时候，也曾开过一个纪念会，当时抱了种种计划，要想在这五年内积极进行。不料中间经过许多困难，所抱的计划还有不能完全实现的顾虑。今天这个纪念会，是要想振起精神，在这一年内好好地预备一下，在明年开会时果然实现预定的计划，这是今天开纪念会的缘故。

我个人的感想：本校在这二十四年中可分三个时期来说：第一，自开办至民元，十数年中经过好多波折。这个时期，学校的制度大概是模仿日本的。当开办的时候，北京环境多是为顽固派所包围，办学的人不敢过违社会上倾向，所以，当时学校的方针叫作"中学为体，西学为用"。故读者、学者大都偏重旧学一方面；西学方面不容易请到好的教习，学的人也不很热心，很有点看作装饰品的样子。但是，中学方面参用书院旧法，考取有根底的学生，在教习指导之下，专研一门，这倒是有点研究院的性质。

第二，自民元至民六：民元时，始终经科并入文科，当时署理校长的是严又陵先生[①]，自兼文科学长，其他学长也都是西洋留学生。当国体初更，百事务新，大有完全弃旧之概。教员、学生在自修室、休息室等地方，私人谈话也以口说西话为漂亮。那时候，中学退在装饰品的地位了。但当时的提倡西学，也还是贩卖的状况，没有注意到研究。

第三，自民六至现在：这几年中，因为提倡研究学理风气，以工科归并于北洋，仅设文、理、法三科。又为沟通文理科及采用教授制起见，将学长制取消，设各系教授会，主持各系的事务。最近又由各系主任组织分组会议，凡此种种设施，都是谋以专门学者为本校主体，使不致因校长一人之更迭而摇动全校。课程一方面，也是谋贯通中西，如西洋发明的科学，固然用西洋方法来试验，中国的材料，就是中国固有的学问，也要用科学的方法来整理他。

我现在还有一种希望，就是明年今日：第一，无论如何困苦经营，必定要造成一个大会场，不要再像今天这样在席棚里边开会。还要造一所好的图书馆，能容多数人在里边看书。第二，到明年今日，至少也要有关于世界上最重要最有价值的三部丛书，照二十周年所预定的能印出来。第三，我们学校经过二十四年，还没有一个同学会，现在如戊戌同学已经成立了戊戌同学会，分科毕业同学会也已经成立，今天都有代表到会。希望一年内能组织一个普遍的同学会。

以上三种希望，不过是我们的最低限度，若能有比这更多的成绩，那就更好了。

---

① 严又陵：严复，字又陵、幼陵。

今天承教育总长、毕业同学都派了代表来，汤尔和博士等也都到会，我们应该表示感谢，并请他们赐教。

（原载《北京大学日刊》，1922年12月23日）

梁启超

东南大学课毕告别辞

梁启超

1922 年夏，国立东南大学校董事会决定仿照美国哥伦比亚大学，开办暑期学校。与杜威、胡适等海内外知名人士一起，梁启超也应校长郭秉文之请，在东大讲学，主要讲授先秦政治思想史。本篇系 1923 年 1 月 13 日，梁启超在东南大学所作的课毕告别辞。

诸君，我在这边讲学半年，大家朝夕在一块儿相处，我很觉得快乐。并且因为我任有一定的功课，也催逼着我把这部十万余言的《先秦政治思想史》著成，不然，恐怕要等到十年或十余年之后。中间不幸身体染有小病，即今还未十分复原，我常常恐怕不能完课，如今幸得讲完了。这半年以来，听讲的诸君，无论是正式选课或是旁听，都是始终不曾旷课，可以证明诸君对于我所讲有十分兴味。今当分别，彼此实在很觉得依恋难舍，因为我们这半年来，彼此人格上的交感不少。最可惜者，因为时间短促，以致仅有片面的讲授，没有相互的讨论，所谓"教学相长"，未能如愿做到。今天为这回最末的一次讲演，当作与诸君告别之辞。

诸君千万不要误解，说梁某人是到这边来贩卖知识。我自计知识之能贡献于诸君者实少。知识之为物，实在是无量的广漠，谁也不能说他能给谁以绝对不易的知识，顶多，亦只承认他有相对的价值。即如讲奈端罢，从前总算是众口同词的认为可靠，但是现在，安斯坦又几乎完全将他推倒。专门的知识，尚且如此，何况像我这种泛滥杂博的人并没有一种专门名家的学问呢。所以切盼诸君，不要说我有一艺之长，讲的话便句句可靠。最多，我想，亦只叫诸君知道我自己做学问的方法。譬如诸君看书,平素或多忽略不经意的地方,必要寻着这个做学问的方法,乃能事半功倍。真正做学问,乃是找着方法去自求,不是仅看人家研究所得的结果。因为人家研究所得的结果,终是人家的,况且所得的,也未必都对。讲到此处,我有一个笑话告诉诸君。记得某一本小说里说:“吕纯阳下山觅人传道,又不晓得谁是可传,他就设法来试验。有一次,在某地方,遇着一个人,吕纯阳登时将手一指,点石成金。就问那个人要否?那人只摇着头,说不要。吕纯阳再点一块大的试他,那人仍是不为所动。吕纯阳心里便十分欢喜,以为道有可传的人了,但是还恐怕靠不住,再以更大的金块试他,那人果然仍是不要。吕纯阳便问他不要的原因,满心承望他答复一个热心向道。哪晓得那人不然,他说,我不要你点成了的金块,我是要你那点金的指头,因为有了这指头,便可以自由点用。”这虽是个笑话,但却很有意思。所以很盼诸君,要得着这个点石成金的指头——做学的方法——那么,以后才可以自由探讨,并可以辨正师傅的是否。教拳术的教师,最少要希望徒弟能与他对敌,学者亦当悬此为鹄,最好是要青出于蓝而胜于蓝。若仅仅是看前人研究所得,而不自行探讨,那么,得一便不能知其二。且取法乎上,得仅在中,这样,学术岂不是要一天退化一天吗?人类知识进步,乃是要后人超过前人。后人应用前人的治学方法,而复从旧方法中,开发出新方法来,方法一天一天地增多,便一天一天地改善,拿着改善的新方法去治学,自然会优于前代。我个人的治学方法,或可以说是不错,我自己应用来也有些成效,可惜这次全部书中所说的,仍为知识的居多,还未谈做学的方法。倘若诸君细心去看,也可以寻找得出来,既经找出,再循着这方法做去,或者更能发现我的错误,或是来批评我,那就是我最欢喜的。

我今天演讲,不是关于知识方面的问题,诚然,知识在人生地位上,也是非常紧要,我从来并未将他看轻。不过,若是偏重知识,而轻忽其他人生重要之部,也是不行的。现在中国的学校,简直可说是贩卖知识的杂货店,文哲工商,各有经理,一般来求学的,也完全以顾客自命。固然欧美也同坐此病,不过病的深浅,略有不同。我以为长此以往,一定会发生不好的现象。中国现今政治上的腐败,何尝不是前二十年教育不良的结果。盖二十年前的教育,全采用日德的军队式,并且仅能袭取皮毛,以至造成今日一般无自动能力的人。现在哩,教育是完全换了路了,美国式代日式德式而兴,不出数年,我敢说是全部要变成美国化,或许我们这里——东南大学——就是推行美化的大本营。美国式的教育,诚然是比德国式日本式的好,但是毛病还很多,不是我们理想之鹄。英人罗素回国后,颇艳称中国的文化,发表的文字很多,他非常盼望我们这占全人类四分之一的特殊民族,不要变成了美国的“丑化”。这一点可说是他看得很清楚。美国人切实敏捷,诚然是他们的长处,但是中国人即使全部将他移植过来,使纯粹变成了一个东方的美国,慢讲没有这种可能,即能,我不知道诸君怎样,我是不愿的。因为倘若果然如此,那真是罗素所说的,把这有特质的民族,变成了丑化了。我们看得很清楚,今后的世界,决非美国式的教育所能域领。现在多数美国的青年,而且是好的青年,所作何事?不过是一生到死,急急忙忙的,不任一件事放过。忙进学校,忙上课,忙考试,忙升学,忙毕业,忙得文凭,忙谋事,忙花钱,忙快乐,忙恋爱,忙结婚,忙养儿女,还有最后一忙——忙死。他们的少数学者,如詹姆士之流,固然总想为他们别开生面,但是大部分已经是积重难返。像在这种人生观底下过活，那么，千千万万人，前脚接后脚地来这世界上走一趟，住几十年，干些什么哩？唯一无二的目的，岂不是来做消耗面包的机器吗？或是怕那宇宙间的物质运动的大轮子，缺了发动力，特自来供给他燃料。果真这样，人生还有一毫意味吗？人类还有一毫价值吗？现在全世界的青年，都因此无限的凄惶失望。知识愈多，沉闷愈苦，中国的青年，尤为利害，因为政治社会不安宁，家国之累，较他人为甚，环顾宇内，精神无可寄托。从前西人唯一维系内心之具，厥为基督教，但是科学昌明后，第一个致命伤，便是宗教。从前在苦无可诉的时候，还得远远望着冥冥的天堂；现在呢，知道了，人类不是什么上帝创造，天堂更渺不可凭。这种宗教的麻醉剂，已是无法存在。讲到哲学吗，西方的哲人，素来只是高谈玄妙，不得真际，所足恃为人类安身立命之具，也是没有。再如讲到文学吗，似乎应该少可慰藉，但是欧美现代的文学，完全是刺戟品，不过叫人稍醒麻木，但一切耳目口鼻所接，都足陷入于疲敝，刺戟一次，疲麻的程度又增加一次。如吃辣椒然，浸假而使舌端麻木到极点，势非取用极辣的胡椒来刺戟不可。这种刺戟的功用，简直如有烟癖的人，把鸦片或吗啡提精神一般。虽精神或可暂时振起，但是这种精神，不是鸦片和吗啡带得来的，是预支将来的精神。所以说，一次预支，一回减少：一番刺戟，一度疲麻。现在他们的文学，只有短篇的最合胃口，小诗两句或三句，戏剧要独幕的好。至于荷马但丁，屈原宋玉，那种长篇的作品，可说是不曾理会。因为他们碌碌于舟车中，时间来不及，目的只不过取那种片时的刺戟，大大小小，都陷于这种病的状态中。所以他们一般有先见的人，都在遑遑求所以疗治之法。我们把这看了，那么，虽说我们在学校应求西学，而取舍自当有择，若是不问好歹，无条件地移植过来，岂非人家饮鸩，你也随着服毒？可怜可笑孰甚！

近来，国中青年界很习闻的一句话，就是“知识饥荒”，却不晓得还有一个顶要紧的“精神饥荒”在那边。中国这种饥荒，都闹到极点，但是只要我们知道饥荒所在，自可想方法来补救。现在精神饥荒，闹到如此，而人多不自知，岂非危险？一般教导者，也不注意在这方面提倡，只天天设法怎样将知识去装青年的脑袋子，不知道精神生活完全，而后多的知识才是有用。苟无精神生活的人，为社会计，为个人计，都是知识少装一点为好。因为无精神生活的人，知识愈多，痛苦愈甚，作歹事的本领也增多。例如黄包车夫，知识粗浅，他绝没有有知识的青年这样的烦闷，并且作恶的机会也很少。大奸慝的卖国贼，都是智识阶级的人做的。由此可见，没有精神生活的人，有知识实在危险。盖人苟无安身立命之具，生活便无所指归，生理心理，并呈病态。试略分别言之：就生理言，阳刚者必至发狂自杀，阴柔者自必委靡沉溺。再就心理言，阳刚者便悍然无顾，充分地恣求物质上的享乐，然而欲望与物质的增加率，相竞腾升，故虽有妻妾宫室之奉，仍不觉快乐；阴柔者便日趋消极，成了一个竞争场上落伍的人，凄惶失望，更为痛苦。故谓精神生活不全，为社会，为个人，都是知识少点的为好。因此我可以说为学的首要，是救精神饥荒。

救济精神饥荒的方法，我认为东方的——中国与印度——比较最好。东方的学问，以精神为出发点；西方的学问，以物质为出发点。救知识饥荒，在西方找材料；救精神饥荒，在东方找材料。东方的人生观，无论中国、印度，皆认物质生活为第二位，第一，就是精神生活。物质生活，仅视为补助精神生活的一种工具，求能保持肉体生存为已足，最要，在求精神生活的绝对自由。精神生活，贵能对物质界宣告独立，至少，要不受其牵掣。如吃珍味，全是献媚于舌，并非精神上的需要，劳苦许久，仅为一寸软肉的奴隶，此即精神不自由。以身体全部论，吃面包亦何尝不可以饱？甘为肉体的奴隶，即精神为所束缚，必能不承认舌——一寸软肉为我，方为精神独立。东方的学问道德，几全部是教人如何方能将精神生活对客观的物质或己身的肉体宣告独立，佛家所谓解脱，近日所谓解放，亦即此意。客观物质的解放尚易，最难的为自身——耳目口鼻……的解放。西方言解放，尚不及此，所以就东方先哲的眼光看去，可以说是浅薄的，不彻底的。东方的主要精神，即精神生活的绝对自由。求精神生活绝对自由的方法，中国、印度不同。印度有大乘、小乘不同，中国有儒、墨、道各家不同。就讲儒家，又有孟、荀、朱、陆的不同，任各人性质机缘之异，而各择一条路走去。所以具体的方法，很难讲出，且我用的方法，也未见真是对的，更不能强诸君从同。但我自觉烦闷时少，自二十余岁到现在，不敢说精神已解脱，然所以烦闷少，也是靠此一条路，以为精神上的安慰。至于先哲教人救济精神饥荒的方法，约有两条：

（一）裁抑物质生活，使不得猖獗，然后保持精神生活的圆满。如先平盗贼，然后组织强固的政府。印度小乘教，即用此法；中国墨家，道家的大部，以及儒家程朱，皆是如此。以程朱为例，他们说的持敬制欲，注重在应事接物上裁抑物质生活，以求达精神自由的境域。

（二）先立高尚美满的人生观，自己认清楚将精神生活确定，靠其势力以压抑物质生活，如此，不必细心检点，用拘谨功夫，自能达到精神生活绝对自由的目的。此法可谓积极的，即孟子说："先立乎其大者，则其小者不能夺也。"不主张一件一件去对付，且不必如此。先组织强固的政府，则地方自安，即有小丑跳梁，不必去管，自会消灭。如雪花飞近大火，早已自化了。此法佛家大乘教，儒家孟子、陆、王皆用之，所谓“浩然之气”，即是此意。

以上二法，我不过介绍与诸君，并非主张诸君一定要取某种方法。两种方法虽异，而认清精神要解脱这一点却同。不过说青年时代应用的，现代所适用的，我以为采积极的方法较好，就是先立定美满的人生观，然后应用之以处世。至于如何的人生观方为美满，我却不敢说。因为我的人生观，未见得真是对的，恐怕能认清最美满的人生观，只有孔子、释迦牟尼有此功夫。我现在将我的人生观讲一讲，对不对，好不好，另为一问题。我自己的人生观，可以说是从佛经及儒书中领略得来。我确信儒家、佛家有两大相同点：

（一）宇宙是不圆满的，正在创造之中，待人类去努力，所以天天流动不息，常为缺陷，常为未济。若是先已造成——既济的，那就死了，固定了，正因其在创造中，乃如儿童时代，生理上时时变化，这种变化，即人类之努力。除人类活动以外，无所谓宇宙。现在的宇宙，离光明处还远，不过走一步比前好一步，想立刻圆满，不会有的，最好的境域——天堂，大同，极乐世界——不知在几千万年之后，决非我们几十年生命所能做到的。能了解此理，则做事自觉快慰，以前为个人、为社会做事，不成功或做坏了，常感烦闷：明乎此，知做事不成功，是不足忧的。世界离光明尚远，在人类努力中，或偶有退步，不过是一现相。譬如登山，虽有时下，但以全部看，仍是向上走。青年人烦闷，多因希望太过，知政治之不良，以为经一次改革，即行完满，及屡试而仍有缺陷，于是不免失望。不知宇宙的缺陷正多，岂是一步可升天的？失望之因，即根据于奢望过甚。《易经》说：“乐则行之，忧则违之，确乎其不可拔。”此言甚精彩。人要能如此看，方知人生不能不活动，而有活动，却不必往结果处想，最要不可有奢望。我相信孔子即是此人生观，所以“发愤忘食，乐以忘忧，不知老之将至。”他又说：“智者乐水，仁者乐山：智者动，仁者静；智者乐，仁者寿。”天天快活，无一点烦闷气象，这是一件最重要的事。

（二）人不能单独存在，说世界上哪一部分是我，很不对的，所以孔子“毋我”，佛家亦主张“无我”。所谓无我，并不是将固有的我压下或抛弃，乃根本就找不出我来。如说几十斤的肉体是我，那么，科学发明，证明我身体上的原质，也在诸君身上，也在树身上；如说精神的某部分是我，我敢说今天我讲演，我已跑入诸君精神里去了，常住学校中许多精神，变为我的一部分。读孔子的书及佛经，孔、佛的精神，又有许多变为我的一部分。再就社会方面说，我与我的父母妻子，究竟有若干区别，许多人——不必尽是纯孝——看父母比自己还重要，此即我父母将我身之我压小。又如夫妇之爱，有妻视其夫，或夫视其妻，比己身更重的。然而何为我呢？男子为我，抑女子为我，实不易分，故彻底认清我之界限，是不可能的事。（此理佛家讲得最精，惜不能多说。）世界上本无我之存在，能体会此意，则自己做事，成败得失，根本没有。佛说：“有一众生不成佛，我不成佛。”“我不入地狱，谁入地狱？”至理名言，洞若观火。孔子也说：“诚者非但诚己而已也……”将为我的私心扫除，即将许多无谓的计较扫除，如此，可以做到“仁者不忧”的境域；有忧时，就是“先天下之忧而忧”，为人类——如父母、妻子、朋友、国家、世界——而痛苦。免除私忧，即所以免烦恼。

我认东方宇宙未济人类无我之说，并非论理学的认识，实在如此。我用功虽少，但时时能看清此点，此即我的信仰。我常觉快乐，悲愁不足扰我，即此信仰之光明所照。我现已年老，而趣味淋漓，精神不衰，亦靠此人生观。至于我的人生观，对不对，好不好，或与诸君的病合不合，都是另外一问题。我在此讲学，并非对于诸君有知识上的贡献，有呢，就在这一点。好不好，我自己也不知道。不过诸君要知道自己的精神饥荒，要找方法医治，我吃此药，觉得有效。因此贡献诸君采择，世界的将来要靠诸君努力。

（原载《时事新报·学灯》，1923 年 1 月 20 日）

留学日本时的吴稚晖

由新校址引起的联想

吴稚晖

吴稚晖(1865—1953),中国近代政治家、教育家、书法家。本篇系1930年12月24日,吴稚晖在武汉大学的讲演辞。

主席,各位同志、先生:

现在到了一处地方,讲话是免不了的,到这个最高的学府来,当然也得讲几句话。但我自己的学问根本是很浅薄,本来不配,可是因为在这里大家都是很熟识的,我也就这样倚老卖老地来说几句。

刚才雪艇先生说到我是没有题目的,这,我向来就是这样主张,做文章和说话都是如此。因此我昨天到你们贵校新校址那里去玩了一下,现在我就从那里说起来。我在庐山的时候,就听说这里武汉大学新校址风景很好,所以我一到这里来以后,就巴巴地要求去看一下。果然我看了以后,觉得它虽不能算世界第一,也要算中国的第一了。不过现在,树木少一点,但三五年后,只要大家努力也可以繁殖起来。旁边有一个湖也很好,水底里望去极美,据王先生告诉我是因为天上的云霞反映成趣的。我看号称风景极佳的瑞士也不过如是,就是那里有一个湖也没有这样美。民国十四年的时候,还是石蘅青先生在这里长校,我也来过一次的,那时学校也办得很好,可是现在再到这里来的时候,又另外建筑起这新校舍来。但是为什么不要这旧校址而要新的呢?这就是如中山先生对民生问题谋解决的意见一样。中山先生的民生主义,只讲到了第四回，就没有讲下去了。我看他对于吃饭一回事，是以为不惟要吃得饱，而且还要吃得舒服；不惟要吃得舒服，而且还要吃得好。现在这个学校已经是很好了，但是要择新地方做新房子的缘故，就是因为求舒服求好，而且于不知不觉中可从山水风景的环境中使学问更加进步，精神更清爽，胸襟更阔朗。

中山先生，四十年来，天天要发现一个好的主义来救中国。他观察以往的历史，觉得从庚子以前一直到现在民国，我们对于西洋人有几种不同的态度：在最初的时候，中国是瞧不起西洋人的，总以为他们是夷狄，我们总是华夏正胄。记得我九岁多的时候，我们那无锡地方还是很偏僻的，我偶然在街上看见一个传教卖洋书的西洋人，以为是一个猴子，不过只多几根胡须，拿出十二分惊奇和蔑视的态度去看他。到后来甲午中日开战的时候，我那时正在北京，觉得这日本倭奴太欺侮我们了，真是岂有此理，可是结果我们终是败了，也只愤懑着没有办法。不久我们苏州那里要开商埠，我有一天在河边下玩的时候，看见有一只火轮远远而来，接着从那里面跑出几个穿洋服的日本人来，也没有辫子，我就那时候的观念看法，十分好笑，觉得他们好像是牢内逃出来的犯人一样，头发凌乱像草一般，实在难看。可是，甲午以后，中国人又一天一天把洋人看得高了，另一方面，中国这纸糊老虎，也被洋人拆穿了。实在地说，他们的学问确实都整理得蛮好，令人佩服，我们一辈子也似乎赶不上去。

我为什么要这样转一个大圈子，谈到这里来呢，这就是要证明中山先生的主义是不错的，是根据历史的事实来的。中山先生在世界上跑来跑去，有四十年之久，他的经验与世故的老到自是高人一等。也许从前革命人当中还有别的好主义，但中山先生的主义究竟是比这些还是要好一等。本来,西方的无论什么东西都是比东方好一些,可是谈到主义一层,却每每是东方比西方的强,过去的历史上都是如此,比如犹太的基督教,就是支配着西方人几千年的一种最重要的主义,佛教也是产生于东方的。至于像我们中国古时伏羲、神农、黄帝等闹得很起劲的时候,而西方人还在野蛮时代,一事不知。现在我这又讲开去了,还是再要回到中山先生的民生主义来。民生主义是三民主义中最精彩的一部,它实在是有一个极伟大的价值。好多人以为经济问题是世上一切问题的中心点,其实是不对的。经济问题不是事情的结果,而是事情的原因,民生问题才是一切问题的中心点。此所以吃饭不惟是要吃得饱,而且要舒服,而且要好,和你们贵校要造新房子图舒服图好一样。我现在在这里打一个比方,譬如一个担子装的饭放在街上没有人管,一只狗跑来吃了一顿,饱了,将尾巴一摇一摇地跑开去就完了。但是如果另外有一个叫化子跑来,他吃了一个饱,可是他并不跑开,他现在还要计及以后,于是乎他索性连担子也一古脑儿挑起回去;而他又碰着第二个叫化子,这第二个叫化子晓得这样东西是没有代价得来的,于是要求他分一点赃;但第一个叫化子就以他某天偷得衣服没有分赃给他为借口,因之彼此吵闹起来。这一担子饭在狗子吃饱了以后是没有一点价值的意义在里面,可是在叫化手内就闹出了纷攘、价值、道德,种种问题起来。动物中如蜜蜂等小虫怎样储蓄食物,我不十分清楚,可是总没有听说他们中间有开市场做生意的话。这一到人类的身上才有这回事,这就算是人,这就才有价值可言。

我从前对宇宙观及人生观有一个意见,就是主张"漆黑一团"。有一个张东荪先生反对这话,他说为什么不说雪白两团呢?但这是不对的，有了雪白两团，世界便有了种种纷扰。我的主张是世界上本来没有什么，一切都是毁灭的。什么叫作“我”，这不过是抽象的名词，许多许多的“他”聚集拢来而成“我”，“我”死以后，则这些“他”必马上分散而辗转聚集成另外一个“人”。至于漆黑一团的宇宙观，我是觉得这宇宙起先正是漆黑一团的大气慢慢地凝集拢来而成太阳系，而各行星，而地球，再地球上而慢慢由气体而成液体，液体的表面而又变成固体为地壳，更逐渐生长出小的微生物，小的动植物，大的动物，如早年在蒙古掘出的所谓恐龙的化石，又不知经过若干万年，才有猴子种类出世，嗣后才有猴人，爪哇国发掘这种东西，然后才有野蛮人，这在北京已发现过。……这些都不必细说下去。单说那一个变人的猴人，我们想他必是一个很不安分的东西，好好的金狮毛的马褂不穿，把身上所有的毛都傻气地脱掉，变成一个光光的身子，可是这又似乎不像样或者冷，于是转而以木叶兽皮来蔽体护身，一直到现在，则不惟不有了金狮毛的马褂，而且有了狐皮羊皮等等千差万别的马褂。这里，又因之分了若干阶级，穿布马褂的便是无产阶级，穿羊皮狐皮的便是富翁、资产阶级。你看这里面该是发生了若干所谓价值的事来咧。

这个价值观念到文化愈进步愈闹得凶。比方我在山上掘了一个洞在里面住，再拿来让给你们，不过至多只值两块钱。武汉大学的一个寄宿舍，就是值几十万，至于像美国那七十二层、八十四层的洋房子，就要值几百万几千万，那就是所谓资本家，应该打倒的了。这些都是所谓价值。再如谈到农事，什么叫作农呢？我们说有些不好的草，叫恶草，从田里把它拔去；而麦稻等则是嘉禾，好好地扶植它们。这时假使恶草向上帝那里去告状，说为什么他们那样而我这样呢？上帝必定说，稻麦懂得民生哪！所以是嘉禾，你们不懂民生,所以是恶草。这就是所谓价值了。又因为农事有耕有耘,于是有不平等的事发生出来;先起,牛马是耕田的,到后来牛马不够,而人又繁殖,于是便有一部分人来做牛马的工作,到现在,更有了机器代替牛马的以及牛马式的人的工作,这都是价值问题本身的伸张。各位现在大家都从事科学,我希望诸君要从价值这一点上去做功夫。这里我还有一个意见是:人是知道道德的动物,我们人造的东西愈多,也就愈像人,东西造得更多了,就简直是"人"。到现在,鸟会飞,我们人也造出飞机来会飞;鱼在水内游,我们人也能造出潜水艇在水里游。因为造的东西很多,因而有分配一回事,于是就发生所谓道德。但是两个以上的人才发生道德,一个人是不成功的,如杀人、斗殴,一个人都玩不起来,至少非有一个对象不可。所以中国的仁义的仁字,是从人,从二,意思就是说,要有二人以上才有道德可言,孤立的个人,是没有什么道德的,譬如我主张来偷东西,开一个偷东西的学堂,可是不成,因为我偷人家的,人家也会偷我的,那这世界岂不糟了吗?因此必要有一个好的分配。例如说到教育,也有分配,七岁到二十岁是强迫教育,二十岁到四十岁是自由教育,四十岁到六十岁是服务教育,再以后便是和小孩子一样,由社会来赡养。大家都应该是这一个样子,可是现在不然,例如我问:你们各位有机会到风景很好的山上去读书,而有好多苦力偏偏为什么只在汉口街上吃苦呢?这话在现在当然不能答复,到将来自然可以的。我又想到民生问题的"生"字,是很危险的。就这样一味生下去,这地球上岂不要闹起恐慌来吗?现在一般的青年人,大都聚精会神地研究恋爱问题、恋爱人生等等,其实这并不是一个怎样大了不得的事件。吃饭是保存个体,配合是孳长个体,不过是要造出另外一个新的"我"字来罢了。但是有人把这事体看得太大;有一个老头子讨了一个小老婆,不久自己死了,其实他完全是为了讨小老婆而死的。大家看看人身上的血是很贵重的,假使我现在把指头咬破了,将血写出“救党救国”这四个字来,表示我的热忱,各位少不得要鼓起掌来说我吴老头儿如何好如何好,明天报纸上也必得用大字刊出这件事鼓吹起来。这血是很贵重的,很有价值的了,可是配合比这血事实上还要贵重,那才是救国的具体的根本的方法咧!然而一般青年人,觉得那样孟浪,真是可惜!今天从有山水的贵校那地方讲起来,不觉精神快愉了,于是这样信口谈一些,实在是没有什么。盼望各位原谅原谅。

(选自龙泉明编《老武大的故事》,江苏文艺出版社,2012 年)

伟大的事实　不朽的意义

——给教导团诸君致敬

闻一多

1943年秋，民盟昆明支部在华岗等共产党员的帮助下，成立“西南文化研究会”。这是一个以西南联大、云南大学教授（民盟盟员）为主体的学术团体。研究会每周举行一次座谈会，学术研究与政治讨论交替进行。与会者还学习毛泽东的著作、《新华日报》和《群众》杂志等。本篇即1944年闻一多在西南文化研究会上的讲演辞。

正如日前天空中有一个人一生见不到一次的“白虹贯日”的异象显现，我却在屋子里乱忙，没有看见，我们也常常让伟大的历史从我们身边过去，当时漫不经心，却等事后再去追怀，向往，去悬旗，放假，在纪念会中慷慨陈词，溢洋赞叹。假如我们能将那分热情，就在当时，亲手献给那些活生生的历史英雄，说不定那对于他们更是一个实惠，他们带着那分慰藉与同情，在艰辛困苦的搏斗中，说不定会更有勇气，更有力量，能创造出更瑰伟的奇迹来。这次由青年知识分子组成的教导团第一团第一二三营诸君过昆飞印的壮举，无疑是伟大历史中最伟大的一页。它应当是这几日报纸上最大的标题，甚至号外的资料，它应该在举国若狂的欢呼与流泪中，接受更多的热，好叫它自己的成就发出更大的光。然而我们这生活在八股传统里的民族，只会在粉墙上写“好男儿，要当兵”一类的官样文章，等真正的“好男儿”露了面，反让他们悄悄地自来自去，连一个招呼也没有。试想这是一个什么国度！没有同情，没有

西南联大师生欢送从军抗日同学（1944 年 12 月 28 日）

热，是麻木不仁？还是忘恩负义？不过也许惟其如此，“好男儿”们才更觉可敬，可佩。伟大的永远是孤寂的。让千百年后流着感激的泪，腾起赞美的歌声，但在他们自己的岁月中，悄悄地自来自去，正是他们的风度。

旧式的营伍训练，目的只在教士兵的心理上消除恐惧，鼓起勇气，增加愤怒，盲目地服从长官。这些为旧式的战争，是足够的，但对于使用新式武器的新式的战争，就不适合了。据说机械化的进步产生了一种新的训练方法的需要，一个新式士兵必须知道如何同一小队士兵合作，如何作临机应变的决定，如何用自己的眼光来判断。只是听人指挥，受人驱策，说打就打，说死就死，像诗人邓尼孙在《六百壮士冲锋歌》里所说的一般，在九十年前行，今天在坦克车上，在装配机关枪的摩托车上，士兵也会打，也会死，但也要了解为何而打，为何而死。这种战争的变质，已够说明了为应付现阶段战争，我们兵员的来源应该在哪里。仅仅具有奋勇与耐劳等美德的从农民出身的战士，可以担当前几期抗战的任务，那便是消极的使我们少败一点的任务。但目前的工作，是与盟邦合作，运用真正近代的战术来积极地争取胜利，我们知道能担当这样工作的战士，除了上述诸美德外，还需要知识与机警。所以最有资格充当这种战士的，无非是青年知识分子。情势不许我们再弥留在少败一点的局面中，我们得赶紧攫取胜利，时机已经来到，我们非拿出“最后一张牌”不可，为了民族的永生，我们不能再吝惜我们最宝贵的血。果然知识青年认清了时代的使命，站起来了。承受了他们的责任，谈胜利，这才是我们最确切的胜利的保证。然而教导团的意义，还不止此。在建国的工作中，如同在抗战的工作中一样，他们也享有不朽的光辉，因为我们知道战术的近代化不只在器械，也包括了运用器械的人，而人究竟比器械更重要，所以他们又实在代表了我们国防近代化的开端。

以上关于教导团在抗战与建国工作上双重的军事意义，是比较浅而易见的，现在我们还要指出另外两种也许更深远的意义。在二千年君主政治之下，国家的土地和与土地不能分离的生产奴隶——人民，都是帝王们的私产。奴隶照例得平时劳力，战时卖命，反正他们是工具，不是"人"。只有那由部分的没落的贵族，和部分的超升的奴隶组成的士大夫阶级，因为替帝王当管家，任官吏，而特蒙恩宠，他们才享受"人"的权利，既不必十分劳力，也不需要卖命。只是遇到财产的安全发生了问题，管家这才有时不能不在比较没有生命危险的"运筹帷幄"的方式之下，尽其捍卫之责，那便是所谓儒将了。这种工作其实并不是他们的职责，他们只是以"票友"的资格来参加的。至于那真正需要卖命的士卒的任务，自然更不在他们分内。所谓"好人不当兵"，便等于说"管家不管卖命"。本来管的是旁人的家，为旁人的事卖自己的命，"好人"当然不干，所以自古只闻有儒将(数目也不太多)，不闻有"儒兵"之称。这一切的症结只在国家的主人是帝王，在管家的看来，谁做主人都不是一样？犯得上为新旧主人间的厮杀，卖自己的命吗？但是如果谁自己想当主人，那情形就不同了，那他就不妨把自己的家族变成子弟兵，而自身也得身先士卒，做个卖命的表率。这一来，问题的真相便更明白了，要"好人"当兵，便非允许他做自家的主人不可。在原则上，辛亥革命以后，每一个中华民国的国民，已经取得了主人的资格，但打了七年仗，为什么直到最近，才有真正的"儒兵"出现呢？这可见我们的"好人"一向只以得到主人的名为满足，而不顾主人的实，所以他们既不愿意尽主人的义务，也不大关心于主人的权利。今天成千的青年知识分子,为了一个神圣的呼唤,站起来了,准备以他们那宝贵的"好人"的血捍卫他们自己的"家",这是二千年来"好人"阶级第一次决心放弃"管家"的职业,亲身负起主人的责任。我们相信义务与权利之不可分离,有其绝对的必然性,所以我们看出成千的尽义务的身手,也就是讨权利的身手,正如那数目更为广大的在各级学校里尽义务的唇舌,也就是索权利的唇舌一样。

不要忽略知识青年从军的政治意义,这是民主怒潮中最英勇的急先锋。先尽义务,不怕权利不来,人民进步了,政府也必然进步!

至于在君主政治下,那不属于管家阶级的不会想、不会讲的人群,在主人眼里原是附属于土地上的一种资产,既是资产,就可被爱惜,也可供挥霍,全凭主人的高兴,所以卖命几乎是这般人不容旁贷的责任。所谓"寓兵于农",便等于说:"劳了力的还要卖命,卖命的也要劳力。"

为什么没听说:"寓兵于士"呢?是否"好人"既不屑劳力,更说不上卖命呢?好了,君主政治下是谈不到平等的,所以,我们要民主。但是中华民族抗战了七年,也还一向是某一种出身的人单独担任着"成仁"的工作,这是平等吗?姑无论在那种不平等的状态下,胜利未见真能到手,即令能够,这样的胜利,与其说是光荣,不如说是耻辱。因此我们又得感谢这群青年,耻辱已经由他们开始洗清了,他们已正式加入了伟大的行列,分担着艰难的责任。为了他们的行动,从今天起,中国人再无须有"好人"与"非好人"的分别,反正大家都可以当兵,如果国家真需要他。这平等精神的表现,又是知识青年从军所代表的重大的社会意义,这一点也是我们不应忽略的。

知识青年从军运动刚在发轫的期间，它的规模还不够广大，但它的意义是深远的，而且丰富的。如何爱护并培养这个嫩芽，使它滋生，长大，开出灿烂的花，结成肥硕的果，这是国家、社会，尤其是该团各位长官的责任！但是可爱的孩子们！你们脚下是草鞋，夜间只有一床军毯，你们脸上是什么？风尘，还是菜色？还有身上的，是疮疤，还是伤痕？然而我知道，你们还没上过战场！长官们，好生看着你们的孩子吧！他们的父母会心疼的，何况这些又是国家的光荣，民族的命脉呢！

（原载昆明《正义报》“星期论文”专栏，1944 年 6 月 4 日）

谈偏才与通才

张舜徽

张舜徽(1911—1992),历史学家、文献学家。本篇系 1946 年,张舜徽在兰州大学任教期间,在文史各系的大会上所作的讲演辞。

古今人才,有偏才与通才的区别。“偏”等于“专”,“通”等于“全”。偏才就是一艺一技的专门人才,通才就是全面发展的人才。二者广狭不同,各有它的作用。举凡治理国家、研究学术以及百工技艺,都存在着偏才与通才的差异。《荀子·天论篇》说过:“万物为道一偏,一物为万物一偏,愚者为一物一偏,而自以为知道,无知也。”这说明凡是囿于一隅、蔽于一偏的人,不能见事物之全。正如《淮南子·泛论篇》所说:“东面而望,不见西墙;南面而视,不睹北方;唯无所向者,则无所不通。”也指出了人若有所偏蔽,便不能看到对面和周围事物的情状。所见既很狭隘,便只能在很小的范围内发挥自己的能力献出其专长。至于通才则不然,由于它了解的东西多,掌握住事物发生、发展、变化的规律,能够兼揽并顾,驾驭一切。

我们回顾中外历史上许多著名的大政治家,没有学过军事,而可指挥部队;没有学过经济,而可发展生产;没有学过科技,而可兴办工厂。他们虽无各方面的专业修养,但有才识能够主持纲维,全面领导,充分发挥出通才的作用。这里面的道理,早在《荀子·解蔽篇》已经谈到:“农精于田,而不可以为田师;贾精于市,而不可以为贾师;工精于器,而不可以为器师。有人也,不能此三技,而可使

张舜徽

治三官。曰:精于道者也;精于物者也。精于物者以物物,精于道者兼物物。"此处所提到的"精于道者",是指通才;"精于物者",是指偏才。"以物物",是说用他的一才一艺去做事;"兼物物",是说兼领众技以治国家。刘邵《人物志·材能篇》所云"凡偏材之人,皆一味之美,故长于办一官而短于为一国",便是这个道理。

我们不妨再进一步举些实例来说明问题:王安石没有学过治兵和理财,而能在变法过程中实行整军、富国措施;张居正没有学过法制,而能在执政期间,做到信赏必罚、朝令夕行;张之洞没有学过科技,而能在湖北开矿、造纸,制作枪炮。他们既有办事的才识与权力,不必躬亲庶务,重在用人布局,各得要领,这便充分发挥了通才在治理国家的巨大作用。那些有一技一艺之长的专门人才,只是为他所用而已。

治国如此,治学也有广狭偏全之分。例如儒学宗旨,《中庸》强调"尊德性而道问学",是说一方面要修养德性,一方面要讲求学问。本来二者并重,不可偏废。但自战国以来二千年间的儒学,却分为了两大支,各得一偏而不见其全。孟轲偏重在尊德性,荀况偏重在道问学,很明显地分成了二派。到宋明理学家们,也仍是两途分驰。程朱比之陆王,程朱偏于道问学,陆王偏于尊德性。再细分一下,程朱并称,也有不同。二程偏于尊德性,朱熹偏于道问学。二程之中,程颢偏于尊德性,程颐偏于道问学。既各有偏主,便莫由全面考虑问题。分歧既多,争辩日起,这是很自然的事。由此可见,在学术研究方面,真正能见其大、能观其通的全才,也是不可多得的。

六艺经传,本甚丰富,中经秦火,烧掉了一部分。汉初经籍复出,传述各异,便出现经有数家、家有数说的局面。统治阶级选拔其中比较可靠的师说，列为五经博士，这便是当时专门名家之学。司马迁、班固综录这些专家，列为《史记》《汉书》的《儒林传》，实际上就是当时学术界的偏才。他们除了固守师说以外，其他一概不知。治学范围如此褊狭，后果至为严重。博士之学所以亡佚很早，不是没有原因的。但是当时还有学问淹博的通才，如两汉时期的司马迁、扬雄、刘向、班固、许慎、郑玄，便是这一流的代表人物。王充《论衡·超奇篇》所云："能说一经者，儒生；博览古今者为通人。"便正确反映了两汉时期学术界的实际情况。可知学术界有偏才通才之分，很早就已存在的了。

再就文学来说，我国古代，文与学是紧密联系在一起的。例如史学家司马迁，又是一位文学家；司马相如、扬雄既是文学家，又同是著名的小学家；他们的成就都很全面。《史记》《汉书》所以不列《文苑传》，是由于西汉一代没有不学之文人，也没有无文之学者。当时的学与文是统一的，发展是全面的。从东汉以下，文与学才开始分离，所以《后汉书》在《儒林传》之外，还增列《文苑传》，说明当时已有不学的文人了，这自然也是一种偏才。综合历代史籍来看问题，可以得出一个结论：凡是列在《儒林》《文苑》传中的人物，都是当时三四流的人才，是每一时期学术界的偏才。至于学识通博、文章尔雅的全才，则另有专传。由于他们的范围宽，成就大，不容和那些以专门名家的偏才等量齐观，所以在史传中，自有他们的特殊地位和安排。学术上的偏才，好比工厂中的专业工人和车间主任；通才则是总工程师。知识面既有广狭的不同，才能上也有高下的区别，这是人们容易分辨的。

许多事实证明：培养一个专擅一艺一技的偏才，比较容易；想要出现一个学问广博、识力高超的通才，颇不容易。既是通才，大之可以出而治国，便寓有领袖人物的作用。除有学识才能之外，还要具备与众不同的气度、魄力以及处事接物的态度等等，始能在群众中树立威信，受到拥戴，这不是一蹴而几的。近年有人发表了《六经为领袖人才之来源》一文，认为六经中的理论，多为治国而发，苟能取精用宏，便可从中得到济世安民的方式方法。这种看法很片面，不一定对。况且今天的时代不同了，一个国家，不是孤立的。对于世界各国的历史、政治、经济情况，以及新兴学说的内容，都要有所了解，才有可能扩大眼界，增益才识。岂容抱残守缺、停留徘徊在几本儒家经典所能解决问题。即以从故纸堆中探讨治国理论来说，儒家经传便远远赶不上法家的书。我国古代的所谓法家，便是当时的政治家。刘备临终时，嘱咐他的儿子刘禅："闲暇历观诸子及《六韬》《商君书》，益人意智。"却不是一句简单的话！

今后肄业文法学院的青年，特别是学习文史的人，有必要恢宏志气，将治学范围推广，博览兼收，务求通贯，必通贯而后能免于弇陋。希望大家在学习文史的基础上，从多方面储学练才，争取将来成为国家有用的通才。

（选自《讱庵学术讲论集》，华中师范大学出版社，2008 年）

第四辑　学问

胡　适

研究国故的方法

胡适

胡适(1891—1962),新文化运动领袖之一,曾任北京大学校长。本篇系1921年7月31日,胡适应邀为东南大学及南京高师暑期学校所作的讲演辞,枕薪记录。

研究国故,在现时确有这种需要。但是一般青年,对于中国本来的文化和学术,都缺乏研究的兴趣。讲到研究国故的人,真是很少,这原也怪不得他们,实有以下二种原因:(一)古今比较起来,旧有的东西就很易现出破绽。在中国科学一方面,当然是不足道的。就是道德和宗教,也都觉浅薄得很,这样当然不能引起青年们的研究兴趣了。(二)中国的国故书籍,实在太没有系统了。历史书一本有系统的也找不到,哲学也是如此,就是文学一方面,《诗经》总算是世界文学上的宝贝,但假使我们去研究《诗经》,竟没有一本书能供给我们做研究的资料的。原来中国的书籍,都是为学者而设,非为普通人一般人的研究而作的。所以青年们要研究,也就无从研究起。我很望诸君对于国故,有些研究的兴趣,来下一番真实的工夫,使它成为有系统的。对于国故,亟应起来整理,方能使人有研究的兴趣,并能使有研究兴趣的人容易去研究。

"国故"的名词,比"国粹"好得多。自从章太炎著了一本《国故论衡》之后,这"国故"的名词于是成立。如果讲是"国粹",就有人讲是"国渣","国故"(National Past)这个名词是中立的。我们要明了现社会的情况，就得去研究国故。古人讲，知道过去才能知道现在。国故专讲国家过去的文化，要研究它，就不得不注意以下四种方法：

一、历史的观念

现在一般青年，所以对于国故没有研究兴趣，就是没有历史的观念。我们看旧书，可当它作历史看。清乾隆时，有个叫章学诚的，著了一本《文史通义》，上边说“六经皆史也”。我现在进一步来说：“一切旧书——古书——都是史也。”本了历史的观念，就不由然而然地生出兴趣了。如道家炼丹修命，确是很荒谬的，不值识者一笑。但本了历史的观念，看看它究竟荒谬到了什么田地，亦是很有趣的。把旧书当作历史看，知它好到什么地步，或是坏到什么地步，这是研究国故方法的起点，是“开宗明义”第一章。

二、疑古的态度

疑古的态度，简要言之，就是“宁可疑而错，不可信而错”十个字。譬如《书经》，有《今文尚书》和《古文尚书》之别。有人说，《古文尚书》是假的，《今文尚书》有一部分是真的，余外一部分，到了清时，才有人把它证明是假的。但是现在学校里边，并没把假的删去，仍旧读它全书，这是我们应该怀疑的。至于《诗经》，本有三千篇，被孔子删剩十分之一，只得了三百篇。《关雎》这一首诗，孔子把它列在第一首,这首诗是很好的。内容是一很好的女子,有一男子要伊做妻子,但这事不易办到,于是男子"寤寐求之",连睡在床上都要想伊,更要"悠哉悠哉,辗转反侧"呢!这能表现一种很好的爱情,是一首爱情的相思诗。后人误会,生了许多误解,竟牵到旁的问题上去。所以疑古的态度有两方面好讲:(一)疑古书的真伪。(二)疑真书被那山东老学究弄伪的地方。我们疑古的目的,是在得其"真",就是疑错了,亦没有什么要紧。我们知道,哪一个科学家是没有错误的?假使信而错,那就上当不浅了!自己固然一味迷信,情愿做古人的奴隶,但是还要引旁人亦入于迷途呢!我们一方面研究,一方向就要怀疑,庶能不上老当呢?如中国的历史,从盘古氏一直相传下来,年代都是有"表"的,"像煞有介事",看来很是可信。但是我们要怀疑,这怎样来的呢?根据什么呢?我们总要"打破砂锅问到底",究其来源怎样,要知道这年月的计算,有的是从伪书来的,大部分还是宋朝一个算命先生,用算盘打出来的呢。这哪能信呢!我们是不得不去打破它的。

在东周以前的历史,是没有一字可以信的。以后呢,大部分也是不可靠的。如《禹贡》这一章书,一般学者都承认是可靠的。据我用历史的眼光看来,也是不可靠的,我敢断定它是伪的。在夏禹时,中国难道竟有这般大的土地么?四部书里边的经、史、子三种,大多是不可靠的。我们总要有疑古的态度才好!

三、系统的研究

古时的书籍,没有一部书是"著"的。中国的书籍虽多,但有系统的著作,竟找不到十部。我们研究无论什么书籍,都宜要寻出它的脉络,研究它的系统。所以我们无论研究什么东西,就须从历史方面着手。要研究文学和哲学,就得先研究文学史和哲学史。政治亦然。研究社会制度,亦宜先研究其制度沿革史,寻出因果的关系,前后的关键,要从没有系统的文学、哲学、政治等等里边,去寻出系统来。

有人说,中国几千年来没有进步,这话荒谬得很,足妨害我们研究的兴趣。更有一外国人,著了一部世界史,说中国自从唐代以后,就没有进步了,这也不对。我们定要去打破这种思想的。总之,我们是要从从前没有系统的文学、哲学、政治里边,以客观的态度,去寻出系统来的。

四、整　理

整理国故,能使后人研究起来,不感受痛苦。整理国故的目的,就是要使从前少数人懂得的,现在变为人人能解的。整理的条件,可分形式内容二方面讲:

(一)形式方面加上标点和符号,替它分开段落来。

(二)内容方面加上新的注解,折中旧有的注解。

并且加上新的序跋和考证,还要讲明书的历史和价值。

我们研究国故,非但为学识起见,并为诸君起见,更为诸君的兄弟姊妹起见。国故的研究,于教育上实有很大的需要。我们虽不能做创造者，我们亦当做运输人——这是我们的责任，这种人是不可少的。

（原载上海《国民日报·觉悟》副刊，1921 年 8 月 4 日）

东南大学全体学生合影（1922 年 4 月）

学问之趣味

梁启超

本篇系1922年8月6日，梁启超在国立东南大学为暑期学校学员所作的讲演辞。

我是个主张趣味主义的人：倘若用化学化分“梁启超”这件东西，把里头所含一种原素名叫“趣味”的抽出来，只怕所剩下仅有个零了。我以为：凡人必常常生活于趣味之中，生活才有价值。若哭丧着脸挨过几十年，那么，生命便成沙漠，要来何用？中国人见面最喜欢用的一句话：“近来作何消遣？”这句话我听着便讨厌。话里的意思，好像生活得不耐烦了，几十年日子没有法子过，勉强找些事情来消他遣他。一个人若生活于这种状态之下，我劝他不如早日投海！我觉得天下万事万物都有趣味，我只嫌二十四点钟不能扩充到四十八点，不够我享用。我一年到头不肯歇息，问我忙什么？忙的是我的趣味。我以为这便是人生最合理的生活，我常常想运动别人也学我这样生活。

凡属趣味，我一概都承认他是好的，但怎么样才算“趣味”，不能不下一个注脚。我说：“凡一件事做下去不会生出和趣味相反的结果的，这件事便可以为趣味的主体。”赌钱趣味吗？输了怎么样？吃酒趣味吗？病了怎么样？做官趣味吗？没有官做的时候怎么样？……诸如此类，虽然在短时间内像有趣味，结果会闹到俗语说的“没趣一齐来”，所以我们不能承认他是趣味。凡趣味的性质，总要以趣味始以趣味终。所以能为趣味之主体者，莫如下列的几项：

一、劳作;二、游戏;三、艺术;四、学问。诸君听我这段话,切勿误会以为我用道德观念来选择趣味。我不问德不德,只问趣不趣。我并不是因为赌钱不道德才排斥赌钱,因为赌钱的本质会闹到没趣,闹到没趣便破坏了我的趣味主义,所以排斥赌钱;我并不是因为学问是道德才提倡学问,因为学问的本质能够以趣味始以趣味终,最合于我的趣味主义条件,所以提倡学问。

学问的趣味,是怎么一回事呢?这句话我不能回答。凡趣味总要自己领略,自己未曾领略得到时,旁人没有法子告诉你。佛典说的:"如人饮水,冷暖自知。"你问我这水怎样的冷,我便把所有形容词说尽,也形容不出给你听,除非你亲自嗑一口。我这题目——学问之趣味,并不是要说学问如何如何的有趣味,只要如何如何便会尝得着学问的趣味。

诸君要尝学问的趣味吗?据我所经历过的有下列几条路应走:

第一,"无所为"(为读去声):趣味主义最重要的条件是"无所为而为"。凡有所为而为的事,都是以别一件事为目的而以这件事为手段;为达目的起见勉强用手段,目的达到时,手段便抛却。例如学生为毕业证书而做学问,著作家为版权而做学问,这种做法,便是以学问为手段,便是有所为。有所为虽然有时也可以为引起趣味的一种方便,但到趣味真发生时,必定要和"所为者"脱离关系。你问我"为什么做学问"?我便答道:"不为什么。"再问,我便答道:"为学问而学问";或者答道:"为我的趣味。"诸君切勿以为我这些话掉弄虚机;人类合理的生活本来如此。小孩子为什么游戏?为游戏而游戏。人为什么生活?为生活而生活。为游戏而游戏,游戏便有趣;为体操分数而游戏,游戏便无趣。

第二，不息："鸦片烟怎样会上瘾？""天天吃。""上瘾"这两个字，和"天天"这两个字是离不开的。凡人类的本能，只要那部分搁久了不用，他便会麻木会生锈。十年不跑路，两条腿一定会废了；每天跑一点钟，跑上几个月，一天不得跑时，腿便发痒。人类为理性的动物，"学问欲"原是固有本能之一种；只怕你出了学校便和学问告辞，把所有经管学问的器官一齐打落冷宫，把学问的胃弄坏了，便山珍海味摆在面前也不愿意动筷子。诸君啊！诸君倘若现在从事教育事业或将来想从事教育事业，自然没有问题，很多机会来培养你学问胃口。若是做别的职业呢？我劝你每日除本业正当劳作之外，最少总要腾出一点钟，研究你所嗜好的学问。一点钟哪里不消耗了，千万别要错过，闹成"学问胃弱"的证候，白白自己剥夺了一种人类应享之特权啊！

第三，深入的研究：趣味总是慢慢地来，越引越多；像那吃甘蔗，越往下才越得好处。假如你虽然每天定有一点钟做学问，但不过拿来消遣消遣，不带有研究精神，趣味便引不起来。或者今天研究这样明天研究那样，趣味还是引不起来。趣味总是藏在深处，你想得着，便要入去。这个门穿一穿，那个窗户张一张，再不会看见"宗庙之美，百官之富"，如何能有趣味？我方才说："研究你所嗜好的学问"，嗜好两个字很要紧。一个人受过相当的教育之后，无论如何，总有一两门学问和自己脾胃相合，而已经懂得大概可以作加工研究之预备的。请你就选定一门作为终身正业（指从事学者生活的人说）或作为本业劳作以外的副业。（指从事其他职业的人说）不怕范围窄，越窄越便于聚精神；不怕问题难，越难越便于鼓勇气。你只要肯一层一层地往里面追，我保你一定被他引到"欲罢不能"的地步。

第四，找朋友：趣味比方电，越磨擦越出。前两段所说，是靠我本身和学问本身相磨擦；但仍恐怕我本身有时会停摆，发电力便弱了。所以常常要仰赖别人帮助。一个人总要有几位共事的朋友，同时还要有几位共学的朋友。共事的朋友，用来扶持我的职业；共学的朋友和共顽的朋友同一性质，都是用来磨擦我的趣味。这类朋友，能够和我同嗜好一种学问的自然最好，我便和他打伙研究。即或不然——他有他的嗜好，我有我的嗜好，只要彼此都有研究精神，我和他常常在一块或常常通信，便不知不觉把彼此趣味都磨擦出来了。得着一两位这种朋友，便算人生大幸福之一。我想只要你肯找，断不会找不出来。

我说的这四件事，虽然像是老生常谈，但恐怕大多数人都不曾会这样做。唉！世上人多么可怜啊！有这种不假外求不会蚀本不会出毛病的趣味世界，竟自没有几个人肯来享受！古书说的故事"野人献曝"；我是尝冬天晒太阳的滋味尝得舒服透了，不忍一人独享，特地恭恭敬敬地来告诉诸君。诸君或者会欣然采纳吧？但我还有一句话：太阳虽好，总要诸君亲自去晒，旁人却替你晒不来。

（原载《时事新报·学灯》，1922 年 8 月 12 日）

中国古典文学之重要

梅光迪

梅光迪(1890—1945),学者,《学衡》杂志创办人之一。本篇系1932年梅光迪的讲演辞,拨壬笔记。

在开始讲中国古典文学之前,我必得要解释,什么是古典文学?我所说的古典文学,就是指那些标准的、用最好的文字写的,从古到今堆积而成的一切文学作品,荷马的纪事诗,莎士比亚的戏剧,是古典文学,密尔登的《乐园的失去》,也是古典文学,虽然时间上后者比前二者较近些,所以我所指的中国古典文学,是指一切最好的中国文学,时间的古今,没有关系的。

因为时间的限制,我只能说几点最概括的话,来说明研究中国古典文学的重要,其中有许多意念,也许诸位初听了,不表赞同,必得解释后方可了然的,有的,也许要深思之后,才能发现我的论点的正确,但是,无论怎样,我只能说几个扼要之点的。

第一,研究古典文学,就是一种普遍教育(liberal education),因为古典文学,是过去一切经验、生活、智慧堆积而成的蓄水池,普通的人读了,可以扩大他们的心灵,提高他们的道德,教他们如何做一个完全的人(perfect man),现在的中国,科学就是一切,试问一个科学家,能否终身埋葬在实验室里,在几小时的实验工作以后,他一定要回到家里,也许要访问朋友,这里就会用着古典文学了。这是很危险的,就是那班从事科学的人,只知道他们择定的事业,而完全忽略了古典文学,要晓得科学给与吾人的是自然定律

梅光迪

(natural law),而没有人的定律(human law)——伦理学、神学、社会学等除外,此处只限于自然科学——他只能给人以智识,不能给人智慧(wisdom),智识和智慧,当然是两件绝不相同的东西,所以不论你对于某种科学有专长(specialization),他是不能帮你许多的,还是做人要紧,专工在后,同时古典文学,是用最好的语言写成的,他不仅给你以教训,且给你以快乐。

第二,古典文学是永久的存在(everlasting),因为古典文学是最好的文学,所以他有不朽的价值,譬如,莎士比亚几百年前是最伟大的一个,现在仍然是最伟大的一个,也许将来永远是最伟大的一个,你不能对莎士比亚有所改进,世界好像是一个牢狱,只有古典文学,给你以智慧,从这世界里超脱出来,如果你不研究他,你将永远像一个囚徒,困在牢狱里,没有精神的扩展,同时,进步的观念也不能应用到古典文学的,整个的精神文化,和完美的人性,只有发扬而无所谓进步,一切日常事物的进步,只是一种肤浅的表面而已,假使真有所谓进步,那么你今天研究之所得,到明天已成为不进步了,谁还肯去研究呢,所以,只有在这永久存在的文学之中,你反能得到鼓励和慰藉。

第三,古典文学是真正的民族性(true nationality),中国人所信的,是一种历史的不朽(historical immortality),所谓"慎终追远,民德归厚矣",就是这个意思,我们相信,我们的祖先,不论已如何久远,依然生存在别一世界里,随时能同我们接谈,并且随时能提醒我们他们过去的、光荣的、吩咐我们的事业和名言,既然一个人,对于过去是那样崇信,因而才会生出敬爱的感情来,许多人,对于中国的现状,感到悲观,以为中国是无可救药了,于是他们也随着这恶劣的环境变坏起来,原因很简单,就是他们已经忘了我们的过去，曾经有过一次比现在更真的、更好的、更美的中国社会，所以，如果要得大家都有爱国心，第一必得大家先要晓得我们的过去，然后同一的感情才会产生出来，那班研究科学的人，只知专工，各走各的道路，哪有互相了解的可能呢。

总之，要救中国，唯一的途径，须从研究古典文学着手不可，他可以增加你的智慧，供给你的快乐，扩大你的感情，把中国能复兴到一个最真、最善、最美的境地。

（原载《国立中央大学日刊》总第八五七期，1932 年）

论今日切要之学

章太炎

本篇系1932年3月24日，章太炎在燕京大学的讲演辞，由王联曾记录，并经黄侃、吴宓审定。

从前顾亭林先生说过“行己有耻，博学于文”两句话，但是“博学于文”不如行之实际，而“行己有耻”纯为个人的行为，所以这里暂不讨论。

今日切要之学只有两条道路：(一) 求是，(二) 致用。求是之学不见得完全可以致用，致用之学也不必完全能够求是。合致用与求是二者冶于一炉，才是今日切要之学。讵今日之学风适反乎此，日惟以考古史、古文字学、表章墨辩之说是尚，反弃目前切要之学而不顾。此风若长，其害殊甚，速矫正，以免遗误于将来。兹先分论其不切要之点如下：

一、考远古

此虽为求是之学，然不能致用。试观今日一般学者忽于近代之史，而反考证三代以上古史如《山海经》等孳孳不休。正如欧西学者日夜研究古巴比伦、埃及等国的文化，同样的无味。因彼时尚在混沌草昧时期，就是能发现一二种学说，也绝难找出有力的证据来证明他，又何况即便得以证明也不能致用呢？

燕京大学

二、考古文字

此亦求是而不切要之学也。若今日举国学子欣欣然考证龟甲，研求钟鼎，推求陶瓦，各自以为得。其考证甲骨者则凿凿于某字《说文》作某，钟鼎又作某，某字应读某声，穿凿附会之态较之研究钟鼎者尤为可笑。而不知龟甲之真伪本难分别，何况其证据又薄弱无力！至于钟鼎本系金属，真伪尚易辨别，然考证其文字，终觉无味。其一切考证钟鼎文字之书籍，更须审辨。若宋人之《集古录》《金石录》《博古图》等书，考订本多难据。至清之吴大澂等益加穿凿。然清人考订文字大率沿袭宋人，不知宋人更沿袭何者。夫文字递变，必据有形迹者以为推。假如佐证毫无，而欲妄加揣测，正如外人到中国听戏，纵赏其声调铿锵，而于曲中旨趣则茫乎无所知矣。

三、考墨辩

今日学者，除去染有上述两项风气之外，尚有一种绝不能以之致用的风气，就是考墨辩。《墨子》的精华仅在《尚贤》《尚同》《兼爱》《非攻》诸篇。至于《经》上下、《经说》上下、《大、小取》诸篇，实《墨子》的枝叶，而考墨辩者却矜矜然说某段合乎今日科学界中的电学，某段合于今日科学界之力学，某段合于今日科学界之飞艇飞机，某段系今日物理学中之定律，某段又是今日化学之先声。似墨子的神通，活像今日科学界的开山老祖一样。即使以上诸说能够成立，也不过是繁琐哲学之一流。庄子有一句话："窜句游心于坚白同异之间，杨墨是已。"这样说来，非独墨子是科学专家，杨子又何尝不然呢？《大戴礼·哀公问孔子》有小辨之说，则墨子亦小辨之流也，总之其语虽然有是的地方，用起来时却不能致用。所以这班学子虽较考古史、古文字学有用，然终不是今日所需要的。

现代的学者即如上述。若溯及前代治学的人也各有所偏。明代学者知今而不通古，清代学者通古而不知今。所以明人治事的本领胜于清人，虽少年科第足以临民。清之学者考证经史详搜博引，虽为前古所无，惜不谙当代制度，治事的时候，辄来请教于幕僚。所以两朝学者各有所蔽。然明之学者尚能致用，清之学者虽欲致用亦不能也。其所以不能致用者，基于彼等考大体者少，证枝叶者多耳。是明清两代之学，皆非切要，不足为今日所取法也。

今日切要之学是什么？曰历史也。历史之学宜自修，不适于讲授。现代各校不明此理，多于每周规定三四小时，与其他科目同一办法，此甚不然。试问一部正史，欲于每周三四小时内依次讲解，恐至少亦须三十年始能讲毕。即令学生明知史志为今日切要之学，若按时至校听讲而不自修，终必无所获。此外市面上有应时而起的《史学通论》《史学研究法》等，美其名曰节省时间，实无当也。如唐人刘知几之《史通通释》，往复辩论历代史书得失之处，虽甚详明，假使详明更不阅其所论之史书，则史通亦为无用？况今日市上之史学通论等书，撰著对于所论之书，恐尚未尝看过，则其通论又哪里有丝毫的用处呢？故历史一科之教员应专讲解史志之条例及其中深奥的地方，其余易解之处统由学生去自修。盖研究学问有二法：(一) 有必须讲解着，如史学之条例是也。(二) 有必须自修者，则史志之全文是也。试观现在各校覭居历史讲座之先生，与茶馆中说评书的有什么分别？其中本领高者仅能讲明历史之大概，劣者虽大概亦不能明也。

现在的青年应当知道自己是什么时候的人，现在的中国是处在什么时期，自己对国家负有什么责任。这一切在史志上面全都可以找到明确的答复。若是连历史也不清楚，则只觉得眼前混沌万状，人类在那里栖栖皇皇，彼此似无关系，展开地图亦不知何地系我国固有，何地系我国尚存者。何地已被异族侵占？问之茫然无以对者，比比然也，则国之前途岂不危哉！一国之历史正似一家之家谱，其中所载尽已往之事实，此事实即历史也。若一国之历史衰，可占其民族之爱国心亦必衰。盖事实为综错的、繁复的、无一定之规律的，而历史乃归纳此种种事实，分类记载，使阅者得知国家强与弱的原因，战争胜败的远因近因，民族盛衰的变迁，为人生处世所不可须臾离者。历史又如棋谱然，若据棋谱以下棋，善运用之，必操胜算；若熟悉历史，据之以致用，亦无往而不利也。（中略）

宋之王荆公与现在国民党之总理孙逸仙均中不明历史之病，王荆公不许人读史志，毁之曰“断烂朝报”；孙逸仙似未精究历史，却也具有王氏之遗风。所以国民政府今日未有令名。王荆公与孙之国民党同因不谙已往之史迹，以致爱国心衰。自王荆公倡不读史未及四十年，而宋亡矣；今民国缔造已二十一年，前后茫茫，亦可惧也。

附庸之国与固有国土本有区别，历史已详告我们。不幸今日上下竟有以附庸视东北三省，而盛唱“弃了东三省”的论调，这就是不明史志的原故，而仅据外人之称东三省为“满洲”，便以为东三省之属于我国乃附属地性质，非本土也。凡稍读史志者便以为其误。

考东三省原为中国固有的版图，汉谓之突厥，宋谓之辽金。汉去今日已远，姑不论，即以明清论之，明清两代东三省皆为我国固有之版图，今竟因不明史志而疑固有的国土为附庸之地，其害较不读经书为尤甚。盖不晓得周公、孔子的名字，仅遗忘一二死去的人而已，无关国家之得失；若不晓得历史则几乎茫茫然遗失了东三省千百万方里的土地，其为害驾于经书之上。此语在好高骛远的人全不顾说，他们视历史如同掌故和家谱一样，岂料到关系于国家的命脉是这样的大呢？再以开铺店喻之，开铺店若不明该地的掌故习俗，则不出数日必倒闭矣。又如组织家庭，若不看家谱不明世族，则亲疏不分，视其同族若路人，此家未有能兴盛者。今知不看掌故家谱之害尚如此，其不明史志之害，岂不尤甚于斯欤！故谓历史为掌故亦可，谓之为民族的家谱亦无不可。总之，历史就是我的掌故，我的家谱，他人得之虽然无用，而我不得不备此物，若欲为国效力，这本老家谱是非研究不可。至于运用之法，应注重制度、地域变迁的沿革，治乱之原因。阅之亦甚易，看一句即得一句之经验，非若治军须战略与操练并行也，故其成就亦易，史志之全帙虽繁，读司马光之《资治通鉴》则简而易行。今之青年既知史志为切要矣，当视为新发现之宝物去日夜看他才好！［吴雨生先生按：更退一步，如无力读《资治通鉴》，则应细读李岳瑞君（已故）所编之《国史读本》，该书世界书局有重印本，全十二册一匣，定价三圆］

历史之学不仅今日切要，即在往古亦十分切要。汉时即以六经为史，各有专家传其学，至今因时间之延长，史志遂觉繁多，然此正一完备之棋谱也。若善用之，何往而不利，故其切要尤甚于昔。在汉时可举史志而尽焚之，因彼时棋谱尚未完备，而有人才在，还可以补救时艰。今日则不可，因人才已无，棋谱更不可失矣。

行己有耻,博学于文,是从前的话。今当世界在较任何时期为严重的时候,历史上之陈迹即为爱国心之源泉,致用时之棋谱。其系于一国之兴亡为用尤钜,故史志乃今日切要之学也。

(原载《中法大学月刊》第5卷第5期,1934年10月)

晚年章太炎

历史之重要

章太炎

本篇系 1933 年 3 月，章太炎在江苏省立无锡师范学校的讲演辞，诸祖耿记录。听讲的有无锡师范学校、无锡国学专门学校和无锡县中的三校师生，共两百多人。其中无锡国学专门学校为此停课一天，学生们一早便整队集合，一起前往无锡师范学校听讲。

国学不尚空言，要在坐而言者，起而可行。十三经文繁义赜，然其总持则在《孝经》《大学》《儒行》《丧服》。《孝经》以培养天性，《大学》以综括学术，《儒行》以鼓励志行，《丧服》以辅成礼教。其经文不过万字，易读亦易记。经术之归宿，不外乎是矣。经术乃是为人之基本，若论运用之法，历史更为重要。处斯乱世，尤当斟酌古今，权衡轻重。今日学校制度，不便于讲史，然史本不宜于学校讲授，大约学问之事，书多而文义浅露者，宜各自阅览；书少而文义深奥者，宜教师讲解。历史非科学之比，科学非讲解一步，即不能进一步。历史不然，运用之妙，在乎读者各自心领神会而已。正史二十四，约三千余卷，《通鉴》全部，六百卷。如须讲解，但讲《通鉴》，五年尚不能了，全史更无论矣。如能自修，则至迟四年可毕廿四史。今学校注重讲授，而无法讲史，故史学浸衰，惟道尔顿制实于历史之课最宜。然今之教员，未必人人读毕全史，即明知道尔顿制便于学生，其如不便于教员何？《吕氏春秋》有《诬徒》篇，今日学校之弊，恐不至"诬徒"不止，诚可叹也。

政治之学，非深明历史不可。历史类目繁多，正史之外，有编年，有别史，有论制度之书，有述地理之书，有载奏议之书。荀悦

《汉纪》,别史类也。《通典》《通考》,贯穿古今,使人一看了然,论制度之类也。志表之属,断代为书,亦使人了如指掌,亦论制度之类也。地理书却不易看。自正史地理志外,有《元和郡县志》《元丰九域志》《明清一统志》《读史方舆纪要》之属,山川形势,古今沿革,非细读不能明了。奏议往往不载于正史,但见于文集,亦有汇集历代名臣奏议为专书者。今之学者,务欲速成,鲜有肯闭门读书十年者。然全看二十四史,一日不辍,亦不过四年。若但看四史,四史之后,看《通鉴》、宋、元、明鉴之类,则较正史减三分之一。一日看两卷,则五百日可毕。而纪事之书,已可云卒业矣。至于典章制度之书,《通典》古拙,不必看,看《通考》已足。施于政治,《通考》尚有用不着之处。"三通"不过五百卷,一日看两卷,二百五十日可毕。地理书本不多,《读史方舆纪要》为最有用,以其有论断也,旁及地理挂图,且读且看,有三四月之功夫,尽可卒业。奏议书流畅易看,至多不过一年亦毕矣。如此合计,记事之书一年有半,制度之书八月,地理之书半年,奏议之书十月,有三年半之功程,史事已可烂熟。即志在利禄者,亦何惜此三年半之功夫,以至终身无可受用乎?历代知名将相,固有不读书者,近若曾、左、胡辈亦所谓名臣者矣,然其所得力,曾在《通鉴》《通考》,左在《通考》,胡在《读史方舆纪要》而已,况程功之过于是者乎?

夫人不读经书,则不知自处之道;不读史书,则无从爱其国家。即如吾人今日,欲知中华民国之疆域,东西南北究以何为界,便非读史不可。有史而不读,是国家之根本先拔矣。古人有不喜人讲史者,王安石变法,惟恐人之是古非今,不得自便。今人之不喜人看史,其心迹殆与王安石无异。又好奇说者,亦不喜人看史。历史著进化之迹,进化必以渐,无一步登天之理。是故诡激之流,惟恐历史之足以破其说也。至于浅见之人,谓历史比于家谱,《汉书》即刘氏之谱,《唐书》即李氏之谱,不看家谱,亦无大害。此不知国史乃以中国为一家,刘氏、李氏,不过一时之代表而已。当时一国之政,并非刘氏、李氏一家之事也。不看家谱,不认识其同姓,族谊亦何由而敦?不讲历史,昧于往迹,国情将何由而治?又或谓历史有似账簿,米盐琐屑,阅之无谓。此不知一家有一家之产业,一国有一国产业,无账簿则产业何从稽考,以此而反对读史,其居心诚不可测矣,信如所言,历史是账簿,是家谱,亦岂可不看?身不能看,惟恐人之能看,则沮人以为不足看也。政界之人如此,学界之人亦如此。学生又不便以讲诵家谱、账簿,束置高阁,四万万人都不知国家之根本何在,失地千万里,亦不甚惜,无怪其然也。日本外交官在国际联盟会称东三省本是满洲之地,中国外交官竟无以驳正,此岂非不看家谱、账簿,而不知旧有之产业乎?

昔人读史,注意一代之兴亡,今日情势有异,目光亦须变换,当注意全国之兴亡。此读史之要义也。经与史关系至深,章实斋云六经皆史,此言是也。《尚书》《春秋》,本是史书,《周礼》著官制,《仪礼》详礼节,皆可列入史部。西方希腊以韵文纪事,后人谓之史诗,在中国则有《诗经》。至于《周易》,人皆谓是研精哲理之书,似与历史无关。不知《周易》实历史之结晶,今所称社会学是也。乾坤代表天地,《序卦》云:“有天地,然后有万物。”是故乾坤之后,继之以屯。屯者,草昧之时也。即鹿无虞,渔猎之征也。匪寇婚媾,掠夺婚姻之征也。进而至蒙,如人之童蒙,渐有开明之象矣。其时娶女盖已有聘礼,故曰“见金夫不有躬”,此谓财货之胜于掠夺也。继之以需,则自游牧而进于耕稼,于是有饮食燕乐之事。饮食必有讼,故继之以讼。以今语译之,所谓面包问题,生存竞争也。于是知团结之道，故继之以师。各立朋党，互相保护，故继之以比。然兵役既兴，势必不能人人耕稼，不得不小有积蓄。至于小畜，则政府之滥觞也。然后众人归往强有力者以为团体之王，故曰“武人为于大君”，履帝位而不疚。至于履，社会之进化已及君主专制之时矣。泰者，上为阴下为阳，上下交通，故为泰；否者，上为阳下为阴，上下乖违，故为否。盖帝王而顺从民意，上下如水乳之交融，所谓泰也；帝王而拂逆民意，上下如冰炭之不容，所谓否也。民为邦本之说，自古而知之矣。自屯至否，社会变迁之情状，亦已了然。故曰：“《周易》者，历史之结晶也。”然《六经》之中，正式之史，厥维《春秋》。后世史籍，皆以《春秋》为本。《史记》有《礼书》《乐书》，《汉书》则礼、乐皆有志，其意即以包括礼经一门。《司马相如传》辞赋多而叙事少，试问辞赋何关于国家大计，而史公必以入录耶？班固曰：“赋者，古诗之流也。”盖《史记》之录辞赋，亦犹《六经》之有《诗》矣。史公自序曰：“有能绍明世，正《易传》，继《春秋》，本《诗》《书》《礼》《乐》之际，意在斯乎？小子何敢让焉。”班固亦有类此之语。由今观之，马、班之言，并非夸诞，良史之作，固当如是也。

史与经本相通，子与史亦相通。诸子最先为道家，老子本史官也，故《艺文志》称道家者流，出于史官。史官博览群籍，而熟知成败利钝，以为君人南面之术。他如法家，韩非之书称引当时史事甚多，纵横家论政治，自不能不关涉历史，名家与法家相近，惟农家之初，但知种植而已。要之九流之言，注重实行，在在与历史有关。墨子、庄子皆有论政治之言，不似西洋哲学家之纯谈哲学也。今日学士大夫，治经者有之，治诸子者有之，而治史则寡。不知不讲历史，即无以维持其国家。历史即是账簿、家谱之类，持家者亦不得不读也。

复次，今日有为学之弊，不可盲从者二端，不可不论。夫讲西洋科学，尚有一定之轨范，决不能故为荒谬之说，其足以乱中国者，乃在讲哲学、讲史学，而恣为新奇之议论。在昔道家，本君人南面之术，善用其术，则可致治，汉人之重黄、老，其效可见矣。一变而为晋人之清谈，即好为新奇之议论，于是社会遂有不安之状。然刘伶之徒，反对礼教，尚是少数。今之哲学，与清谈何异？讲哲学者，又何其多也！清谈简略，哲学详密，此其贻害且十百于清谈。古人有言，智欲圆而行欲方，今哲学家之思想，打破一切，是为智圆而行亦圆，徇己逐物，宜其愈讲而愈乱矣。余以为欲导中国人于正轨，要自今日讲平易之道始，三十年后，庶几能收其效。否则推波助澜，载胥及溺而已。

又，今之讲史学者，喜考古史，有二十四史而不看，专在细微之处，吹毛索瘢，此大不可也。昔蜀之谯周，宋之苏辙，并著《古史考》，以驳正太史公。夫上下数千年之事，作史者一人之精力，容有不逮。后之人考而正之，不亦宜乎？无如今之考古者，异于谯周、苏辙，疑古者流，其意但欲打破历史耳。古人之治经史，于事理所必无者，辄不肯置信，如姜嫄履大人迹而生后稷，刘媪交龙于上而生高祖，此事理所必无者也。信之则乖于事实。又同为一事，史家记载有异，则辨正之。如《通鉴考异》之类，此史学者应有之精神也。自此以外，疑所不当疑，则所谓有疑疾者尔。日本人谓尧、舜、禹皆是儒家理想中人物，优自以其开化之迟，而疑中国三千年前已有文化如此。不知开化本有迟早，譬如草木之华，先后本不一时。但见秋菊之晚开，即不信江梅之早发，天下宁有此理？日本人复疑大禹治水之功，以为世间无此神圣之人。不知治河之功，明清两代尚有之，本非一人之力所能办。大臣之下，固有官吏兵丁在，譬如汉高祖破灭项羽,又岂一身之力哉?此而可疑,何事不可疑?独记明人笔乘,有“丘为最高,渊为最深”之言,然则孔、颜亦在可疑之列矣。当八国联军时,刚毅不信世有英、法诸国,今之不信尧、禹者,无乃刚毅之比乎?夫讲学而入于魔道,不如不讲。昔之讲阴阳五行,今乃有空谈之哲学、疑古之史学,皆魔道也。必须扫除此种魔道,而后可与言学。

(选自汤志钧编《章太炎年谱长编》下册,中华书局,2013 年)

论六艺该摄一切学术

马一浮

马一浮(1883—1967),国学大师,现代新儒家的早期代表人物之一。1938年春,马一浮至迁于江西泰和的浙江大学,作"特约讲座"。讲座计11次,讲稿后辑为《泰和会语》,本篇即其中之一。

何以言六艺该摄一切学术?约为二门:一、六艺统诸子;二、六艺统四部。(诸子依《汉志》,四部依《隋志》。)

甲、六艺统诸子。

欲知诸子出于六艺,须先明六艺流失。《经解》曰:"《诗》之失愚,《书》之失诬,《乐》之失奢,《易》之失贼,《礼》之失烦,《春秋》之失乱。"学者须知,六艺本无流失,"学焉而得其性之所近",俱可适道。其有流失者,习也。心习才有所偏重,便一向往习熟一边去,而于所不习者便有所遗,高者为贤、知之过,下者为愚、不肖之不及,遂成流失。佛氏谓之边见,庄子谓之往而不反,此流失所从来,便是"学焉而得其习之所近",慎勿误为六艺本体之失。此须料简明白。

《汉志》:"诸子十家,其可观者九家。"其实九家之中,举其要者,不过五家,儒、墨、名、法、道是已。出于王官之说,不可依据,今所不用。(《学记》:"师严然后道尊,道尊然后民知敬学。是故君之所不臣于其臣者二:当其为尸,则弗臣也;当其为师,则弗臣也。太学之礼,虽诏于天子,无北面,所以尊师也。"此明官、师有别,师之所诏并非官之所守也。《周礼》司徒之官有"师氏掌以媺诏王",

马一浮

舊夢空尋海上桑
伊人不見露為霜
四山秋氣催黃落
百感衰年入淡忘
試酌中泠諳水味
獨居遙夜羨天光
道來一事偏縈抱
未肯新詩寄草堂
丁亥八月蠲叟

马一浮书法

"保氏掌谏王恶"。凡"王举则从,听治亦如之"。师氏"使其属率四夷之隶,各以其兵服守王之门外,且跸"。保氏"使其属守王闱"。此如后世侍从之官。郑注《冢宰》"以九两系邦国之民","师以贤得民","儒以道得民",乃以诸侯之师氏、保氏当之,变保为儒,此实于义乖舛,不可从。《论语》:"温故而知新,可以为师矣。"又语子夏:"汝为君子儒,毋为小人儒。"此所言师、儒,岂可以官目之邪?《七略》旧文某家者流出于某官,亦以其言有关政治,换言之,犹曰某家者可使为某官。如"雍也,可使南面"云尔,岂谓如书吏之抱档案邪?如谓道家出于史官,今《老子》五千是否周之国史?墨家出于清庙之守,今墨书所言并非笾豆之事。此最易明。吾乡章实斋作《文史通义》,创为"六经皆史"之说,以六经皆先王政典,守在王官,古无私家著述之例,遂以孔子之业并属周公,不知孔子"祖述尧、舜,宪章文、武",乃以其道言之。若政典,则三王不同礼,五帝不同乐,且孔子称《诏》《武》,则明有抑扬,论十世,则知其损益,并不专主于"从周"也。信如章氏之说,则孔子未尝为太卜,不得系《易》;未尝为鲁史,亦不得修《春秋》矣。《十翼》之文,广大悉备,太卜专掌卜筮,岂是以知之;笔削之旨,游、夏莫赞,亦断非鲁史所能与也。"以吏为师",秦之弊法,章氏必为回护,以为三代之遗,是诚何心!今人言思想自由,犹为合理。秦法"以古非今者族",乃是极端遏制自由思想,极为无道,亦是至愚。经济可以统制,思想云何由汝统制?曾谓三王之治世而有统制思想之事邪?惟《庄子·天下篇》则云:"古之道术有在于是者,某某闻其风而说之。"乃是思想自由自然之果。所言"道德不一,天下多得一察焉以自好","各为其所欲以自为方","道术将为天下裂",乃以"不该不遍"为病,故庄立道术、方术二名。[非如后世言方术当方伎也。]是以道术为该遍之称,而方术则为一家之学。谓方术出于道术,胜于九流出于王官之说多矣。与其信刘歆,不如信庄子。实斋之论甚卑而专,固亦与公羊家孔子改制之说同一谬误。且《汉志》出于王官之说,但指九家,其叙六艺,本无此言,实斋乃以六艺亦为王官所守,并非刘歆之意也。略为辨正于此,学者当知。)不通六艺,不名为儒,此不待言。墨家统于《礼》,名、法亦统于《礼》,道家统于《易》。判其得失,分为四句:一,得多失多。二,得多失少。三,得少失多。四,得少失少。例如道家体大,观变最深,故老子得于《易》为多,而流为阴谋,其失亦多,"《易》之失贼"也。(贼训害。)庄子《齐物》,好为无端厓之辞,以天下不可与庄语。得于《乐》之意为多,而不免流荡,亦是得多失多,"《乐》之失奢"也。(奢是侈大之意。)墨子虽非乐,而《兼爱》《尚同》实出于《乐》,《节用》《尊天》《明鬼》出于《礼》,而《短丧》又与《礼》悖。墨经难读,又兼名家亦出于《礼》,如墨子之于《礼》《乐》,是得少失多也。法家往往兼道家言,如《管子》,《汉志》本在道家,韩非亦有《解老》《喻老》,自托于道。其于《礼》与《易》,亦是得少失多。余如惠施、公孙龙子之流,虽极其辩,无益于道,可谓得少失少。其得多失少者,独有荀卿。荀本儒家,身通六艺,而言"性恶""法后王"是其失也。若诬与乱之失,纵横家兼而有之,然其谈王伯皆游辞,实无所得,故不足判。杂家亦是得少失少。农家与阴阳家虽出于《礼》与《易》,末流益卑陋,无足判。观于五家之得失,可知其学皆统于六艺,而诸子学之名可不立也。

乙、六艺统四部。

何以言六艺统四部?今经部立十三经、四书,而以小学附之,本为未允。六经唯《易》《诗》《春秋》是完书;《尚书》今文不完,古文是依托;《仪礼》仅存士礼;《周礼》亦缺冬官;《乐》经本无其书,《礼记》是传，不当遗大戴而独取小戴；《左氏》《公》《谷》三传亦不得名经；《尔雅》是释群经名物；唯《孝经》独专经名，其文与《礼记》诸篇相类；《论语》出孔门弟子所记；《孟子》本与《荀子》同列儒家，与二戴所采曾子、子思子、公孙尼子七十子后学之书同科，应在诸子之列，但以其言最醇，故以之配《论语》。然曾子、子思子、公孙尼子之言亦醇，何以不得与《孟子》并？（二戴所记曾子语独多，后人曾辑为《曾子》十篇。《中庸》出子思子，《乐记》出公孙尼子，并见《礼记》正义、可信。然《礼记》所采七十子后学之书多醇。《大学》不必定为曾子之遗书，必七十子后学所记则无疑也。二戴兼采秦、汉博士之说，则不尽醇。此须料简。）今定经部之书为宗经论、释经论二部，皆统于经，则秩然矣。（宗经、释经区分，本义学家判佛书名目，然此土与彼土著述大体实相通，此亦门庭施设，自然成此二例，非是强为差排，诸生勿疑为创见。孔子说而系《易》，《十翼》之文，便开此二例，《彖》《象》《文言》《说卦》是释经，《系传》《序卦》《杂卦》是宗经。寻绎可见。）六艺之旨，散在《论语》而总在《孝经》，是为宗经论。《孟子》及二戴所采曾子、子思子、公孙尼子诸篇，同为宗经论。《仪礼·丧服传》子夏所作，是为释经论。三传及《尔雅》亦同为释经论。《礼记》不尽是传，有宗有释。《说文》附于《尔雅》，本保氏教国子亦六书之遗。如是则经学、小学之名可不立也。诸子统于六艺，已见前文。

其次言史。司马迁作《史记》，自附于《春秋》，《班志》因之。纪传虽由史公所创，实兼用编年之法；多录诏令奏议，则亦《尚书》之遗意。诸志特详典制，则出于《礼》，如《地理志》祖《禹贡》，《职官志》祖《周官》，准此可推。纪事本末则左氏之遗则也。史学巨制，莫如《通典》《通志》《通考》，世称“三通”，然当并《通鉴》计之为四通。编年记事出于《春秋》，多存论议出于《尚书》，记典制者出于《礼》。判其失亦有三：曰诬，曰烦，曰乱。知此，则知诸史悉统于《书》《礼》《春秋》，而史学之名可不立也。

其次言集部。文章体制流别虽繁，皆统于《诗》《书》。《汉志》犹知此意，故单出"诗赋略"，便已摄尽。六朝以有韵为文，无韵为笔，后世复分骈散，并弇陋之见。"《诗》以道志，《书》以道事"，文章虽极其变，不出此二门。志有浅深，故言有粗妙；事有得失，故言有纯驳。思知言不可不知人，知人又当论其世，故观文章之正变而治乱之情可见矣。今言文学，统于《诗》者为多。《诗·大序》曰："治世之音安以乐，其政和；乱世之音怨以怒，其政乖；亡国之音哀以思，其民困。"三句便将一切文学判尽。《论语》曰："诵《诗》三百，授之以政，不达"，"虽多，亦奚以为？"可见《诗》教通于政事。"《书》以道事"，《书》教即政事也，故知《诗》教通于《书》教。《诗》教本仁，《书》教本知。古者教《诗》于南学，教《书》于北学，即表仁知也。《乡饮酒义》曰："向仁""背藏"，"左圣""右义"。藏即是知。（"知以藏往"，故知是藏义。）教《乐》于东学，表圣；教《礼》于西学，表义。故知、仁、圣、义，即是《诗》《书》《礼》《乐》四教也。前以六艺流失判诸子，独遗《诗》教。"《诗》之失愚"，唯屈原、杜甫足以当之，所谓"古之愚也直"。六失之中，唯失于愚者不害为仁，故《诗》教之失最少。后世修辞不立其诚，浮伪夸饰，不本于中心之恻怛，是谓"今之愚也诈"。以此判古今文学，则取舍可知矣。两汉文章近质，辞赋虽沉博极丽，多以讽喻为主，其得于《诗》《书》者最多，故后世莫能及。唐以后，集部之书充栋，其可存者，一代不过数人。至其流变，不可胜言，今不具讲。但直抉根原，欲使诸生知其体要咸统于《诗》《书》，如是则知一切文学皆《诗》教、《书》教之遗，而集部之名可不立也。

上来所判，言虽简略，欲使诸生于国学得一明白概念，知六艺总摄一切学术，然后可以讲求。譬如行路，须先有定向，知所向后，循而行之，乃有归趣。不然则博而寡要，劳而少功，泛泛寻求，真是若涉大海，茫无津涯。吾见有人终身读书，博闻强记而不得要领，绝无受用，只成得一个书库，不能知类通达。如是又何益哉？复次当知讲明六艺不是空言，须求实践。今人日常生活，只是汩没在习气中，不知自己性分内本自具足一切义理。故六艺之教，不是圣人安排出来，实是性分中本具之理。《记》曰："天尊地卑，万物散殊。而礼制行矣；流而不息。合同而化，而乐兴焉。""礼者，天地之序。""乐者，天地之和。"故曰："礼乐不可斯须去身。""仁者见之谓之仁，知者见之谓之知，百姓日用而不知。"自性本具仁智，由不见，故日用不知，溺于所习，流为不仁不知。《礼》《乐》本自粲然，不可须臾离，由于不肯率由，遂至无序不和。今人亦知人类须求合理的生活，亦曰正常生活，须知六艺之教即是人类合理的正常生活，不是偏重考古，徒资言说而于实际生活相远的事。今所举者，真是大辂椎轮，简略而又简略，然祭海先河，言语之序，亦不得不如此。

（选自马一浮《泰和宜山会语》，辽宁教育出版社，1998 年）

闻一多

什么是儒家

——中国士大夫研究之一

闻一多

本篇系1944年,闻一多在西南文化研究会上的讲演辞。

"无论在任何国家,"伊里奇在他的《国家论》里说,"数千年间全人类社会的发展,把这发展的一般的合法则性,规则性,继起性,这样地指示给我们了:即是,最初是无阶级社会——贵族不存在的太古的,家长制的,原始的社会;其次是以奴隶制为基础的社会,奴隶占有者的社会。……奴隶占有者和奴隶是最初的阶级分裂。前一集团不仅占有生产手段——土地,工具(虽然工具在那时是幼稚的),而且还占有了人类。这一集团称为奴隶占有者,而提供劳动于他人的那些劳苦的人们便称为奴隶。"中国社会自文明初发出曙光,即约当商盘庚时起,便进入了奴隶制度的阶段,这个制度渐次发展,在西周达到它的全盛期,到春秋中叶便成强弩之末了,所以我们可以概括地说,从盘庚到孔子,是我们历史上的奴隶社会期。但就在孔子面前,历史已经在剧烈地变革着,转向到另一个时代,孔子一派人大声疾呼,企图阻止这一变革,然而无效。历史仍旧进行着,直至秦汉统一,变革的过程完毕了,这才需要暂时休息一下。趁着这个当儿,孔子的后学们,以董仲舒为代表,便将孔子的理想,略加修正,居然给实现了。在长时期变革过程的疲惫后,这是一帖理想的安眠药,因为这安眠药的魔力,中国社会便一觉睡了两千年,直到孙中山先生才醒转一次。孔子的理想既是恢复奴隶社会的秩序，而董仲舒是将这理想略加修正后，正式实现了，那么，中国社会，从董仲舒到中山先生这段悠长的期间，便无妨称为一个变相的奴隶社会。

董仲舒的安眠药何以有这大的魔力呢？要回答这问题，还得从头说起。相传殷周的兴亡是仁暴之差的结果，这所谓仁与暴分明代表着两种不同的奴隶管理政策。大概殷人对于奴隶榨取过度，以至奴隶们“离心离德”而造成“前途倒戈”的后果，反之，周人的榨取比较温和，所以能一方面赢得自己奴隶的“同心同德”，一方面又能给太公以施行“阴谋”的机会，教对方的奴隶叛变他们自己的主人。仁与暴是漂亮的名词，实际只是管理奴隶的方法有的高明点儿，有的笨点儿罢了。周人还有个高明的地方，那便是让胜国的贵族管理胜国的奴隶。《左传》定四年说“周公相王室，分鲁公以……殷民六族……使帅其宗氏，辑其分族，将其类丑，……使之职事于鲁，……分之土田陪敦（附庸，即仆庸），祝宗卜史，备物典策，官司彝器。……分康叔以……殷民七族。……”这些殷民六族与七族便是胜国投降的贵族，那些“备物典策，官司彝器”的“祝宗卜史”便是后来所谓“儒士”——寄食于贵族的智识分子。让贵族和智识分子分掌政教，共同管理自己的奴隶（附庸），这对奴隶们和奴隶占有者（周人）双方都有利的，因为以居间的方式他们可以缓和主奴间的矛盾，他们实在做了当时社会机构中的一种缓冲阶层。后来胜国贵族们渐趋没落，而儒士们因有特殊智识和技能，日渐发展成一种宗教文化的行帮企业，兼理着下级行政干部的事务，于是缓冲阶层便为儒士们所独占了。（当然也有一部分没落的胜国贵族，改业为儒，加入行帮的。）

明白了这种历史背景，我们就可以明白儒家的中心思想。因为儒家是一个居于矛盾的两极之间的缓冲阶层的后备军，所以他们最忌矛盾的统一，矛盾统一了，没有主奴之分，便没有缓冲阶层存在的余地。他们也不能偏袒某一方面，偏袒了一方，使一方太强，有压倒对方的能力，缓冲者也无事可做。所谓“君子和而不同”，便是要使上下在势均力敌的局面中和平相处，而切忌“同”于某一方面，以致动摇均势，因为动摇了均势，便动摇自己的地位啊！儒家之所以不能不讲中庸之道，正因他是站在中间的一种人。中庸之道，对上说，爱惜奴隶，便是爱惜自己的生产工具，也便是爱惜自己，所以是有利的；对下说，反正奴隶是做定了，苦也就吃定了，只要能吃少点苦就是幸福，所以也是有利的。然而中庸之道，最有利的，恐怕还是那站在中间，两边玩弄，两边镇压，两边劝谕，做人又做鬼的人吧！孔子之所以宪章文武，尤其梦想周公，无非是初期统治阶级的奴隶管理政策，符合了缓冲阶层的利益，所谓道统者，还是有其社会经济意义的。

可是切莫误会，中庸绝不是公平。公平是从是非观点出发的，而中庸只是在利害上打算盘。主奴之间还讲什么是非呢？如果是要追究是非，势必牵涉到奴隶制度的木身，如果这制度本身发生了问题，哪里还有什么缓冲阶层呢？显然的，是非问题是和儒家的社会地位根本相抵触的。他只能一面主张“成事不说，遂事不谏，既往不咎”，一面用正名（君君臣臣，父父子子）的理论，维持现有的秩序（既成事实），然后再苦口婆心地劝两面息事宁人，马马虎虎，得过且过。我疑心“中庸”之庸字也就是“附庸”之庸字，换言之，“中庸”便是中层或中间之佣。自身既也是一种佣役（奴隶），天下哪有奴隶支配主人的道理？所以缓冲阶层的真正任务，也不过是恳求主子刀下留情，劝令奴才忍重负辱，“执中无权，犹执一也”，天秤上的码子老是向重的一头移动着，其结果，“中庸”恰恰是“不中庸”。可不是吗？“爵禄可辞也，白刃可蹈也，中庸不可能也！”果然你辞了爵禄，蹈了白刃，那于主人更方便（因为把劝架的人解决了，奴才失去了掩蔽，主人可以更自由地下毒手），何况爵禄并不容易辞，白刃更不容易蹈呢？实际上缓冲阶层还是做了帮凶，“季氏富于周公，而求也为之聚敛而附益之”，冉求的作风实在是缓冲阶层的唯一出路。孔子喝令“小子鸣鼓而攻之！”是冤枉了冉求，因为孔子自己也是“三月无君则皇皇如也”的，冉求又怎能饿着肚子不吃饭呢？

但是，有了一个建筑在奴隶生产关系上的社会，季氏便必然要富于周公，冉求也必然要为之聚敛，这是历史发展的一定的法则。这法则的意义是什么呢？恰恰是奴隶社会的发展促成了奴隶社会的崩溃。缓冲阶层既依存于奴隶社会，那么冉求之辈的替主人聚敛，也就等于替缓冲阶层自掘坟墓。所以毕竟是孔子有远见，“留得青山在，不怕没柴烧”，冉求是自己给自己毁坏青山啊！然而即令是孔子的远见也没有挽回历史。这是命运的作剧吧？做了缓冲阶层，其势不能不帮助上头聚敛，不聚敛，阶层的地位便无法保持，但是聚敛得来使整个奴隶社会的机构都要垮台，还谈得到什么缓冲阶层呢？所以孔子的呼吁如果有效，青山不过是晚坏一天，自己便多烧一天的柴。如果无效，青山便坏得更早点，自己烧柴的日子也就更有限了，孔子的见地远是远点，但比起冉求，也不过是“以百步笑五十步”而已。结果，历史大概是沿着冉求的路线走的，连比较远见的路线都不曾蒙它采纳，于是春秋便以高速度的发展转入了战国，儒家的理想，非等到董仲舒是不能死灰复燃的。

话又说回来了，儒家思想虽然必须等到另一时代，客观条件成熟，才能复活，但它本身也得有其可能复活的主观条件，才能真正复活，否则便有千百个董仲舒，恐怕也是枉然。儒家思想，正如上文所说，是奴隶社会的产物，而它本身又是拥护奴隶社会的。我们都知道，奴隶社会是历史必须通过的阶段（它本身是社会进步的果，也是促使社会进步的因）。既然必须通过，当然最好是能过得平稳点，舒服点。文武周公所安排的，孔子所表彰的奴隶社会，因为有了那缓和的榨取政策，和为执行这政策而设的缓冲阶层，它确乎是一比较舒服的社会，因为舒服，所以自从董仲舒把它恢复了，二千年的历史便在它的怀抱中睡着了。

诚然，董仲舒的儒家不是孔子的儒家，而董仲舒以后的儒家也不是董仲舒的儒家，但其为儒家则一，换言之，他们的中心思想是一贯的。二千年来士大夫没有不读儒家经典的，在思想上，他们多多少少都是儒家，因此，我们了解了儒家，便了解了中国士大夫的意识观念。如上文所说，儒家思想是奴隶社会的产物，然则中国士大夫的意识观念是什么，也就值得深长思之了！

（原载《民主周刊》第 1 卷第 5 期，1945 年 1 月 13 日）

朱自清

怎样学习国文

朱自清

朱自清(1898—1948),散文家、学者。本篇系1944年朱自清在昆明中法中学的讲演辞,段联瑗笔记。

国文这科,在学校里是一种重要的功课,与英、算居同等的地位。可是现在呢?国文只是名义上的重要了,其主要的原因:就是一般学生存着错误的观念,以为我们是中国人,学中国文,当然是容易的,于是多半对这门功课不很用功。无论白话文也罢,文言文也罢,在学习的时候,往往词不达意的地方很多,这就是没有对国文这科下过一番功夫的缘故。

最近的舆论,以为中学生的国文程度很低落,这种低落,指的是哪方面?所谓低落,若是在文言文这方面,确实是比较低落,尤其是近十余年来,中学生学做文言,许多地方真是不通。读文言的能力也不够。但从做白话文这方面来说,一般的标准是大大地进步了,对于写景、抒情的能力,尤其非常的可观。可是除此而外,以白话写议论文及应用文的能力,却非常的落后。

中学生对于"读"的功夫是太差了,现在把"读"的意义,简单地说一说。"读"这方面,它是包含着了解的程度及欣赏的程度。就像看一张图画,你觉得它确实太好了,但问你好到什么境地,那么得由你自己去体会,从体会的能力,就见出欣赏的深浅。

古人作一篇文章,他是有了浓厚的感情,发自他的胸腑,才用文字表现出来的。在文字里隐藏着他的灵魂,使旁人读了能够与作者共感共鸣。我们现在读文言，是因为时间远隔，古今语法不同，语汇差别很大，你能否从文字中体会古人的感情呢，这需要训练，需要用心，慢慢地去揣摩古人的心怀，然后才发现其中的奥蕴，这就是一般人觉得文言文了解的程度，比白话文实在是难的地方。

再进一步，可以说，白话与文言固然不同，白话与口语，又何尝一致呢？在五四运动的时候，有人提出口号："文语一致。"这只是理想而已。"文"是许多字句组织起来的，"语"则不然，说话的时候，有声调、快慢、动作等因素来帮助它，可以随便地说，只要使对方的人能够了解。总之，"语"确实是比"文"容易。

文言文，大学生与中学生都不大喜欢读的，大半因为文言文中的词汇不容易了解，譬如文言文中的"吾谁欺?"在白话文中是"我欺负哪一个?"的意思。如果你不了解古代文法，也许会想到别的意义上去，然而只要多读它几遍，多体会一下，了解的程度就不同；所以"读"的功夫，我是以为非常重要的。

我们之所以对于典籍冷淡，另一方面，是因为它里面的事实，与我们现在不同。电影汽车飞机等类，在古代书籍中就见不到。反之，古代许多事物在我们现在也无从看到，譬如官制、礼节、服装，等等，必须考据才能知道，这都阻碍我们阅读的兴趣。然而，只要用心，是没有什么困难不可以克服的。

生在民国的人们，学作文章，便不须要像作古文那样费很大的力量，只要你多读近代的作品，欣赏过近代的文学作品，博览过近代的翻译书籍、文学名著，那么，你写的文章，也可以很通顺，这是不用举例证明的。文言文中的应用文，再过二十年，必定也要达到被废弃的境地，因为白话文的势力，渐渐地侵入往来的公文中、交际的信函中了。

由于文言文在日常应用上渐渐地失去效用，我们对于过去用文言文写的典籍，便漠不关心，这是错误的思想。因为我们过去的典籍，我们阅读它，研究它，可以得到古代的学术思想，了解古代的生活状况，这便是中国人对于中国历史认识的任务，你多读文言，多研究历史、典籍、古文，这阅读工作的本身就是值得尊重的！

读文言最难的一步工作，是须要查字典，找考证，死记忆，有一种人图省事，对这步工作疏忽，囫囵吞枣地读下去，还自号"不求甚解"，这种态度，太错误了。假若我们模仿陶渊明的"好读书，不求甚解"的态度，那是有害无益的。他的不求甚解，是因为学问已经很渊博了，隐居时才自称"不求甚解"的，这句话含着他的人生观，青年人是万万不能从表面去仿效的。如果你以为他的不求甚解，就是马虎过去的意思，那么你非但没有了解"不求甚解"这句话的意义，对于你所读的书，就更无从了解。

碰见文言中不懂的词汇，除了请教国文老师而外，必须自己去查字典，以求"甚解"。如文言中的"驰骋文场"这成语，有一个人译到外国去是"人在书堆里跑马"的意思，这岂不是笑话吗？又如"巨擘"，原意是指拇指叫作巨擘，而它普通的意义是用来表扬"第一等"或"刮刮叫"等意义的赞语，这些地方就得留神，才不会出错。再举一例：

白日依山尽，黄河入海流。欲穷千里目，更上一层楼。

它在辞句上直接表示的意境已非常优美，但这首诗更说出另一种道理，它暗示人生，必须往高处走。所以我们读这首诗的时候，最要紧的是要懂得"言外之意"。又如下例：

铜炉在向往深山的矿苗，瓷壶在向往江边的陶泥……

这两句新诗，它的含意似乎更深了，有些人不解，但如果读了全文，便知道是非常容易明白的话。由此可见，诗里含着高尚的感情，要你多欣赏，多诵读，必能了解得更深刻。

此外关于了解文章的组织，也是必须的，须得把每篇文章做大纲，研究它怎样发展出来，中心在哪里，还要注意它表面的次序，这种功夫，须得从现在就养成习惯，训练这种精神。

最后，我要告诉大家的，是关于写作方面，那你必须了解“创作”与“写作”的性质是不同的。自五四运动以后，许多人都希望成为一个作家，可是在今天，我们所能看见成功了的，出名的，确是寥寥无几。推究失败的原因，是到处滥用文学的感情和用语，时时借文字发泄感情，文学的成分太多了，不能恰到好处，反而失去文学真正的意义。

来纠正我们这些坏习惯，必须从报章文体学习。而我们更要学写议论文，从小的范围着手，拣与实际生活有密切关系的问题练习写，像关于学校中的伙食问题，你抓住要点，清清楚楚地写出来，即是有条理的文章。新闻事业在今世突飞猛进，发展的速度可以超乎其他文体之上，因为它是简捷而扼要。这种文体，我希望大家能努力去学。与其想成功一个文学家，不如学做一个切切实实的新闻记者。

（原载《国文杂志》第 3 卷第 3 期，1944 年）

第五辑 人生

梁启超

“知不可而为”主义与“为而不有”主义

梁启超

本篇系1921年12月21日，梁启超在北京哲学社的公开讲演辞。

今天的讲题是两句很旧的话：一句是“知其不可而为之”，一句是“为而不有”。现在按照八股的作法，把他分作两股讲。

诸君读我的近二十年来的文章，便知道我自己的人生观是拿两样事情做基础：(一)“责任心”，(二)“兴味”。人生观是个人的，各人有各人的人生观。各人的人生观不必都是对的，不必于人人都合宜。但我想：一个人自己修养自己，总须拈出个见解，靠他来安身立命。我半生来拿“责任心”和“兴味”这两样事情做我生活资粮，我觉得于我很是合宜。

我是感情最富的人，我对于我的感情都不肯压抑，听其尽量发展。发展的结果常常得意外的调和。“责任心”和“兴味”都是偏于感情方面的多，偏于理智方面的很少。

“责任心”强迫把大担子放在肩上是很苦的，“兴味”是很有趣的。二者在表面上恰恰相反，但我常把他调和起来。所以我的生活虽说一方面是很忙乱的，很复杂的；他方面仍是很恬静的，很愉快的。我觉得世上有趣的事多极了；烦闷，痛苦，懊恼，我全没有；人生是可赞美的，可讴歌的，有趣的。我的见解便是(一)孔子说的“知其不可而为之”和(二)老子的“为而不有”。

“知不可而为”主义、“为而不有”主义和近世欧美通行的功利主义根本反对。功利主义对于每做一件事之先必要问:"为什么?"胡适《中国哲学史大纲》上讲墨子的哲学就是要问为什么。"为而不有"主义便爽快地答道:"不为什么。"功利主义对于每做一件事之后必要问:"有什么效果?""知不可而为"主义便答道:"不管他有没有效果。"

今天讲的并不是诋毁功利主义。其实凡是一种主义皆有他的特点,不能以此非彼。从一方面看来,"知不可而为"主义,容易奖励无意识之冲动;"为而不有"主义容易把精力消费于不经济的地方。这两种主义或者是中国物质文明进步之障碍,也未可知。但在人类精神生活上却有绝大的价值,我们应该发明他享用他。

"知不可而为"主义是我们做一件事明白知道他不能得着预料的效果,甚至于一无效果,但认为应该做的便热心做去。换一句话说,就是做事时候把成功与失败的念头都撇开一边,一味埋头埋脑地去做。

这个主义如何能成立呢?依我想:成功与失败本来不过是相对的名词。一般人所说的成功不见得便是成功,一般人所说的失败不见得便是失败,天下事有许多从此一方面看说是成功,从别一方面看也可说是失败;从目前看可说是成功,从将来看也可说是失败。比方乡下人没见过电话,你让他去打电话,他一定以为对墙讲话,是没效果的;其实他方面已经得到电话,生出效果了。再如乡下人看见电报局的人在那里乒乒乓乓地打电报,一定以为很奇怪,没效果的;其实我们从他的手里已经把华盛顿会议的消息得到了。照这样看来,成败既无定形,这"可"与"不可"不同的根本先自不能存在了。孔子说:"我则异于是,无可无不可。"他这句话似乎是很滑头,其实他是看出天下事无绝对的"可"与"不可",即无绝对的成功与失败。别人心目中有“不可”这两个字，孔子却完全没有。“知不可而为”本来是晨门批评孔子的话，映在晨门眼帘上的孔子是“知不可而为”。实际上的孔子是“无可无不可而为”罢了。这是我的第一层的解释。

进一步讲，可以说宇宙间的事绝对没有成功，只有失败。成功这个名词，是表示圆满的观念，失败这个名词，是表示缺陷的观念。圆满就是宇宙进化的终点，到了进化终点，进化便休止；进化休止不消说是连生活都休止了。所以平常所说的成功与失败不过是指人类活动休息的一小段落。比方我今天讲演完了，就算是我的成功；你们听完了，就算是你们的成功。

到底宇宙有圆满之期没有，到底进化有终止的一天没有？这仍是人类生活的大悬案，这场官司从来没有解决，因为没有这类的裁判官。据孔子的眼光看来，这是六合以外的事应该“存而不论”。此种问题和“上帝之有无”是一样不容易解决的。我们不是超人，所以不能解决超人的问题。人不能自举其身，我们又何能拿人生以外的问题来解决人生的问题？人生是宇宙的小段片，孔子不讲超人的人生，只从小段片里讲人生。人类在这条无穷无尽的进化长途中，正在发脚蹒跚而行；自有历史以来，不过在这条路上走了一点，比到宇宙圆满时候，还不知差几万万年哩！现在我们走的只是像体操教员刚叫了一声“开步走！”就想要得到多少万万年后的成功，岂非梦想？所以谈成功的人不是骗别人，简直是骗自己！

就事业上讲，说什么周公致太平，说什么秦始皇统一天下，说什么释迦牟尼普渡众生。现在我们看看周公所致的太平到底在哪里？大家说是周公的成功，其实是他的失败。“六王毕，四海一”这是说秦始皇统一天下了，但仔细看看，他所统一的到底在哪里？并不是说他传二世而亡,他的一分家当完了,就算失败。只看从他以后,便有楚汉之争,三国分裂,五胡乱华,唐之藩镇,宋之辽金,就现在说,又有督军之割据,他的统一之功算成了吗?至于释迦牟尼,不但说没普渡了众生,就是当时的印度人,也未全被他普渡。所以世人所说的一般大成功家,实在都是一般大失败家。再就学问上讲,牛顿发明引力,人人都说是科学上的大成功,但自爱斯坦之相对论出,而牛顿转为失败,其实牛顿本没成功,不过我们没有见到就是了。近两年来欧美学界颂扬爱斯坦成功之快之大,无比矣!我们没学问,不配批评,只配跟着讴歌,跟着崇拜!但照牛顿的例看来,他也算是失败。所以无论就学问上讲就事实上讲,总一句话说:只有失败的没有成功的。

人在无边的"宇"(空间)中,只是微尘,不断的"宙"(时间)中,只是段片。一个人无论能力多大,总有做不完的事,做不完的便留交后人。这好像一人忙极了,有许多事做不完,只好说"托别人做吧!"一人想包做一切事,是不可能的,不过从全体中抽出几万万分之一点做做而已。但这如何能算是成功?若就时间论,一人所做的一段片,正如"抽刀断水水更流",也不得叫作成功。

孔子说"死而后已",这个人死了那个人来继续。所以说继继绳绳,始能成大的路程。天下事无不可,天下事无成功。

然而人生这件事却奇怪得很:在无量数年中,无量数人,所做的无量数事,个个都是不可,个个都是失败,照数学上零加零仍等于零的规律讲,合起来应该是个大失败,但许多的"不可"加起来却是一个"可",许多的"失败"加起来却是一个"大成功"。这样看来也可说是上帝生人就是教人作失败事的,你想不失败吗?那除非不做事。但我们的生活便是事,起居饮食也是事,言谈思虑也是事，我们能到不做事的地步吗？要想不做事，除非不做人。佛劝人不做事，便是劝人不做人。如果不能不做人，非做事不可。这样看来普天下事都是“不可而为”的事，普天下人都是“不可而为”的人。不过孔子是“知不可而为”，一般人是“不知不可而为”罢了。

“不知不可而为”的人，遇事总要计算计算某事可成功，某事必失败；可成功的便去做，必失败的便躲避。自以为算盘打对了，其实全是自己骗自己，计算的总结与事实绝对不能相应。成败必至事后始能下判断的。若事前横计算竖计算，反减少人做事的勇气。在他挑选趋避的时候，十件事至少有八件事因为怕失败，不去做了。

算盘打得精密的人，看着要失败的事都不敢做，而为势所迫，又不能不勉强去做，故常说“要失败啦！我本来不愿意做，不得已啦！”他有无限的忧疑，无限的惊恐，终日生活在摇荡苦恼里。

算盘打得不精密的人，认为某件事要成功，所以在短时间内欢喜鼓舞地做去，到了半路上忽然发见他的成功希望是空的，或者做到结尾，不能成功的真相已经完全暴露，于是千万种烦恼悲哀都凑上来了。精密的人不敢做，不想做，而又不能不做，结果固然不好；但不精密的人，起初喜欢去做，继后失败了灰心丧气地不做，比前一类人更糟些。

人生在世界是混混沌沌的，从这种境界里过数十年，那末，生活便只有可悲更无可乐。我们对于“人生”真可以诅咒。为什么人来世上作消耗面包的机器呢？若是怕没人吃面包，何不留以待虫类呢？这样的人生可真没一点价值了。

“知不可而为”的人怎样呢？头一层：他预料的便是失败；他的预算册子上件件都先把“失败”两个字摆在当头，用不着什么计算不计算，拣择不拣择。所以孔子一生一世只是："毋意！毋必！毋固！毋我！""意"是事前猜度，"必"是先定其成败，"固"是先有成见，"我"是为我。孔子的意思就是说人不该猜度，不该先定事之成败，不该先有成见，不该为着自己。

第二层：我们既做了人，做了人既然不能不生活，所以不管生活是段片也罢，是微尘也罢，只要在这微尘生活段片生活里，认为应该做的，便大踏步地去做，不必打算，不必犹豫。

孔子说："无适也，无莫也，义之与比。"又说："鸟兽不可与同群，吾非斯人之徒欤而谁欤？天下有道丘不与易也。"这是绝对自由的生活。假设一个人常常打算何事应做，何事不应做，他本来想到街上散步，但一念及汽车撞死人，便不敢散步，他看见飞机很好，也想坐一坐，但一念及飞机摔死人，便不敢坐，这类人是自己禁住自己的自由了。要是外人剥夺自己的自由，自己还可以恢复，要是自己禁住自己的自由，可就不容易恢复了。"知不可而为"主义是使人将做事的自由大大地解放，不要作无为之打算，自己捆绑自己。

孔子说："智者不惑，仁者不忧，勇者不惧。"不惑就是明白，不忧就是快活，不惧就是壮健。反过来说，惑也，忧也，惧也，都是很苦的，人若生活于此中，简直是过监狱的生活。

遇事先计划成功与失败，岂不是一世在疑惑之中？遇事先怕失败，一面做，一面愁，岂不是一世在忧愁之中？遇事先问失败了怎么样，岂不是一世在恐惧之中？

"知不可而为"的人，只知有失败，或者可以说他们用的字典里，从没有成功二字。那末，还有什么可惑可忧可惧呢？所以他们常把精神放在安乐的地方。所以一部《论语》，开宗明义便说，"不亦乐乎！”“不亦悦乎！”用白话讲，便是“好呀！”“好呀！”

孔子说：“发愤忘食，乐以忘忧，不知老之将至。”可见他做事是自己喜欢的，并非有何种东西鞭策才做的，所以他不觉胡子已白了，还只管在那里做。他将人生观立在“知不可而为”上，所以事事都变成不亦乐乎，不亦悦乎，这种最高尚最圆满的人生，可以说是从“知不可而为”主义发生出来。我们如果能领会这种见解，即令不可至于乐乎悦乎的境地，至少也可以减去许多“惑”“忧”“惧”，将我们的精神放在安安稳稳的地位上。这样才算有味的生活，这样才值得生活。

第一股做完了，现在做第二股，仍照八股的做法，说几句过渡的话。“为而不有”主义与“知不可而为”主义，可以说是一个主义的两面。“知不可而为”主义可以说是“破妄返真”，“为而不有”主义可以说是“认真去妄”。“知不可而为”主义可使世界从烦闷至清凉，“为而不有”主义可使世界从极平淡上显出灿烂。

“为而不有”这句话，罗素解释得很好。他说人有两种冲动，（一）占有冲动，（二）创造冲动。这句话便是提倡人类的创造冲动的。他这些学说诸君谅已熟闻，不必我多讲了。

“为而不有”的意思是不以所有观念作标准，不因为所有观念始劳动。简单一句话，便是为劳动而劳动。这话与佛教说的“无我我所”相通。

常人每做一事，必要报酬，常把劳动当作利益的交换品，这种交换品只准自己独有，不许他人同有，这就叫做“为而有”。如求得金钱，名誉，因为“有”，才去“为”。有为一身有者，有为一家有者，有为一国有者。在老子眼中看来，无论为一身有，为一家有，为一国有，都算是为而有，都不是劳动的真目的。人生劳动应该不求报酬,你如果问他“为什么而劳动?”他便答道:“不为什么。”再问“不为什么为什么劳动?”他便老老实实说“为劳动而劳动,为生活而生活”。

老子说:“上人为之而无以为。”韩非子给他解释得很好:“生于其心之所不能已,非求其为报也。”简单说来,便是无所为而为。既无所为所以只好说为劳动而劳动,为生活而生活,也可说是劳动的艺术化生活的艺术化。

老子还说:“既以为人己愈有,既以与人己愈多。”这是说我要帮助人,自己却更有,不致损减。我要给人,自己却更多,不致损减。这话也可作为而不有的解释。按实说老子本来没存“有”“无”“多”“少”的观念,不过假定差别相以示常人罢了。

在人类生活中最有势的便是占有性。据一般人的眼光看来,凡是为人的好像己便无。例如楚汉争天下,楚若为汉,楚便无,汉若为楚,汉便无,韩信张良帮汉高祖忙谋皇帝,他们便无。凡是与人的好像己便少,例如我们到瓷器铺子里买瓶子,一个瓶子,他要四元钱,我们只给他三元半,他如果卖了,岂不是少得五角?岂不是既以与人己便少吗?这似乎是和己愈有己愈多的话相反。然自他一方面看来,譬如我今天讲给诸君听,总算与大家了,但我仍旧是有,并没减少。再如教员天天在堂上给大家讲,不特不能减其所有,反可得“教学相长”的益处。至若弹琴,唱歌给人听,也并没损失,且可使弹的唱的更加熟练。文学家,诗人,画家,雕刻家,慈善家,莫不如此。即就打算盘论,帮助人的虽无实利,也可得精神上的愉快。

老子又说:“含德之厚,比于赤子,赤子终日号而不嗄,和之至也。”他的意思就是说成人应该和小孩子一样:小孩子天天在那里哭，小孩子并不知为什么而哭，无端地大哭一场，好像有许多痛心的事，其实并不为什么。成人亦然。问他为什么吃？答为饿。问他为什么饿？答为生理上必然的需要。再问他为什么生理上需要？他便答不出了。所以“为什么”是不能问的，如果事事问为什么，什么事都不能做了。

老子说“无为而无不为”，我们却只记得他的上半截的“无为”，把下半截的“无不为”忘掉了。这的确是大错。他的主义是不为什么，而什么都做了。并不是说什么都不做。要是说什么都不做，那他又何必讲五千言的《道德经》呢？

“知不可而为”主义与“为而不有”主义都是要把人类无聊的计较一扫而空，喜欢做便做，不必瞻前顾后。所以归并起来，可以说这两种主义就是“无所为而为”主义，也可以说是生活的艺术化，把人类计较利害的观念，变为艺术的情感的。

这两种主义的概念，演讲完了。我很希望他发扬光大推之于全世界。但要实行这种主义须在社会组织改革以后。试看在俄国劳农政府之下，“知不可而为”和“为而不有”的人比从前多得多了。

社会之组织未变，社会是所有的社会，要想打破所有的观念，大非易事，因为人生在所有的社会上，受种种的牵掣，倘有人打破所有的观念，他立刻便缺乏生活的供给。比方做教员的，如果不要报酬，便立刻没有买书的费用。然假使有公共图书馆，教员又何必自己买书呢：中国人常喜欢自己建造花园，然而又没有钱，其势不得不用种种不正当的方法去找钱，这还不是由于中国缺少公共花园的缘故吗？假使中国仿照欧美建设许多极好看极精致的公共花园，他们自然不去另造了。所以必须到社会组织改革之后，对于公众有种种供给时，才能实行这种主义。

虽是这样说法，我们一方面希望求得适宜于这种主义的社会，一方面在所处的混浊的社会中，还得把这种主义拿来寄托我们的精神生活，使他站在安慰清凉的地方。我看这种主义恰似青年修养的一副清凉散。我不是拿空话来安慰诸君，也不是勉强去左右诸君，他的作用着实是如此的。

最后我还要对青年进几句忠告。老子说："宠辱不惊。"这句话最关重要。现在的一般青年或为宠而惊，或为辱而惊。然为辱而惊的大家容易知道，为宠而惊的大家却不易知道。或者为宠而惊的比较为辱而惊的人的人格更为低下也说不定。五四以来，社会上对于青年可算是宠极了，然根底浅薄的人，其所受宠的害，恐怕比受辱的害更大吧。有些青年自觉会作几篇文章，便以为满足；其实与欧美比一比，那算得什么学问，徒增了许多虚荣心罢了。他们在报上出风头，不过是为眼前利害所鼓动，为虚荣心所鼓动，别人说成功，他们便自以为成功，岂知天下没成功的事？这些都是被成败利钝的观念所误了。

古人的这两句话，我希望现在的青年在脑子里多转几转，把他当作失败中的鼓舞，烦闷中的清凉，困倦中的兴奋。

（原载《哲学》第 5 期，1922 年 4 月）

象征的人生

李石岑

李石岑(1892—1934),学者。本篇系20世纪20年代初,李石岑在上海美术学校女子美术学校的共同大讲室的讲演辞。

兄弟屡承贵校函邀讲演美术,实在因为琐务太忙,所以今日才得践约,真是非常抱歉,望诸位原谅原谅!今日所讲演的题目,叫作“象征的人生”。本来这个题目是我许久蓄意要发表的,总因没有相当的机会,所以不曾提出。今天在贵校讲演这个题目,似觉得还相宜。现在先讲“象征”二字的意义。

论美术的本质,是不能一致的:有倡导自然之模仿的,有主张理想之表现的,有描写人生的,有趋重象征的,固然各说有各说的见解。但我以为象征说比他说还要彻底。象征可分两种要素说明:一种是直接要素,就是官能的形象;一种是间接要素,就是精神的意义。间接要素,可以分开做两种内容表示:一种是知的内容,一种是情的内容;前者称作知的象征,也可名为表象象征,后者称作情的象征,也可名为情调象征。

知的象征又可细分为简单的知的象征和复杂的知的象征二种。简单的知的象征,可分八类说明:(一)色彩象征,如白表纯洁,黑表悲哀,赤表爱情,绿表希望,青表忠实;(二)音响象征,如高音表纯洁、神圣,低音表恶人、恶魔;(三)数的象征,如三表神,四表世界,七表神和世界;(四)形的象征,如直线表静止,曲线表运动;(五)花的象征,如蔷薇表爱情,樱草表青年,月桂表胜利;(六)动

李石岑的代表作之一

物象征，如鹭表主权，蛇表罪恶，鸠表精灵；（七）器物象征，如镰表死，锚表希望，剑表决断；（八）手科象征，如佛画中的印相，使徒所持物等。这都是借简单外形以表丰富之内容的。再论复杂的知的象征；复杂的知的象征，符号比较地复杂，差不多和内容平行的。譬如讽谕一项，把人类的形状和人事的关系，来表示道德上的格言或认识上的真理。这在艺术上的用例是很多的，所以形象也复杂些，关系不用说更是丰富了。譬如死的象征，在简单的知的象征，是把镰来表示，但在这里，就不得不用骸骨来表示了。德国有个学者叫作维士杰(Vischer)的，因为这种象征的外形很富有刺激性，可以暗示更深的人生一般的问题，他便叫这种象征为高级象征(Das Hochsymbolische)。古今的文字属于这种象征的，可是不少；譬如但丁（Dante）的《神曲》（*Divina Commedia*），莎士比亚(Shakespeare)的《罕漠勒忒》(*Hamlet*，今译作《哈姆雷特》——编者注)，尼采(Nietzcshe)的《查拉图斯脱拉》(*Zarathustra*)，哥德(Goethe，现一般译为歌德——编者注)的《浮士德》(*Faust*)，都可括在这一类的。

情的象征也可分开做两层意思说明。刚才所说知的象征，是把抽象的非感觉的东西做内容，借具体的感觉的东西来表现；现在所要讲的情的象征，乃是以锐敏的神经官能之作用做基础来表现情调(Stimmung or Mood)，日本人称作气氛。近来颓废派(Decadent)艺术，都属于这一类的。我说要分两层意思来讲，是哪两层呢？第一层是神秘的倾向；二十世纪的思想界，差不多都带有神秘的色彩，不仅是哲学文学等带有这种色彩，就是自然科学，也脱不了这种色彩。我们入了神秘的境地，那思想感情，都不像平常可以捉摸的了。要知道现代人的内部生活的深处，都潜伏有这神秘的意味，绝不是赤裸裸的言语可以说得出的，也不是代替言语的种种记录，可以描写得出的，到了这时就不得不靠象征，借象征的手段来暗示种种不可思议不可捉摸的东西，那是再好也没有了。所以有些人说，象征就是神秘的狂歌。近来法国神秘诗人把象征看作介绍物质界和心灵界或有限世界和无限世界相交通的东西，所以文艺的任务，不是考察万象，乃是借万象来暗示神秘无限的世界。第二层是刹那的情调；我们生活的一刹那一刹那间所遇着的种种杂多事象，都伏有一种情。譬如我们听了一种声音，或是看了一种颜色，那时因官能一部分受了刺戟，影响到神经中枢，更波动到全体，不知不觉，就发生了一种情调；那种情调，在人类的真正价值说起来，却是至高无上的。近来的新文艺，最看重这种情调，因为近代人神经过敏，容易应外界刺戟而发生极强的情调，借这种情调，可以探得精神生活的内部。譬如绘画，我们画空中的飞鸟，一连画上许多只，用疾飞如矢的笔画去，其中或者有一只可以得其神肖。从前浪漫派的文学，不满足过去神经迟钝的产物，于是用全力推重感情；近来的颓废派，乃更进一步，以为感情固须推重，然尤不如应刺戟而起之刹那间的情绪，因为我们的世界，并不是恒久存在的东西，乃是一刹那一刹那间的感觉，续续相接而成，这也是象征最高的意义了。

上面把象征的意义约略说明了，现在论到象征和人生的关系。我们人类，总无时无刻不想把我们的生命表现出来，这是受了最近思想界的新提示，益发相信我们自身所负的责任不小。于今哲学界、文学界，大抵把表现生命这件事，看得非常重要。柏格森的"创造进化说"，叔本华的"意志说"，尼采的"超人论"，罗素的"改造之第一义"，萧伯纳的"人与超人"，哪一个不是把表现生命做他学说的骨子？这些话说得稍为隐讳一点；我于今举些浅显的例来说明这段意思。譬如英雄的征服欲，学者的智识欲，小孩子的游戏冲动，诗人的感情激昂，都不外个性表现之内的欲求，不管他是属之灵的方面，或是内的方面，凡是这种个性表现之内的欲求，都可以叫作生命表现。既只图生命表现着，就顾不得什么利害关系，与夫道德上之制裁，过去因袭之束缚，法律之桎梏，以及一切他种外力之阻挠。但事实上却不听其如此，譬如你想吃好东西，偏偏没钱去买，或者一时买不出来；你想着好衣裳，偏偏买不着中意的衣料，或者买了偏又缝得不中意；你想事业上如何发展，偏偏经济上多方掣肘，号称同志的人，又不一定靠得住，可以得他的帮助；你想帮助劳动者做事，好叫大家过些平民生活，偏偏资本家要来捣乱，他只一举手一投足，把你这些真正劳动家，收服个干净；你想图世界和平，偏偏有些强者，他反要倡军国主义，有了他一个军国主义，倒引起了许多军国主义。且不要说远了，就是我们想老老实实做个好人，但我们说话做事，不知道多少要迁就他人的意思；或者我心中极不愿意的人，也不能不恭维他两句；或者我心中极不高兴的事，也不能不做两宗。倘若你一切不顾，那么你左右前后的障碍物，可就多了。他们地位虽不见高，力量虽是微弱但他们的办法可是很多，结果不说你是违抗礼教，便说你是干犯法律，或者说你成了众矢之的，做了社会的罪人。你想人生在世，哪一时有真正的自由？哪一时不在苦闷中讨生活？不过我们的苦闷，是从小便蓄积了在胸中，有好些忘却罢了。倘若不忘却，那我们更不知苦闷到什么田地！即或忘却，我们的苦闷，也并不是逃往别处去了，仍然积在我们胸中，积久或许成病。讲到这里，我就不能不借精神病学家佛洛伊德(Freud，现一般译为弗洛伊德——编者注)所举一个有名的例来说一说。有一个患热病的女子,这女子在未患热病以前,颇欣赏她姐姐新结婚的那位男人;后来她姐姐死了,在她意下,何尝不想和那位男人结婚,但是格于事实,只好把这种欲望,严自压抑;积久之后,这种欲望,竟全行忘却,在我们必以为这可平安度日了。岂知这女子后来竟得了一个激烈的热病,这热病如何知道是由恋爱不遂得来的呢?女子受病的时候,受了一番佛洛伊德的诊察,佛洛伊德知道必有一种欲望,落在潜在意识(下意识)里面;于是用精神分析治疗法,把他唤回在显在意识之上。这女子忽然惊醒,把从前的情热和兴奋,都禁不住地表现出来,她的病就从此痊愈了。佛洛伊德以为热病的起源,是由于患病的人,在过去经验中,有了"心的损害";所谓"心的损害",便是上面所说的自己压抑。譬如性欲很热烈的时候,或者怕别人说话,或者受传来教训上的束缚,不得已把它压抑起来;这种压抑,都叫心的损害。这种心的损害,虽已经排出记忆阈之外(忘却),但并不是消失了,乃是落在潜在意识里面。后来这种损害内攻起来,仿佛像液中的渣滓,把这些渣滓,把受病的意识状态惊动起来,或是扰乱起来,所以成了热症。这是佛洛伊德研究的结果。这样看来,我们人类的苦闷,何尝不是这样?我们天天想做些表现生命的事,却事实上偏偏来压抑我们,不让我们尽量表现;但我们想表现的热望和努力,是没有一天减少的,这正是人生最有价值和意义的地方。近来心理学家告诉我们的,我们的潜在意识里面,不只是一些心的损害,也许有些心的补益或是心的慰安。所谓潜在意识,即是绝大意识。但这些损害是靠我们补偿的,这些补益是靠我们增进的,这些慰安是靠我们扩大的,我们怎样去补偿,怎样去增进,怎样去扩大,那就不能不靠象征。我们的潜在意识,乃是一个无底的汪汪海洋;倭伊铿所倡的宇宙的精神生活，就伏在这里面。我们的人生，便是象征这宇宙的精神生活的；上面说过，白是象征纯洁的，黑是象征悲哀的；仿佛白是象征的外形，纯洁便是象征的内容，黑是象征的外形，悲哀便是象征的内容。那么，我们可以说，人生是象征的外形，宇宙的精神生活，是象征的内容。哲学上所讲的“一”便是“多”，就可以比说自我便是宇宙。譬如一滴的水中，便含有大海全体的水，这就容易知道人生是象征这宇宙的精神生活的。还有一层意思，上面曾经说过，象征是介绍物质界和心灵界相交通的东西。我们人类，既具有兽性，也具有神性，也知道我们人生是象征的人生了。更有一层，象征是探得一刹那间一刹那间的情调的东西，换句话说，是探得一刹那间一刹那间的精神生活的东西；而我们人生是续续更新续续向上的，那更可见人生是象征的人生了。又人生无时无刻不被压抑，即无时无刻不在苦闷中讨生活；我们一面在潜在意识中日日增进心的损害，就是增加苦闷；一面在显在意识中日日谋表现生命，和苦闷相奋斗，所以我们的人生是奋斗的，是向上的，是创造的：这就是人生最有价值最有意义的地方了。合上面所述的这些意思，可以知道人生完全是象征的人生。

这题本不易讲明，加以我的意思很杂，一时更难说得明白。好在兄弟一时尚不至离上海，望大家把这题讨论讨论，以便随时彼此商榷，或者于我们的益处不小。

（选自《李石岑讲演集》，广西师范大学出版社，2004 年）

张君劢

人生观

张君劢

张君劢(1887—1969),政治家、学者,现代新儒家的早期代表人物之一。本篇系1923年2月14日,应著名学者吴文藻之邀,张君劢在清华学校所作的讲演辞。意想不到的是,这一次偶然的讲演,不久竟引发了中国学界的"科玄论战"。

诸君平日所学,皆科学也。科学之中,有一定之原理原则,而此原理原则,皆有证据。譬如二加二等于四,三角形中三角之度数之和等于两直角,此数学上之原理原则也。速度等于以时间除距离,故其公式为 $S = d / t$,水之元素为 H_2O,此物理化学上之原则也。诸君久读教科书,必以为天下事皆有公例,皆为因果律所支配。实则使诸君闭目一思,则知大多数之问题,必不若是之明确。而此类问题,并非哲学上高尚之学理,而即在于人生日用之中。甲一说,乙一说,漫无是非真伪之标准。此何物欤?曰,是为人生。同为人生,因彼此观察点不同,而意见各异,故天下古今之最不统一者,莫若人生观。

人生观之中心点,是曰我。与我对待者,则非我也。而此非我之中,有种种区别。就其生育我者言之,则为父母;就其与我为配偶者言之,则为夫妇;就我所属之团体言之,则为社会为国家;就财产支配之方法言之,则有私有财产制共有财产制;就重物质或轻物质言之,则有精神文明与物质文明。凡此问题,东西古今,意见极不一致,绝不如数学或物理化学问题之有一定公式。使表而列之如下:

（一）就我与我之亲族之关系……
- 大家族主义。
- 小家族主义。

（二）就我与异性之关系……
- 男尊女卑。
- 男女平等。
- 自由婚姻。
- 专制婚姻。

（三）就我与我之财产之关系……
- 私有财产制。
- 公有财产制。

（四）就我对于社会制度之激渐态度……
- 守旧主义。
- 维新主义。

（五）就我在内之心灵与在外之物质之关系……
- 物质文明。
- 精神文明。

（六）就我与我所属之全体之关系……
- 个人主义。
- 社会主义(一名互助主义)。

（七）就我与他总体之关系……
- 为我主义。
- 利他主义。

（八）就我对于世界之希望……
- 悲观主义。
- 乐观主义。

（九）就我对于世界背后有无造物主义信仰……
- 有神论。
- 无神论。
- 一神论。
- 多神论。
- 个神论。
- 泛神论。

凡此九项皆以我为中心，或关于我以外之物，或关于我以外之人，东西万国，上下古今，无一定之解决者。则以此类问题，皆关于人生，而人生为活的，故不如死物质之易以一例相绳也。试以人生观与科学作一比较，则人生观之特点，更易见矣。

第一，科学为客观的，人生观为主观的。科学之最大标准，即在其客观的效力。甲如此说，乙如此说，推之丙丁戊己无不如此说。换言之，一种公例，推诸四海而准焉。譬诸英国发明之物理学，同是适用于全世界。德国发明之相对论，同时适用于全世界。故世界只有一种数学，而无所谓中国之数学，英国之数学也；世界只有一种物理学化学，而无所谓英法美中国日本之物理化学也。然科学之中，亦分二项：曰精神科学，曰物质科学。物质科学，如物理化学等；精神科学，如政治学生计学心理学哲学之类。物质科学之客观效力，最为圆满；至于精神科学次之。譬如生计学中之大问题，英国派以自由贸易为利，德国派以保护贸易为利，则双方之是非不易解决矣；心理学上之大问题，甲曰智识起于感觉，乙曰智识以范畴为基础，则双方之是非不易解决矣。然即以精神科学论，就一般现象而求其平均数，则亦未尝无公例可求，故不失为客观的也。若夫人生观则反是：孔子之行健与老子之无为，其所见异焉；孟子之性善与荀子之性恶，其所见异焉；杨朱之为我与墨子之兼爱，其所见异焉；康德之义务观念与边沁之功利主义，其所见异焉；达尔文之生存竞争论与哥罗巴金之互助主义，其所见异焉。凡此诸家之言，是非各执，绝不能施以一种试验，以证甲之是与乙之非。何也？以其为人生观故也，以其为主观的故也。

第二，科学为论理的方法所支配，而人生观则起于直觉。科学之方法有二：一曰演绎的，一曰归纳的。归纳的者，先聚若干种事例而求其公例也。如物理化学生物学所采者，皆此方法也。至于几何学，则以自明之公理为基础，而后一切原则推演而出，所谓演绎的也。科学家之著书，先持一定义，继之以若干基本概念，而后其书乃成为有系统之著作。譬诸以政治学言之，先立国家之定义，继之以主权、权利、义务之基本概念，又继之以政府内阁之执掌。若夫既采君主大权说于先，则不能再采国民主权说于后；既主张社会主义于先，不能主张个人主义于后。何也？为方法所限也，为系统所限也。若夫人生观，或为叔本华、哈德门的悲观主义，或为兰勃尼孳、黑智尔之乐观主义，或为孔子之修身齐家主义，或为释迦之出世主义，或为孔孟之亲疏远近等级分明，或为墨子耶稣之泛爱。若此者，初无论理学之公例以限制之，无所谓定义，无所谓方法，皆其自身良心之所命起而主张之，以为天下后世表率，故曰直觉的也。

第三，科学可以以分析方法下手，而人生观则为综合的。科学关键，厥在分析。以物质言之，昔有七十余种元素之说，今则分析尤为精微，乃知此物质世界不出乎三种元素：曰阴电，曰阳电，曰以太。以心理言之，视神经如何，听神经如何，乃至记忆如何，思想如何，虽各家学说不一，然于此复杂现象中以求其最简单之元素，其方法则一。譬如罗素氏以为心理元素有二：曰感觉，曰意象。至于杜里舒氏，则以为有六类，其说甚长，兹不赘述。要之皆分析精神之表现也。至于人生观，则为综合的，包括一切的，若强为分析，则必失其真义。譬诸释迦之人生观，曰普渡众生。苟求其动机所在，曰，此印度人好冥想之性质为之也；曰，此印度之气候为之也。如此分析，未尝无一种理由，然即此所分析之动机，而断定佛教之内容不过尔尔，则误矣。何也？动机为一事，人生观又为一事。人生观者,全体也,不容于分割中求之也。又如叔本华之人生观,尊男而贱女,并主张一夫多妻之制。有求其动机者,曰,叔本华失恋之结果,乃为此激论也。如此分析,亦未尝无一种理由。然理由为一事,人生观又为一事。人生观之是非,不因其所包含之动机而定。何也?人生观者,全体也,不容于分割中求之也。

第四,科学为因果律所支配,而人生观则为自由意志的。物质现象之第一公例,曰有因必有果。譬诸潮汐与月之关系,则因果为之也。丰歉与水旱之关系,则因果为之也。乃至衣食足则盗贼少,亦因果之也。关于物质全部,无往而非因果之支配。即就身心关系,学者所称为心理的生理学者,如见光而目闭,将坠而身能自保其平衡,亦因果为之也。若夫纯粹之心理现象则反是,而尤以人生观为甚。孔席何以不暇暖,墨突何以不得黔,耶稣何以死于十字架,释迦何以苦身修行:凡此者,皆出于良心之自动,而决非有使之然者也。乃至就一人言之,所谓悔也,改过自新也,责任心也,亦非因果律所能解释,而为之主体者,则在其自身而已。大之如孔墨佛耶,小之如一人之身,皆若是而已。

第五,科学起于对象之相同现象,而人生观起于人格之单一性。科学中有一最大之原则,曰自然界变化现象之统一性。(uniformity of the Course of Nature)。植物之中,有类可言也。动物之中,有类可言也。乃至死物界中,亦有类可言也。既有类,而其变化现象,前后一贯,故科学中乃有公例可求。若夫人类社会中,智愚之分有焉,贤不肖之分有焉,乃至身体健全不健全之分有焉。因此之故,近来心理学家,有所谓智慧测验(Mental Test);社会学家,有所谓犯罪统计。智慧测验者,就学童之智识,而测定其高下之标准也。高者则速其卒业之期,下者则设法以促进之,智愚之别，由此见也。犯罪统计之中所发见之现象，曰冬季则盗贼多，以失业者众也；春夏秋则盗贼少，以农事忙而失业者少也。如是，则国民道德之高下，可窥见也。窃以为此类测验与统计，施之一般群众，固无不可。若夫特别之人物，亦谓由统计或测验而得，则断断不然。哥德(Goethe)之《佛乌斯脱》(*Faust*)，但丁(Dante)之《神曲》(*Divine Comedy*)，莎士比尔(Shakespeare)之剧本，华格那(Wagner)之音乐，虽主张精神分析或智慧测验者，恐亦无法以解释其由来矣。盖人生观者，特殊的也，个性的也，有一而无二者也。见于甲者，不得而求之于乙；见于乙者，不得而求之于丙。故自然界现象之特征，则在其互同；而人类界之特征，则在其各异。唯其各异，吾国旧名词曰先觉，曰豪杰；西方之名曰创造，曰天才，无非表示此人格之特性而已。

就以上所言观之，则人生观之特点所在，曰主观的，曰直觉的，曰综合的，曰自由意志的，曰单一性的，唯其有此五点，故科学无论如何发达，而人生观问题之解决，决非科学所能为力，唯赖诸人类之自身而已。而所谓古今大思想家，即对于此人生观问题，有所贡献者也。譬诸杨朱为我，墨子兼爱，而孔孟则折衷之者也。自孔孟以至宋元明之理学家，侧重内心生活之修养，其结果为精神文明。三百年来之欧洲，侧重以人力支配自然界，故其结果为物质文明。亚丹斯密，个人主义者也；马克思，社会主义者也；叔本华、哈德门，悲观主义者也；柏剌图、黑智尔，乐观主义者也。彼此各执一词，而决无绝对之是与非。然一部长夜漫漫之历史中，其秉烛以导吾人之先路者，独此数人而已。

思潮之变迁，即人生观之变迁也。中国今日，正其时矣。尝有人来询曰，何者为正当之人生观？诸君闻我以上所讲五点，则知此问题,乃亦不能答复之问题焉。盖人生观,既无客观标准,故唯有返求之于已,而决不能以他人之现成之人生观,作为我之人生观者也。人生观虽非制成之品,然有关人生观之问题,可为诸君告者,有以下各项:曰精神与物质,曰男女之爱,曰个人与社会,曰国家与世界。

所谓精神与物质者:科学之为用,专注于向外,其结果则试验室与工厂遍国中也。朝作夕辍,人生如机械然,精神上之慰安所在,则不可得而知也。我国科学未发达,工业尤落人后,故国中有以开纱厂设铁厂创航业公司自任,如张季直、聂云台之流,则国人相率而崇拜之。抑知一国偏重工商,是否为正当之人生观,是否为正当之文化,在欧洲人观之,已成大疑问矣。欧战终后,有结算二三百年之总账者,对于物质文明,不胜务外逐物之感。厌恶之论,已屡见不一见矣。此精神与物质之轻重,不可不注意者一也。

所谓男女之爱者:方今国内,人人争言男女平等,恋爱自由,此对于旧家庭制度之反抗,无可免者也。且既言解放,则男女社交,当然在解放之列。然我以为一人与其自身以外相接触,不论其所接所触者为物为人,要之不免于占有冲动存乎其间,此之谓私,既已言私,则其非为高尚神圣可知。故孟子以男女与饮食并列,诚得其当也。而今之西洋文学,十书中无一书能出男女恋爱之外者,与我国戏剧中,十有七八不以男女恋爱为内容者,正相反对者也。男女恋爱,应否作为人生第一大事,抑更有大于男女恋爱者,此不可不注意者二也。

所谓个人与社会者:重社会而轻个人之发展,重个人则害社会之公益,此古今最不易解决之问题也。世间本无离社会之个人,亦无离个人之社会。故个人社会云者,不过为学问研究之便利计,而乃设此对待名词耳。此问题之所以发生者，在法制与财产之关系上尤重。譬诸教育过于一律，政治取决于多数，则往往特殊人才为群众所压倒矣。生计组织过于集中，则小工业为大工业所压倒，而社会之财富集中于少数人，是重个人而轻社会也。总之，知识发展，应重个人；财产分配，应均诸社会；虽其大原则如是，而内容甚繁，此亦不可不注意者三也。

至于国家主义与世界主义之争：我国向重平和，向爱大同，自无走入偏狭爱国主义之危险，然国中有所谓国货说，有所谓收回权利说，此则二说之是非尚在未决之中，故亦诸君所应注意者也。

方今国中竞言新文化，而文化转移之枢纽，不外乎人生观。吾有吾之文化，西洋有西洋之文化。西洋之有益者如何采之，有害者如何革除之；凡此取舍之间，皆决之于观点。观点定，而后精神上之思潮、物质上之制度，乃可按图而索。此则人生观之关系于文化者所以若是其大也。诸君学于中国，不久即至美洲，将来沟通文化之责即在诸君之双肩上。所以敢望诸君对此问题时时放在心头，不可于一场演说后便尔了事也。

（原载《清华周刊》第 272 期，1923 年）

道德的勇气

罗家伦

罗家伦(1897—1969),教育家、思想家。本篇系1942年罗家伦在重庆中央大学的讲演辞。

要建立新人生观,第一必须养成道德的勇气(Moral courage)。道德的勇气是和通常所谓勇(Bravery)有区别的。通常所谓勇不免偏重体力的勇,或是血气的勇;而道德的勇气,乃是人生精神最好的表现。"匹夫之勇"与"好勇斗狠"的勇,哪能相提并论?

什么是道德的勇气?要知道什么是道德的勇气,就要先知道什么不是道德的勇气。第一,冲动不属于道德的勇气。冲动的行为是感情的,不是理智的;是一时的,不是持久的。他不曾经过周密的考虑,审慎的计划,所以不免"一鼓作气,再而衰,三而竭"。他的表现是暴烈(Violence),暴烈是与坚毅(Tenacity)成反比例的。暴烈愈甚,坚毅愈差。细察社会运动的现象,历历不爽。第二,虚矫也不属于道德的勇气。虚矫的人,绝不能成大事。所谓"举趾高,心不固矣"。我们所要的不是这一套,我们所要的是"临事而惧,好谋而成"。对事非经实在考虑以后,决不轻易接受,而一经接受,就要咬紧牙根,以全力干到底。他所有的勇气,都是经内心锻炼过的力量,以有程序的方式表现出来的。举一例来说明罢。我有一次在美国费勒得菲亚(Philadelphia)城,看一出英国文学家君格瓦特尔(John Drinkwater)的历史名剧,叫作《林肯》("Abraham Lincoln")。当林肯被共和党推为候选大总统的时候,该党代表团

罗家伦

来见他，并且说明因为民主党内部的分裂，共和党的候选人是一定当选的。他听到这个消息，沉默半晌，方才答应。等代表团走了以后，他又一声不响地凝视壁上挂的一幅美国地图。看了许久，他严肃地独自跪在地图前面祈祷。我看完以后，非常感动，回到寄住的人家里，半夜不能睡觉。心里想假如一般中国人听到自己能当选为大总统的消息，岂不要眉飞色舞，立刻去请客开跳舞会吗？中国名剧《牡丹亭》中，写一位教书先生陈最良科举中了，口里念道："先师孔夫子，犹未见周王，老夫陈最良，得见圣天子，岂偶然哉！岂偶然哉！"于是高兴得满地打滚。但是林肯知道可以当选为大总统的时候，就感觉到国家重大的责任落在他双肩上了，这不是一件容易的事，不是一件可快乐的事。凝视国家的地图，继之以跪下来祈祷。这是何等相反的写照！

道德的勇气是要经过长期锻炼才会养成的。但是要养成道德的勇气，必定要有两个先决条件：第一是天性的敦厚，第二是体魄的雄健。就第一个条件说，一个人有无作为，先要看他的天性是否敦厚。不要说看人能否担当国家大事，就是我们结交朋友，也要先认定他天性是敦厚还是凉薄，才可以判断他能不能共患难。凡对自己的亲属都刻薄寡恩的人，是绝不会对于朋友笃厚忠诚的。自然这样的人，也绝不会对于国家特别维护，特别爱戴的。所以古来许多大政治家用人的标准，是宁取笨重，而不取小巧。倒是乡间的农夫，看来虽似愚笨，却很淳朴诚恳，到患难的时候讲朋友。只有那戴尖顶小帽，口齿伶俐，举动漂亮的人，虽然一时讨人欢喜，却除了做"小官僚"，做"洋行小鬼"而外，别无可靠之处。就第二个条件说，则体力与胆量关系，实在密切极了。二者之间，系数极大。体力好的人不一定胆子大；体力差的人，却常常易于胆子小。一遇危难，仓皇失措，往往是体力虚弱，不能支持的结果。《左传》形容郑国的小驷上阵，是“张脉兴奋，阴血周作，进退不可，周旋不能”，所以把战事弄糟了，骑在上面的国王，也就误在这马的身上。马犹如此，人岂不然。我相信胆子是可以练得大的，但是体魄是胆子的基本。担当大事的人可以少得他了吗？

具备这两个先决条件，然后才可以谈到如何修养道德的勇气。修养就是把原来的质素加以有意识的锻炼。孟子所谓“天将降大任于斯人也，必先苦其心志，劳其筋骨，饿其体肤，空乏其身，行拂乱其所为，所以动心忍性，增益其所不能”，正是对于修养工作最好的说明。从这种修养锻炼之中，才可以养成一种至大至刚的“浩然之气”，一种“泰山崩于前而色不沮，黄河决于侧而神不惊”的从容态度；修养到了这个地步，道德的勇气才可以说是完成。但是有什么具体的办法，来从事于这种修养呢？

一、知识的陶熔

真正道德的勇气，是从知识里面产生出来的，因为经过知识的磨炼而产生的道德的勇气，才是有意识的，而不是专恃直觉的。固然“是非之心，人皆有之”，但这还是指本性的、直觉的方面而言。在现代人事复杂的社会里，一定要经过知识的陶熔，才能真正辨别是非，才能树立“知识的深信”（Intellectual conviction）。知识的深信，是一切勇气的来源，唯有经过严格知识的训练的人，才能发为有系统、有计划、有远见的行动。他不是不知道打算盘，只是他把算盘看透了！

二、生活的素养

仅有知识的陶熔还不够，必须更有生活的素养。西洋哲学家把简单的生活和高超的思想（“Simple living and high thinking”）联在一起说，实在很有道理。没有简单的生活，高超的思想是不能充分发挥的。社会上有些坏人，并不是他们自己甘心要坏的，乃是他的生活享受的标准，一时降不下来，以致心有所蔽而行有所亏。那占有欲（Possessive instinct）的作祟，更是一个重大原因。明末李自成破北京的时候，有两个大臣相约殉国。两个人说好了，一个正要辞别回家，这位主人送客出门，客还没有走，就问自己的佣人喂了猪没有。那位客人听了，就长叹一声，断定他这位朋友不会殉国。他的理由是世间岂有猪都舍不得而肯自己殉国之理。后来果然如此。中国还有一个故事，说一个贪官死去，阎王审问他的时候说：“你太贪了，来生罚你变狗。”他求阎王道：“求阎王罚我变母狗，不要变公狗。”阎王说：“你这人真没有出息，罚你变狗你还要变母狗，这是什么道理？”他说：“我是读过《礼记》的。《礼记》上说：‘临财母狗得，临难母狗免，所以我要变母狗。’”原来他把原文的“毋苟”二字读“母狗”，以为既可得财，又可免难。这虽是一个笑话，却是对于“心有所蔽”而不能抑制占有欲者一个最好形容。须知一个人的行动，必须心无所蔽，然后在最后关头，方可发挥他的伟大。这种伟大就是得之于平日生活修养之中的。

三、意志的锻炼

普通的生活是感觉的生活(Life of senses),是属于声色香味的生活,而不是意志的生活(Life of will)。意志的生活,是另一种境界,只有特立独行的人才能过得了的。他有百折不回的意志,坚韧不拔的操行,所以"举世誉之而不加劝,举世毁之而不加沮"。他有"虽千万人吾往矣"的气概,所以悠悠之口,不足以动摇他的信念。他能以最大的决心,去贯彻他的主张。他是"富贵不能淫,贫贱不能移,威武不能屈"的;他不但"不挟长,不挟贵",而在这个年头,更能不挟群众,而且也不为群众所挟。他是坚强的,不是脆弱的。所以他的遭境愈困难,而他的精神愈奋发,意志愈坚强,体力愈充盈,生活愈紧张。凡是脆弱的人,最后都是要失败的。辛亥革命的时候,《民立报》的一位编辑徐血儿,以二十岁左右的青年,作了《七血篇》,慷慨激昂,风动一时。等到二次革命失败,他便以为天下事不可为了,终日花天酒地,吐血而死,成为真正的"血儿"。这就是意志薄弱、缺乏修养的结果。至于曾国藩一生却是一个坚强意志的表现。他辛辛苦苦,接连干了十几年。虽然最初因军事败衄要自杀两次,但是他后来知道困难是不可避免的,唯有以坚强的意志去征服困难,才有办法,所以决不灰心,继续干下去。等到他做到了"韧"的功夫,他才有成就。

四、临危的训练

一个伟大的领袖和他的伟大的人格，只有到临危的时候，才容易表现出来。世界上哪一个伟大的人物，不是经过多少的危险困难，不为所屈，而后能够产生的？俗语说："老和尚成佛，要千修百炼。"修炼的时候，是很苦的。时而水火，时而刀兵，时而美女，一件一件地来逼迫他，引诱他。要他不为所屈，不为所动，而后可以成佛。这种传说，很可以形容一个伟大人物的产生。从前全国人对于委员长蒋先生还不能有深刻的认识，等到西安事变发生，他在极度危险的环境当中，依然保持他的尊严与气度，然后大家才都能真正认识他，信仰他，崇拜他。甚至连反对他的人也都受了感动，不得不对他肃然起敬了。因为在这样九死一生的危险时机，他的伟大的人格和精神，都充分地表现出来。中国人常说："慷慨成仁易，从容就义难。"张睢阳临刑前说："南八，男儿死耳，不为不义屈。"这种临危的精神，是不因为他死而毁灭的。黄梨洲先生在他的补《历代史表序》上有一段文章说："元之亡也，危素趋报恩寺，将入井中。僧大梓云，'国史非公莫知，公死是死国之史也'。素是以不死。后修元史，不闻素有一词之赞。及明之亡，朝之任史事者众矣，顾独藉一万季野以留之，不亦可慨也夫！"这段沉痛的文字，岂仅指危素而言，也同时是为钱谦益辈而发。要知不能临危不变的人，必定是怯者，是懦夫。只有强者才不怕危险，不但不怕危险，而且爱危险，因为在危险当中，才能完成他人格充分的发挥。

中国历史上，有不少伟大的人物，如文天祥、史可法等，是可以积极表现道德的勇气的。十年以前,我和蒋先生闲谈。我说,我们在开国的时候,何必多提倡亡国成仁的人物,和文天祥史可法诸位呢? 蒋先生沉默了一会,他说:“文天祥不可以成败论,其百折不回,从容就义的精神,真是伟大!”我想文天祥的人格、行为,及其留下的教训,现在很有重新认识的必要。他最初不见用于乱世,等到大局不可收拾的时候,才带新兵二万入卫。元朝伯颜丞相兵薄临安,宋朝又逼他做使臣去“讲解”。他以抗争不屈而被拘留。他的随从义士杜浒等设计使他逃出,准备在真州起两淮之兵,又遭心怀疑贰的骄兵悍将所扼,几乎性命不保,逃至扬州,旋逃通州。路遇伏兵,饥饿得不能走了;杜浒等募两个樵夫,把他装在挑土的竹篮中抬出。航海到温州起兵;转到汀州、漳州,经广东梅州而进兵规复江西。汉奸吴浚来说降他,他把吴浚杀了。江西的会昌、雩都、兴国、抚州、吉安,和庐陵的东固镇都有他的战绩。他的声势,一度振于赣北和鄂南。兵败了,妻子都失陷了,他又重新逃回到汀州,再在闽粤之间起兵;又由海丰、南岭打出来,在五坡岭被执。自杀不死,路过庐陵家乡绝食不死;解到燕京,元人起初待以上宾之礼,说降他,以丞相的地位引诱他,他总是不屈,要求元朝杀他。若是不杀他,他逃出来,还是要起兵的。元朝也为这个理由,把他杀了。他在狱中除作了《正气歌》之外,还集杜诗二百首,这是何等的镇静! 何等的从容! 他就刑时候的“孔曰成仁,孟曰取义,惟其义尽,所以仁至。读圣贤书,所学何事? 而今而后,庶几无愧!”几句话,不独留下千秋万世的光芒,也是他一生修养成功的“道德的勇气”的充分表现。他本来生活是很豪华的,经国难举兵以后,一变其生活的故态。他的行为,有两件特别可注意的事。第一是他常是打败仗而决不灰心。当然他是文人,兵又是乌合之众的义兵,打败仗是意想得到的。但是常打胜仗,间有失败而不灰心还容易;常打败仗而还不灰心,实在更困难。这是"知其不可而为之"的精神。第二是他常逃,他逃了好几次;但是他逃了不是去偷生苟活,他逃了还是去举兵抗战的。这种百折不回的精神,是表现什么一种勇气?做事只要是对的,成败有什么关系?"若夫成功则天也",也是他最后引以自慰的一句话。文天祥出来太晚了!文天祥太少了!若是当时人人都能如此,元朝岂能亡宋?所以文天祥不但是志士仁人,而且是民族对外抗战的模范人物!

必须有准备殉国成仁的精神,才能做建国开基的事业!进一步说,若是真有准备殉国成仁的精神,一定能完成建国开基的事业!

"时穷节乃见,一一垂丹青!"

(选自《新人生观》,辽宁教育出版社,1997年)

冯友兰

人生的意义及人生中的境界（甲）

冯友兰

冯友兰(1895—1990)，学者，现代新儒家的早期代表人物之一。本篇系1942年冯友兰在云南省训练团学术演讲会上的讲演辞。

人生有意义吗？对于这个问题，我的回答是“人生是有意义的”，但人生的意义常因个人的见解不同，而各有差异。一件事物的意义，各人所说可以不同，其所说的不同，乃因各人对此事的了解不同，人对于宇宙人生的了解程度可有不同，因此宇宙人生对于人的意义亦有不同。宇宙人生对于人所有的某种不同的意义，即构成人所有底某种境界。

人生中的境界可分为四种：（一）自然境界，（二）功利境界，（三）道德境界，（四）天地境界。现叙述于下。

（一）自然境界：其特征是在此境界中底人，其行为是顺着他的才能或顺着他底习惯与社会风俗去做。既无明了的目的，也不明了所做的各种意义，小孩吃奶和原始人类的“日出而作，日入而息”都是属于自然境界，普通人的境界也是如此。

（二）功利境界：其特征是在此境界中底人，其行为是以追求个人的利益为目的，其与自然境界不同之处是自然境界底人其行为无目的也不明白意义，功利境界的人他的行为确定的目的且能明白它的意义。这两种境界，都是普通一般人所有的。

（三）道德境界：其特征是在此境界中的人，其行为是行义底。所谓义与利，并非各不相关，二者表面相反，实则相需相成。二者的真正分别，应该是求个人之利者为利，求社会之利者为义，亦即程伊川所说："义与利之别，即公与私之别。"道德境界中的人，其所作为皆能为社会谋利益，古今贤人及英雄便是已达到道德境界的。

（四）天地境界：其特征是在此境界中的人其行为是事天底。换言之，我的身躯虽不过七尺，但其精神充塞于天地之间，其事业不仅贡献于社会，更能贡献于宇宙，而"与天地比寿，与日月同光"。唯大圣大贤乃能达到这个境界。

以上四种境界，各有高低不同。某种境界所需的知识程度高，则境界亦高；所需知识低，则境界亦低。故自然境界为最低，功利境界较高，道德境界更高，天地境界最高。因境界有高低，所以人所实际享受的一部分世界也有大小，一个人所能享受的世界底大小，以其所能感觉的和所能认识的范围的大小为限。就感觉而论，各人所能享受的世界很少差别，食前方丈与蔬食箪饮，并无多大的不同。若以认识了解而论，各人所享受的世界差别很大；如自然境界底人和天地境界底人认识不同，了解不同，因而这两种人所享受的世界，亦有很大的悬殊。四种境界，不仅有高低之分，还有久暂之别。因为人的心理复杂，有的人已达到某种境界，但因心理变化，不能常住于此境界中。作恶的人属于功利境界，有时因良心发现，做一点好事，在良心发现这一刹那间，他就入了道德境界，因未经过特别修养功夫，不能常住于道德境界中，过了一会以后，又回复到功利境界。若有人能常住在道德境界中，便是贤人，能常住在天地境界中，便是圣人。

四种境界就其高低的层次看，由低而高，表示一种发展。前二者是自然的礼物，不需要特别功夫，一般人都可以达到。后二者是精神的创造，必须经过特别修养的功夫，才能达到。道德境界中的人是贤人,天地境界中的人是圣人,两种境界可算是圣关贤域。圣贤虽和众人不同,但他达到道德和天地境界,不必做一些标新立异的特别事。他所做的事其实还是普通人能做的事,不过他的认识比一般人高而深,故任何事对他都能发生特殊意义,此即所谓"极高明而道中庸"。

(原载《读书通讯》第 42 期,1942 年 5 月 16 日)

（左起）朱自清、罗庸、罗常培、闻一多、王力（1944 年）

论气节

朱自清

本篇系 1947 年 4 月 11 日，应清华大学通识学社的邀请，朱自清在清华大学文法讲讨室作的讲演辞。

气节是我国固有的道德标准，现代还用着这个标准来衡量人们的行为，主要的是所谓读书人或士人的立身处世之道。但这似乎只在中年一代如此，青年代倒像不大理会这种传统的标准，他们在用着正在建立的新的标准，也可以叫作新的尺度。中年代一般的接受这传统，青年代却不理会它，这种脱节的现象是这种变的时代或动乱时代常有的，因此就引不起什么讨论。直到近年，冯雪峰先生才将这标准这传统作为问题提出，加以分析和批判：这是在他的《乡风与市风》那本杂文集里。

冯先生指出“士节”的两种典型：一是忠臣，一是清高之士。他说后者往往因为脱离了现实，成为“为节而节”的虚无主义者，结果往往会变了节。他却又说“士节”是对人生的一种坚定的态度，是个人意志独立的表现。因此也可以成就接近人民的叛逆者或革命家，但是这种人物的造就或完成，只有在后来的时代，例如我们的时代。冯先生的分析，笔者大体同意；对这个问题笔者近来也常常加以思索，现在写出自己的一些意见，也许可以补充冯先生所没有说到的。

气和节似乎原是两个各自独立的意念。《左传》上有“一鼓作气”的话，是说战斗的。后来所谓“士气”就是这个气，也就是“斗志”;这个“士”指的是武士。孟子提倡的“浩然之气”,似乎就是这个气的转变与扩充。他说“至大至刚”,说“养勇”,都是带有战斗性的。“浩然之气”是“集义所生”,“义”就是“有理”或“公道”。后来所谓“义气”,意思要狭隘些,可也算是“浩然之气”的分支。现在我们常说的“正义感”,虽然特别强调现实,似乎也还可以算是跟“浩然之气”联系着的。至于文天祥所歌咏的“正气”,更显然跟“浩然之气”一脉相承。不过在笔者看来两者却并不完全相同,文氏似乎在强调那消极的节。

节的意念也在先秦时代就有了,《左传》里有“圣达节,次守节,下失节”的话。古代注重礼乐,乐的精神是“和”,礼的精神是“节”。礼乐是贵族生活的手段,也可以说是目的。他们要定等级,明分际,要有稳固的社会秩序,所以要“节”,但是他们要统治,要上统下,所以也要“和”。礼以“节”为主,可也得跟“和”配合着;乐以“和”为主,可也得跟“节”配合着。节跟和是相反相成的。明白了这个道理,我们可以说所谓“圣达节”等等的“节”,是从礼乐里引申出来成了行为的标准或做人的标准;而这个节其实也就是传统的“中道”。按说“和”也是中道,不同的是“和”重在合,“节”重在分;重在分所以重在不犯不乱,这就带上消极性了。

向来论气节的,大概总从东汉末年的党祸起头。那是所谓处士横议的时代。在野的士人纷纷地批评和攻击宦官们的贪污政治,中心似乎在太学。这些在野的士人虽然没有严密的组织,却已经在联合起来,并且博得了人民的同情。宦官们害怕了,于是乎逮捕拘禁那些领导人。这就是所谓“党锢”或“钩党”,“钩”是“钩连”的意思。从这两个名称上可以见出这是一种群众的力量。那时逃亡的党人,家家愿意收容着,所谓“望门投止”,也可以见出人民的态度，这种党人，大家尊为气节之士。气是敢作敢为，节是有所不为——有所不为也就是不合作。这敢作敢为是以集体的力量为基础的，跟孟子的“浩然之气”与世俗所谓“义气”只注重领导者的个人不一样。后来宋朝几千太学生请愿罢免奸臣，以及明朝东林党的攻击宦官，都是集体行动，也都是气节的表现。但是这种表现里似乎积极的“气”更重于消极的“节”。

在专制时代的种种社会条件之下，集体的行动是不容易表现的，于是士人的立身处世就偏向了“节”这个标准。在朝的要做忠臣。这种忠节或是表现在冒犯君主尊严的直谏上，有时因此牺牲性命；或是表现在不做新朝的官甚至以身殉国上。忠而至于死，那是忠而又烈了。在野的要做清高之士，这种人表示不愿和在朝的人合作，因而游离于现实之外；或者更逃避到山林之中，那就是隐逸之士了。这两种节，忠节与高节，都是个人的消极的表现。忠节至多造就一些失败的英雄，高节更只能造就一些明哲保身的自了汉，甚至于一些虚无主义者。原来气是动的，可以变化。我们常说志气，志是心之所向，可以在四方，可以在千里，志和气是配合着的。节却是静的，不变的；所以要“守节”，要不“失节”。有时候节甚至于是死的，死的节跟活的现实脱了榫，于是乎自命清高的人结果变了节，冯雪峰先生论到周作人，就是眼前的例子。从统治阶级的立场看，“忠言逆耳利于行”，忠臣到底是卫护着这个阶级的，而清高之士消纳了叛逆者，也是有利于这个阶级的。所以宋朝人说“饿死事小，失节事大”，原先说的是女人，后来也用来说士人，这正是统治阶级代言人的口气，但是也表示看到了那时代士的个人地位的增高和责任的加重。

“士”或称为“读书人”，是统治阶级最下层的单位，并非“帮闲”。他们的利害跟君相是共同的，在朝固然如此，在野也未尝不如此。固然在野的处士可以不受君臣名分的束缚，可以“不事王侯，高尚其事”，但是他们得吃饭，这饭恐怕还得靠农民耕给他们吃，而这些农民大概是属于他们做官的祖宗的遗产的。“躬耕”往往是一句门面话，就是偶然有个把真正躬耕的如陶渊明，精神上或意识形态上也还是在负着天下兴亡之责的士，陶的《述酒》等诗就是证据。可见处士虽然有时横议，那只是自家人吵嘴闹架，他们生活的基础一般的主要的还是在农民的劳动上，跟君主与在朝的大夫并无两样，而一般的主要的意识形态，彼此也是一致的。

然而士终于变质了，这可以说是到了民国时代才显著。从清朝末年开设学校，教员和学生渐渐加多，他们渐渐各自形成一个集团；其中有不少的人参加革新运动或革命运动，而大多数也倾向着这两种运动。这已是气重于节了，等到民国成立，理论上人民是主人，事实上是军阀争权。这时代的教员和学生意识着自己的主人身份，游离了统治的军阀；他们是在野，可是由于军阀政治的腐败，却渐渐获得了一种领导的地位。他们虽然还不能和民众打成一片，但是已经在渐渐地接近民众。“五四”运动划出了一个新时代。自由主义建筑在自由职业和社会分工的基础上。教员是自由职业者，不是官，也不是候补的官。学生也可以选择多元的职业，不是只有做官一路。他们于是从统治阶级独立，不再是“士”或所谓“读书人”，而变成了“知识分子”，集体的就是“知识阶级”。残余的“士”或“读书人”自然也还有，不过只是些残余罢了。这种变质是中国现代化的过程的一段，而中国的知识阶级在这过程中也曾尽了并且还在想尽他们的任务，跟这时代世界上别处的知识阶级一样，也分享着他们一般的运命。若用气节的标准来衡量，这些知识分子或这个知识阶级开头是气重于节，到了现在却又似乎是节重于气了。

知识阶级开头凭着集团的力量勇猛直前，打倒种种传统，那时候是敢作敢为一股气。可是这个集团并不大，在中国尤其如此，力量到底有限，而与民众打成一片又不容易，于是碰到集中的武力，甚至加上外来的压力，就抵挡不住。而一方面广大的民众抬头要饭吃，他们也没法满足这些饥饿的民众。他们于是失去了领导的地位，逗留在这夹缝中间，渐渐感觉着不自由，闹了个“四大金刚悬空八只脚”。他们于是只能保守着自己，这也算是节罢；也想缓缓地落下地去，可是气不足，得等着瞧。可是这里的是偏于中年一代。青年代的知识分子却不如此，他们无视传统的“气节”，特别是那种消极的“节”，替代的是“正义感”，接着“正义感”的是“行动”，其实“正义感”是合并了“气”和“节”，“行动”还是“气”。这是他们的新的做人的尺度。等到这个尺度成为标准，知识阶级大概是还要变质的罢？

（原载《知识与生活》第二期，1947 年 5 月 1 日）

第六辑 文化

周作人

文学上的俄国与中国

周作人

周作人(1885—1967),学者、散文家,新文化运动的杰出代表。本篇系 1920 年 11 月周作人在北京师范学校及协和医学校的讲演辞。

今天讲的这个题目,看去似太广大,不是我的力量所能及。我的本意,只是想说明俄国文学的背景有许多与中国相似,所以他的文学发达情形与思想的内容在中国也最可以注意研究。本来人类的思想是共通的,分不出什么远近轻重,但遗传与环境的影响也是事实,大同之中便不免有小异,一时代一民族的文学都有他们特殊的色彩,就是这个缘故。俄国在十九世纪,同别国一样地受着欧洲文艺思想的潮流,只因有特别的背景在那里,自然地造成了一种无派别的人生的文学。但我们要注意,这并不是将"特别国情"做权衡来容纳新思想,乃是将新思潮来批判这特别国情,来表现或是解释他,所以这结果是一种独创的文学,富有俄国特殊的色彩,而其精神却仍与欧洲现代的文学一致。

俄国的文学,在十八世纪方才发生。以前有很丰富的歌谣弹词,但只是民间口头传说,不曾见诸文字。大彼得改革字母以后,国语正式成立,洛摩诺梭夫(Lomonosov)苏玛洛科夫(Sumarokov)等诗人出来,模仿德法的古典派的作品;到加德林二世的时候,俄国运动改造的学会逐渐发生,凯阑仁(Karamzin)等感伤派的小说,也加入农奴问题的讨论了。十九世纪中间,欧洲文艺经过了传奇派与写实派两种变化,摆伦(Byron)与莫泊三(Maupassant)可以算是两边的代表。但俄国这一百年间的文学,却是一贯的,只有各期的社会情状反映在思想里,使他略现出差别来,并不成为派别上的问题。十九世纪的俄国正是光明与黑暗冲突的时期,改革与反动交互地进行,直到罗马诺夫朝的颠覆为止。在这时期里,一切的新思想映在这样的背景上,自然地都染着同样的彩色:譬如传奇时代摆伦的自由与反抗的呼声,固然很是适合,个人的不平却变了义愤了;写实时代莫泊三的科学的描写法,也很适于表现人生的实相,但那绝对客观的冷淡反变为主观的解释了。俄国近代的文学,可以称作理想的写实派的文学;文学的本领原来在于表现及解释人生,在这一点上俄国的文学可以不愧称为真的文学了。

这一世纪里的文学,可以依了政治的变迁分作四个时期。第一期自一八〇一至四八年,可以称作黎明期。一八二五年十二月党失败以后,不免发生一种反动,少年的人虽有才力,在政治及社会上没有活动的地方,又因农奴制度的影响,经济上也不必劳心,便养成一种放恣为我的人,普式金(Pushkin)的《阿涅庚》(*Evgeni Oniegin*)来尔孟多夫(Lermontov)的《现代的英雄》里的沛曲林(Petshorin),就是这一流人的代表,也是社会的恶的具体化。一方面官僚政治的积病与斯拉夫人的惰性,也在果戈尔(Gogol)的著作里暴露出来。一八四八年欧洲革命又起,俄国政府起了恐慌,厉行专制,至尼古拉一世死的那一年(一八五五)止,这是第二期,称作反动期。尼古拉一世时代的书报检查,本是有名严厉的,到了此刻却更加了一倍,又兴了许多文字狱,一八四九年的彼得拉绥夫斯奇(Petrashevski)党人案件最是有名;他们所主张的解放农奴、改良裁判法、宽缓检查这三条件,后来亚力山大维新的时候都实行了,在这时代却说他是扰乱治安,定了重刑。这八年间,文学上差不多没有什么成绩。一八五五至八一年是亚力山大二世在位的时代，政治较为开明，所以文学上是发达期，这是第三期。其中又可以分作三段，第一段自五五至六一年，思想言论比较的可以自由了，但是遗传的惰性与迫压的余力，还是存在，所以有理想而不能实行，屠盖涅夫（Turgenev）的《路丁》（*Dmitri Rudin*）冈伽洛夫（Gontsharov）《阿勃洛摩夫》（*Oblomov*），都是写这个情形的。自六一至七〇年顷是第二段，唯心论已为唯物论所压倒，理想的社会主义之后也变为科学的社会主义了，所谓虚无主义就在此时发生，屠盖涅夫的《父与子》里的巴察洛夫（Bazarov）可以算是这派的一个代表。虚无主义实在只是科学的态度，对于无征不信的世俗的宗教法律道德虽然一律不承认，但科学与合于科学的试验的一切，仍是承认的，这不但并非世俗所谓虚无党（据克鲁泡特金说：世间本无这样的一件东西），而且也与东方讲虚无的不同。陀思妥也夫斯奇（Dostojevski）作的《罪与罚》，本想攻击这派思想，目的未能达到，却在别方面上成了一部伟大的书。第三段自七〇至八一年，在社会改造上，多数的智识阶级觉得自上而下的运动终是事倍功半的，于是起了"往民间去"（V Narod）的运动，在文学上民情派（Narolnitshestvo）的势力也便发展起来。以前描写农民生活的文学，多写他们的悲哀痛苦，证明农奴也有人性，引起人的同情：到六一年农奴解放以后，这类著作可以无须了。于是转去描写他们全体的生活，因为这时候觉得俄国改造的希望全在农民身上，所以十分尊重，但因此不免有过于理想化的地方。同时利他主义的著作也很是发达，陀思妥也夫斯奇，托尔斯泰（Tolstoi）伽尔洵（Garshin）科罗连珂（Korolenko）邬斯本斯奇（Uspenski）等，都是这时候的文人。亚力山大二世的有始无终的改革终于不能满足国民的希望遂有一八八一年的暗杀;亚力山大三世即位,听了坡毕陀诺斯垂夫(Podiedonostsev)的政策,极力迫压,直到革命成功为止,是俄国文学的第四期,可以称作第二反动期。这时候的"灰色的人生",可以在契诃夫(Tshekhov)与安特来夫(Andrejev)的著作中间历历地看出。一九〇五年革命失败,国民的暴弃与绝望一时并发,阿尔支拔绥夫(Artsybashev)的《沙宁》(*Sanin*)便是这样的一个人;这正是时代的产物,并非由于安特来夫的写实主义过于颓丧的缘故,便是安特来夫的颓丧也是时代的反映,不是什么主义能够将他养成的。但一方面也仍有希望未来的人,契诃夫晚年的戏曲很有这样倾向;库普林(Kuprin)以写实著名,却也并重理想,他的重要著作如《生命的河》及《决斗》等都是这样。戈里奇(Gorki)出身民间,是民情派的大家,但观察更为真实,他的反抗的声调,在这黑暗时期里可算是一道引路的火光。最近的革命诗人洛普洵(Ropshin)在《灰色马》里写出一个英雄,一半是死之天使,一半还是有热的心肝的人,差不多已经表示革命的洪水到来了。

以上将俄国近代文学的情形约略一说,我们可以看出他的特色,是社会的、人生的。俄国的文艺批评家自别林斯奇(Bielinski)以至托尔斯泰,多是主张人生的艺术,固自很有关系,但使他们的主张能够发生效力,还由于俄国社会的特别情形,供给他一个适当的背景。这便是俄国特殊的宗教政治与制度。基督教,君主专制,阶级制度,当时的欧洲各国大抵也是如此。但俄国的要更进一层,希腊正教,东方式的君主,农奴制度,这是与别国不同的了。而且十九世纪后半,西欧各国都渐渐改造,有民主的倾向了,俄国却正在反动剧烈的时候;有这一个社会的大问题不解决,其余的事都无从说起,文艺思想之所以集中于这一点的缘故也就在此。在这一件事实上，中国的创造或研究新文学的人，可以得到一个大的教训。中国的特别国情与西欧稍异，与俄国却多相同的地方，所以我们相信中国将来的新兴文学当然的又自然的也是社会的、人生的文学。

就表面上看来，我们固然可以速断一句，说中俄两国的文学有共通的趋势，但因了这特别国情而发生的国民的精神，很有点不同，所以这其间便要有许多差异。第一宗教上，俄国的希腊正教虽然迫压思想很有害处，但那原始的基督教思想确也因此传布得很广，成为人道主义思想的一部分的根本。中国不曾得到同样的益处，儒道两派里的略好的思想，都不曾存活在国民的心里。第二政治上，俄国是阶级政治，有权者多是贵族，劳农都是被治的阶级，景况固然困苦，但因此思想也就免于统一的官僚化。中国早已没有固定的阶级，又自科举行了以后，平民都有接近政权的机会，农夫的儿子固然可以一旦飞腾，位至卿相，可是官僚思想也非常普及了。第三地势上，俄国是大陆的，人民也自然地有一种博大的精神，虽然看去也有像缓慢麻木的地方，但是那大平原一般的茫漠无际的气象，确是可以尊重的。第二种大陆的精神的特色，是"世界的"。俄国从前以侵略著名，但是非战的文学之多，还要推他为第一。所谓兽性的爱国主义，在俄国是极少数；那斯拉夫派的主张复古，虽然太过，所说俄国文化不以征服为基础，却是很真实的。第三种，气候的剧变，也是大陆的特色，所以俄国的思想又是极端的。有人批评托尔斯泰，说他好像是一只鹰，眼力很强，发见了一件东西，便一直奔去，再不回顾了。这个譬喻颇能说明俄国思想的特色，无抵抗主义与恐怖手段会在同时流行的缘故，也是为此。中国也是大陆的国，却颇缺少这些精神，文学及社会的思想上，多讲非战，少说爱国，是确实的；但一面不能说没有排外的思想存在。妥协、调和，又是中国处世的态度，没有什么急剧的改变能够发生。只是那博大的精神，或者未必全然没有。第四生活上，俄国人所过的是困苦的生活，所以文学里自民歌以至诗文都含着一种阴暗悲哀的气味。但这个结果并不使他们养成憎恶怨恨或降服的心思，却只培养成了对于人类的爱与同情。他们也并非没有反抗，但这反抗也正由于爱与同情，并不是因为个人的不平。俄国的文人都爱那些"被侮辱与损害的人"，因为——如安特来夫所说——"我们都是一样的不幸"，陀思妥也夫斯奇，托尔斯泰，伽尔洵，科罗连珂，戈里奇，安特来夫都是如此，便是阿尔支拔绥夫与厌世的梭罗古勃(Sologub)也不能说是例外。俄国人的生活与文学差不多是合而为一，有一种崇高的悲剧的气象，令人想起希腊的普洛美透斯(Prometheus)与耶稣的故事。中国的生活的苦痛，在文艺上只引起两种影响，一是赏玩，一是怨恨。喜欢表现残酷的情景那种病理的倾向，在被迫害的国如俄国波兰的文学中，原来也是常有的事；但中国的多是一种玩世的(Cynical)态度，这是民族衰老，习于苦痛的征候。怨恨本不能绝对的说是不好，但概括的怨恨实在与文学的根本有冲突的地方。英国福勒忒(Follett)说，"艺术之所以可贵，因为他是一切骄傲偏见憎恨的否定，因为他是社会化的"。俄国文人努力在湿漉漉的抹布中间，寻出他的永久的人性：中国容易一笔抹杀，将兵或官僚认作特殊的族类，这样的夸张的类型描写，固然很受旧剧旧小说的影响，但一方面也是由于思想狭隘与专制的缘故。第五，俄国文学上还有一种特色，便是富于自己谴责的精神。法国罗兰在《超出战争之上》这部书里，评论大日耳曼主义与俄国札尔主义的优劣，说还是俄国较好，因为他有许多文人攻击本国的坏处,不像德国的强辩。自克利米亚战争以来,反映在文学里的战争,几乎没有一次可以说是义战。描写国内社会情状的,其目的也不单在陈列丑恶,多含有忏悔的性质,在息契特林(Shtshedrin-Saltykov)托尔斯泰的著作中,这个特色很是明显。在中国这自己遣责的精神似乎极为缺乏:写社会的黑暗,好像攻讦别人的阴私,说自己的过去,又似乎炫耀好汉的行径了。这个缘因大抵由于旧文人的习气,以轻薄放诞为风流,流传至今没有改去,便变成这样的情形了。

以上关于中俄两国情形的比较,或者有人觉得其间说的太有高下,但这也是当然的事实。第一,中国还没有新兴文学,我们所看见的大抵是旧文学,其中的思想自然也多有乖谬的地方,要同俄国的新文学去并较,原是不可能的:这是一种的辩解。但第二层,我们要知道这些旧思想怎样的会流传,而且还生存着。造成这旧思想的原因等等,都在过去,我们可以不必说了。但在现代何以还生存着呢?我想这是因为国民已经老了,他的背上压有几千年历史的重担,这是与俄国的不同的第一要点。俄国好像是一个穷苦的少年,他所经过的许多患难,反养成他的坚忍与奋斗,与对于光明的希望。中国是一个落魄的老人,他一生里饱受了人世的艰辛,到后来更没有能够享受幸福的精力余留在他的身内,于是他不复相信也不情愿将来会有幸福到来;而且觉得从前的苦痛还是他真实的唯一的所有,反比别的更可宝爱了。老的民族与老人,一样的不能逃这自然的例。中国新兴文学的前途,因此不免渺茫。……但我们总还是老民族里的少年,我们还可以用个人的生力结聚起来反抗民族的气运。因为系统上的生命虽然老了,个体上的生命还是新的,只要能够设法增长他新的生力,未必没有再造的希望。

我们看世界古国如印度希腊等，都能有老树的根株上长出新芽来，是一件可以乐观的事。他们的文艺复兴，大都由于新思想的激动，只看那些有名的作家多是受过新教育或留学外国的，便可知道。中国与他们正是事同一律，我们如能够容纳新思想，来表现及解释特别国情，也可望新文学的发生，还可由艺术界而影响于实生活。只是第一要注意，我们对于特别的背景，是奈何他不得，并不是侥幸有这样背景，以为可望生出俄国一样的文学。社会的背景反映在文学里面，因这文学的影响又同时地使这背景逐渐变化过去，这是我们所以尊重文学的缘故。倘使将特别国情看作国粹，想用文学来赞美或保存他，那是老人怀旧的态度，只可当作民族的挽歌罢了。

（选自《艺术与生活》，北京十月文艺出版社，2011年）

说新文化与旧文化

章太炎

本篇系1920年10月25日上午10时，章太炎在湖南第一师范学校的讲演辞，夏丏尊记录；1921年又以《说新文化与旧文化》为题，收入《太炎学说》（共上、下二卷，“辛酉春夜观鉴庐印”）。

近来有人提倡新文化，究竟新文化和旧文化，应该怎样才得调和，今天预备关于这层来说一下。

近来有人对于古学，嫌彼烦琐。我对于这层，也曾很加研究。近来学问，不能求深，要想像前人的专精一种，实在是不可能的事。我最初专攻汉学，不求科举和别的职业，偶然也做过教师，当时对于学问，总求精奥；后来觉得精奥也无甚用，就讲大体，对于前人所未发明的，虽然也曾加以发明，但琐碎的事总不讲了。人各有志，愿意专攻哪一门，本来很好，至于现在学校中，科目很多，要讲各科调和，当然就不能专精一门。不过学问底大体，却不可不知，不知大体，虽学也等于不学。近来各科教科书，都不适当；编书的人，对于学问，自己也无头绪，不能提纲挈领，专举些琐碎的事，这种教科书，学了有什么用处？有人说：“中国旧学无用。”像这种教科书中所讲的学，当然无用。所以做教师的，宜在教科书外指导学生！学生也要自己多方参考，务必要求学问底大体！那么，大体怎样去求呢？学问底大体，从前却不易求，现在却比较容易。明以前考据很疏，到清代渐渐精密，自然说来也很琐碎；但到了后来，大体却显现出来；这大体不曾错误，我们也容易求得。学校教育，不过指示求学的途径。学者，第一要懂得大体！琐碎的事，学校也不能教！就

章太炎

使学了,也没有用。我国古学,论其大者,不过是经史小学诸子几种,现在就这几种来说个研究的途径。

一说经学。经学家的著作,差不多有四五千卷之多,着手很不容易,但现在却比从前便利了。清代治经,分古文今文两派,不如从前的难得统系。古文是历史,今文是议论。古文家治经,于当时典章制度,很明白的确;今文家治理,往往不合古时的典章制度。《周礼》《春秋》《左传》都是古文学,《诗》和《书》,则有古文有今文;但是今文家说,往往与古文情形不对;古文家将经当历史看,能够以治史的法子来治经,就没有分乱的弊病,经就可治了。这是治经的途径。

二说史学。再讲读史:学校里读,往往多做空议论,实不得法。古人像吕祖谦、苏轼等,也欢喜多做史论,但是不过是为干禄计的,所论于当时的利害,并不切当,这是毫无意义的事。我们读史,应知大体!全史三千多卷,现在要人全读,是不可能的事,《资治通鉴》和《通典》《通考》,却合起来,不过六七百卷,可以读完的。不过这个里面,也有许多不可以读的,如五行、天文等类,用处很少;至于兵制、官制、食货、地理等重要门类,应该熟览详考!其余烦琐的事,不考究本不要紧,只讲大体,也不纷烦。这是读史的途径。

三说小学。小学似非有师指导,不能有入门径学问。其实,关于小学著作中,真可观的书也没有几种。清代讲小学的人,总算最多;现在的讲法,却有弊病。声音、训诂、形体,都是小学的部分;近来不重声音训诂,专讲形体;形体是讲不了的。近来应用的字,已达了在三千以上的数目,专从形体上去求,实太琐碎,应该从音训上去学,文字原是言语的符号,未有文学以前,却已有了言语,这是一定的道理,不曾错的。凡声相近的,义也相近。譬如天颠也,人身最高部是颠，天也是最高部，所以音义也相近。这样去讲来，就能得着系统；得了系统，就可以免去烦琐。对于很杂复的文字，不求了解彼底根源，专从形体上去讲求，既觉得纷烦而且无实用。这是小学的途径。

四说诸子。诸子在昔是九流，现在却不止九流了。这当中也有相通之理，原来我国的诸子学，就是现在的西洋所谓哲学。中国哲学，有特别的根本。外国哲学，是从物质发生的。譬如古代，希腊、印度的哲学，都以地火水风为万物的原始。外国哲学，注重物质，所以很精的。中国哲学，是从人事发生的。中国最古哲学，就是《易经》，《易经》中所讲的都是人事，八卦无非是彼的表象罢了！后面出来的，如《老子》《孔子》也着重在人事，于物质是很疏的。人事原是幻变不定的，中国哲学，从人事发出，所以有应变的长处；但是短处，却在不甚确实。这是中外不同的地方。于造就人才上，中胜于西：西洋哲学虽然从物质发生，但是到得程度高了，也就没有物质可以实验，也就是没有实用，不过理想高超罢了！中国哲学，由人事发生，人事是心造的，所以可从心实验，心是人人皆有的，但是心不能用理想去求，非自己实验不可；中国哲学，就使到了高度，仍可用理学家验心的方法来实验，这是中胜于西的地方。印度哲学也如是：我从前倾倒佛法，鄙薄孔子老庄，后来觉得这个见解错误；佛孔老庄所讲的，虽都是心，但是孔子老庄所讲的，究竟不如佛的不切人事。孔子老庄自己相较，也有这样情形：老庄虽高妙，究竟不如孔子的有法度可寻，有一定的做法。那么，孔子可以佩服，宋儒不可佩服了吗？这却不然，宋儒也有考据学，不过因时代不同罢了！程、朱、陆、王互相争轧，其实各有各的用处。阳明学说，言而即行，适于用兵。朱子一派，自然浅薄，但是当当地方官做做绅士，却很有用。程明道、陈白沙于两派都不同，气象好像老庄，于为君很适当。这三派易地俱败，以阳明学去行政治，就成了专制；以朱子学说去用兵，就有犹豫不决的弊病；以明道、白沙两学说去做地方官和绅士，就觉得大而无当。据《汉书》上说，九流都是出于官的，哪一官应该用哪一流，原是各有用处；后来这种学问，由官而民，各人都以自己的所志，发为学说。阳明自幼就喜欢谈兵，性情应机立断，就成了这样学说。明道、白沙气象阔大，好像一个元首，他们的学说，也就有这样态度。朱子好像是欢喜做地方官绅士的，一切都很谨慎，他的学说，也有谨慎的样子。我们自己欢喜做哪样的人，就去学哪一派，不必随着前人争论的，这是诸子学的途径。

五总论。中国学问中最要紧的就是这几种，此外，虽然还有许多门类，但不是切要的。能照上面所讲的做去，就可晓得中国学问并非无用的。近来有人说中国学问无用，却不足怪，因为他们并不曾有系统的研究，于中国学问，当然茫无头绪。倘然茫无头绪去做，就是多读书，也本来没用的。

今天所讲，真是应急法。若在百年前、五十年前，却不应该这样讲。但是现在，却不能不这样讲，因为已经很急了。

（选自秦燕春考释《历史的重要：章太炎卷》，山东文艺出版社，2006 年）

梁漱溟

答胡评《东西文化及其哲学》

梁漱溟

梁漱溟(1893—1988),学者,现代新儒家的早期代表人物之一。本篇系 1923 年 10 月 28 日,梁漱溟在北京大学的讲演辞,由陈政笔记。

我的《东西文化及其哲学》讲演稿自民国十年发表以来,承许多位先生的不弃加以批评,这无论如何都是应当感谢的,但我一概没有置答,这在此书第三版自序中已声说过的了,适之先生的批评差不多是最后的一篇,我也一样不想置答——从他的文章披露到今天整半年了,一直没有答。今天要来作答是因为最近的一点事触动起来的。

最近《努力》停刊,适之先生在他《一年半的回顾》一文中说从某期以后,《努力》的同人是朝着思想革新的方面作去,所有前后许多政论都不如这时批评梁漱溟、张君劢的文章有价值!又陈仲甫先生在《前锋》中说梁漱溟、张君劢被适之教训一顿,开口不得,是思想的一线曙光!照这样说来,然则我是他们的障碍物了!我是障碍他们思想革新运动的了!这我如何当得起?这岂是我愿意的?这令我很难过。我不觉得我反对他们的运动!我不觉得我是他们的敌人,他们是我的敌人。我是没有敌人的!我不看见现在思想不同的几派——如陈,如胡……有哪一派是与我相冲突的,相阻碍的。他们觉得我是敌人,我却没有这种意思。在这时候,天下肯干的人都是好朋友!我们都是一伙子!此刻天下只有两种人:一种是积极努力的,一种是苟偷卑劣只想抢便宜的,苟偷卑劣只想抢便宜的弥漫满中国，我们同胡适之、陈独秀都是难得遇着的好朋友呀！我总觉得你们所作的都对，都是好极的，你们在前努力，我来吆喝助声鼓励你们！因为，你们要领导着大家走的路难道不是我愿领大家走的么？我们意思原来是差不多的。这是说我们同的一面。

翻过来说，我们是不同的，我们的确是根本不同。我知道我有我的精神，你们有你们的价值。然而凡成为一派思想的，均有其特殊面目，特殊精神——这是由他倾全力于一点，抱着一点意思去发挥，而后才能行的。当他倾全力于一点的时候，左边，右边，东面，西面，当然顾不到。然他的价值正出于此，要他面面图到，顾得周全，结果一无所就，不会再成有价值的东西。却是各人抱各自那一点去发挥，其对于社会的尽力，在最后的成功上还是相成的——正是相需的。我并不要打倒陈仲甫、胡适之而后我才得成功；陈仲甫、胡适之的成功便也是我的成功。所以就不同一面去说，我们还是不相为碍的，而是朋友。

论他同的一面既如彼，不同一面又是如此了。更进而言，不管他同不同，天下人自己都会找对的路。只怕不求，求则得之。不对也好，总会对的。天下人原都是聪明的，哪个地方弄错误了，他自己会发觉。错误哪里会长久，天下原都是好人，哪个是对，他会点头；哪个不该，终究不合适；都是自然地谋向对的路走去。对不对我都看得不打紧，凡是肯走路的，我都笑脸相迎。

现在说到本题了。我读胡先生的文和其他各位的批评都有同一的感想——感觉着大家的心理与我相反。我总觉得对面人比我聪明；我总觉得对面人知识见闻比我广——我是不知道什么的。对方的意思如有与我违异处，其所以不相合，其间一定有道理——

是他聪明，才跟我不一样，是他凭藉材料（见闻）比我多，才跟我不一样。在大家则不然。大家似乎都看旁人比他笨，比他糊涂，甚至于是头脑错乱的。他自己似乎都懂得，没有什么不知道的。因此我最喜欢求与我不同的意思，想明白他所以与我不合的原故，而大家则否。对方人的意思在他像是不屑理会，不需理会的样子——意思曰："这都是些糊涂见解！没有什么道理！"大家读我的书，大概都像看北京《晨报》一样，匆匆五分钟便看完了。作者确曾下过一番心的地方，他并没有在心里过一道，就在这五分钟后便提笔下批评。这种批评叫我如何答！实在不高兴作答。如果他有一天想到这个问题（东西文化问题），想要来考究考究了，自然会再找我这书去看。果然着意看了，自然会明白。所以我全然不置答。现在一定要我答，我也没有别的答法，只有指出原书请他俯察罢了。

胡先生批评的全文共分三大段，现在依次作答。

头一段中驳我不应该说：

"东方化还是要连根拔去，还是可以翻身呢？此处所谓翻身不仅说中国人仍旧使用东方化而已；大约假使东方化可翻身亦是同西方化一样成为一种世界的文化——现在西方化所谓科学和德谟克拉西的精神是无论世界上哪一地方人皆不能自外的。所以此刻问题直接了当的就是：东方化可否翻身成为一种世界文化？如果不能成为世界文化则根本不能存在。若仍可以存在，当然不能仅只使用于中国而须成为世界文化。"

他说：

"这种逻辑是很可惊异的。世界是一个很大的东西，文化是一个很复杂的东西。依梁先生自己的分析，一家文化是一个民族生活的种种方面。他总括为三方面:精神生活、社会生活、物质生活,这样多方面的文化在这个大而复杂的世界上不能没有时间上和空间上的个性的区别。在一国里尚且有南北之分,古今之异,何况偌大的世界?(中略)若明白了民族生活的时间和空间的区别,那么一种文化不必须成为世界文化而自有他存在的余地。米饭不必成为世界化,而我们正不妨吃米饭;筷子不必成为世界化,而我们正不妨用筷子;中国话不必成为世界语,而我们正不妨说中国话。"

适之先生根据的意思是:"文化不能没有时间上和空间上的个性区别",现在我们要反问一句。请教:科学和德谟克拉西这两个东西是有没有时间上和空间上的个性区别呢?有没有"南北之分古今之异"呢?照我们的见解,这是有绝对价值的,有普遍价值的,不但在此地是真理,掉换个地方还是真理,不但今天是真理,明天还是真理,不但不能商量此间合用彼间合用不合用,硬是我所说"现在所谓科学和德谟克拉西的精神是无论世界上哪一地方人所不能自外的"。中国人想要拒绝科学和德谟克拉西,拒绝得了么?其所以然,就是因为"人心有同然"。讲到求知识,人心于科学方法有同然;讲到社会生活,人心于德谟克拉西有同然。一民族生活中之具体的工具或制度自是因地制宜,不足以成为世界化;若其文化所藏真价值之一点——如西方文化所藏之科学与德谟克拉西两精神——则固不成为世界化不止也。吾书旨意原甚明白,今更叙明于此,倘胡先生承认此层,则进而说下一层。

所谓下一层,即东方化必于"连根拔去"与"翻身成世界化"二途居其一,而不容他不死不活地存在。所谓东方化要"连根拔去"

怎么讲呢？因为照现在世界情形看去有如此的形势。吾原书从粗细两层指点这种形势。先粗着看去，现在并不是什么东西文化对峙争衡的局面。你放开眼睛四外一望，那欧洲的一片土，美洲的半地球都是西方化的领域固不用说了；就是东方各国，凡能领受接纳西方化而又能运用的便能站得住——例如日本；凡不及或未能领受采用西方化的便为西方化的强力所占领——例如印度、朝鲜、安南、缅甸。诸如此类，不须细数，便是东方化的发源地的中国为西方化撞进门来，也使他不能不改变生活——几乎现在我们的生活无论精神方面、社会方面、物质方面，都充满了西方化。现在完全是一个西方化的世界，尚哪里有东方化的立足地？所以我们要问：东方化是不是从此绝根株了？

再细着看看，这东方化根据最深的中国是如何被西方化逐层地侵入？固有的文化是如何被西方化节节的斩伐，如剥笋一般，已剥到最后的中心根上来？最初学些西洋的几何天文；这不影响到里面。次则火炮铁甲声光化电的输入，如曾文正、李文忠等创办上海制造局，在制造局内译书，在北洋练海军，马尾办船政，凡当时的名臣奏议，通人著作，院书文课，以及所谓时务书的，都是谈说这个；这影响已深一层而且影响的很大了；然而还在肤表。再次便是甲午一败，海军覆没，知道单在火炮铁甲上着意是不行，须要根本大改革从来的学术制度：于是废科举，兴学校，修铁路，办实业，便成了中心问题，而又进入一层了。到了第四次更是戊戌变法不成，庚子受创，而政治制度之大改革又成中心问题了——以为兴学校办实业都是枝节，非立宪共和不可。这自然是更进一层，所入益深了。到第五次便是共和成功了，而十年之久，政象日非，毫无头绪，于是大家乃有一个大觉悟，知道以前都是枝末，非革新思想不可，非根本改革了中国的伦理思想——人生哲学——不可，陈仲甫为这运动作先锋，便是近年的"新文化运动"了。吾原书说道：

> "到了此时，已然向到两方文化的最后根本了。现在对于东西方文化问题差不多是要问：西方化对东方化是否要连根拔掉？中国人对西方化的输入，态度遂渐变迁，东方化对于西方化步步退让，西方化对于东方化节节的斩伐！到了最后的问题，已是将枝叶撇开要向咽喉处着刀，将中国化根本打倒！我们很欢迎此种问题，因为从前枝枝节节的作去实在是徒劳无功，此时问到根本，正是要下个解决的时候，非有此种解决，中国民族不会打出一条活路来！"

试问在这种严重的形势之下，是否不死不活地存在？不死则活，不活则死耳。其万一不死而卒活，是必有"不可磨灭"者在，有"颠扑不破"者在，有真能站得住者在——是即所谓真理，故不随时代之移易，外势之变迁以俱成过去——是即有超时间区别的价值，有绝对的价值，有普遍价值，如科学德谟克拉西于人心有真根据。所谓"人心有同然"，所谓"谁能出不由户"，在这大交通的世界上是固不成为世界化不止也。岂独东方人不能自外于西方化而已哉（不指他具体的生活工具制度，指所含藏的原理）？吾意如此。原书具明，自信未为不通不伦；适之先生的驳论可曾驳得有什么干系？先生何妨前后多看看再下笔呢？

以上为胡文头一大段之前半截，次则引我书最后所提出之"世界文化三期重现说"而谓云：

“这样整齐好玩的一条线有什么根据呢？原来完全用不着根据，只须梁先生自己的思想就够了！”

他接着又引我的话：

“我并非有意把他们弄得这般整齐好玩，无奈人类生活中问题实有这么三层次；其文化的路径就有这么三转折，而古人又恰好把这三条路都已分别走过；所以事实上没法要他不重走一遭。吾自有见而为此说，今人或未必见谅；然吾亦岂求谅于今之人者！”

他便说：

“是的。这三条路古人曾分别走过，现在世界要走上一条线了，既不能分别并存，只好轮班挨次重现一次了。这全凭主观的文化轮回说是无法驳难的，因为梁先生说‘吾自有见而为此说，吾亦岂求谅于今人者！’”

我真想不到适之先生是这样信口诬人，要一手掩尽天下目的！我原书第五章对于西方化最近变迁的趋势分就几方面去指陈其非变不可，而变化之所趋，恰是中国路子；如：

一、事实方面——即经济之变迁；

二、见解方面——即科学之变迁；

三、态度方面——即哲学之变迁；

并附第四，中国人秉持西洋思想的——即陈仲甫诸位——亦有同样的变迁。

我在每一项都举出多少客观事实，难道适之先生没有看见么(此皆三期重现说之前文不能说不看见)？我从这许多事实上，指点出所以要变到中国路上来之故，都是铁案如山，根据确凿，声光震烁耳目；适之先生不是瞎子，难道看不见么？而居然以"完全用不着根据，只须梁先生自己的思想就够了""这全凭主观的文化轮回说"诬人，是何用意？

在指明西方化将变到中国路上来之后，又复就趋向之所指，分精神方面、社会方面、物质方面，来推说世界未来之文化如何是中国化，句句着实，无半点空论。而此中国化时代之后如何不能不久于印度化，则原书 262 页等处说得很明。因为希腊的风气至文艺复兴时期而复兴，中国化在最近未来将复兴，印度化在更远未来将复兴，故谓之"三期重现"。我自己曾于此声明道："这话不但你不信，就如我在未加推勘时亦万万不信。"(259 页)适之先生不信，则已耳；或有疑，则指出可耳；或确见其不然，则逐层逐项痛驳可耳——此最欢喜愿闻。乃既不能驳，而诬人以"无根据""全凭主观"是诚何为耶？

此下胡先生又引我的话：

"这条路(淑世主义，胡先生所主张者)也就快完了。在未来世界，完全是乐天派的天下，淑世主义过去不提，这情势具在，你已不必辩，辩也无益。"

他只讥诮我武断,仍是一句不驳。吾原书上文因已将这种人生态度的走到末运,从事实证明铁案如山,故曰“情势具在”。胡先生如果看了不能驳则低头去好好体会研究可也。如确见其不然,则逐层逐项痛驳可以——如此岂不快人快事哉;乃徒以笑骂了之,露出不承认之意而不言其故,岂不令人闷气!如此文章,不太无聊乎!(以上答头一段)

第二大段则批评我两种公式:

(一)西方化是向前的;中国化是持中的;印度化是向后的。

(二)西方生活是直觉运理智的;中国生活是理智运直觉的;印度化是理智运现量的。

他于头一种公式——公式这个名字是胡先生给的——驳我两条:一条印度化是向前的,不应曰向后;一条中国化以调和持中去概括。

我从种种证明而认出三家文化出于三种根本不同的人生态度:一则肯定现实生活而向前逐求,西洋人是也;二则肯定现世生活而融融自得,且以向前逐求为戒的,中国人是也;三则否认现世生活而要求脱去此世界,取消此生命的,印度人是也。其“向前”“持中”“向后”,不过所用简号符记,以表此三个跃然可睹之生活态度者,虽尽易之亦无碍也。胡先生若根本驳我三家文化出于三根本人生态度之说,此真切要之大驳论,然而胡先生未能(按后第三大段露有此意,而此处竟一字不及);或虽承认其出于根本人生态度之不同,而驳某家文化不出于我所指的态度,而别有在,则亦可以为有价值之讨论，然而胡先生未能。胡先生于印度人之人生态度，初不异乎我所指"否认现世生活而求解脱"之态度，乃但就此态度上徒争其当云"向前"，不当云"向后"，不太无谓乎？况且一个肯定现世生活去求他，一个否认现世生活要解脱他，恰好相反；前者字之曰"向前"，后者字之曰"向后"，谁曰不宜？胡先生徒见其积极的奋往的精神以为非向后，抑知"向后"非"退后"，吾原文明明曰"反身向后要求"(72 页)则积极奋往之意何尝不昭然？同时亦将奋往之所向之不同表出无遗。吾以为适之先生摇笔为文有何见教之处，乃不图如此之无聊也！

至其驳我中国化不能以调和持中去概括，尤为无味。他说：

> "至于那'调和持中''随遇而安'的态度，更不能说哪一国文化的特性，这种境界乃是世界各种民族的常识里的一种理想境界，绝不限于一国或一民族。"
>
> "梁先生难道不睁眼看看古往今来的多妻制度，娼妓制度，整千整万的提倡醉酒的诗，整千整万恭维婊子的诗，……这种东西是不是代表一个知足安分寡欲摄生的民族的文化？"

夫我诚糊涂极矣！我乃不知五洲大陆许多民族，其中也会有"持中调和""随遇而安"的态度的人，也会说"持中调和""随遇而安"的话；而竟认作是"限于中国一民族的"！我乃不知中国古往今来也有许多好酒好色贪物质享乐的人，也有许多歌咏酒色的诗曲；而竟认作都是"知足安分寡欲摄生"，遗漏了代表民族的"这种东西"！只可惜天下糊涂如我者众多，自东洋教授以迄西洋博士，自金子马治以迄杜威——都说西方化是征服自然的，东方化是与自然融洽优游自得的;他们竟不睁眼看看西方也有许多爱好自然优游自得的诗歌,而一以"征服自然"概之!他们竟不睁眼看看东方文化也有许多开辟荆棘征服自然的事实,而竟说征服自然是西方化所独有的!

呜呼胡先生休矣!先生而根本不承认有所谓"一种风气","一种色采","一种精神","一种趋向",而有为此言者皆属糊涂;则是天下人皆昏而公独智,亦谁能与先生争?先生万一犹承认有所谓"一种风气""一种色采"……者,则指某民族或某社会为某种风气的,照例不能于此风气下无例外,亦初不必限于此处不见于他方。虽有例外,虽或亦见于他方,而犹不失为此民族此社会之风气者,大体上看去,对照看去,有其确然不可易者耳。所谓"风气",所谓"色采",本来是这么个意思也。先生而根本不承认中国民族就大体上看去有他的风气,和西洋对照看去有他的色采,则我亦何敢与先生争?先生而犹承认中国民族有他的风气色采,则以我之糊涂固以为中国民族的风气在"寡欲知足""随遇而安",而不在"提倡醉酒""恭维婊子"。夫我之所谓"向前改造局面",亦犹夫杜威之所谓"征服自然"也;我之所谓"持中调和""随遇而安",亦犹夫杜威之所谓"与自然融洽优游自得"也。岂独我们为然,即以此征之天下,叫天下人看看,正自有确然不可易者。只恐胡先生又说天下人"不睁眼"耳。

以上答第二大段对于头一种公式的批评已竟。第二种公式的批评更无聊之极。在这公式里,我所用的"理智运直觉""直觉运理智"一类的话本来不妥,原文随即再三声明:

"这话乍看似很不通,感觉直觉理智三者我们何时有用有不用呢？但我为表我的意思不得不说这种拙笨不通的话(中略)，识者幸善会其意，而无以词害意。”

“(上略)这许多话很拙笨不通，但我不如此说，不能见我意。”

这些话胡先生不应没有看见，然而胡先生费了若干笔墨，所以批评指摘我的，仍无外我自己先声明的“拙笨不通”四字；而且所谓不通的缘故仍无外我自己先叙过的：

“现量，理智，直觉，是构成知识的三种工具。一切知识都是由这三种作用而成，虽然各种知识所含的三种作用有成分轻重的不同，但是非要具备这三种作用不可；缺少一种就不能成功的。”

试问作这种批评有什么意思呢？不过于此正看出胡先生自己的不好学罢了！人家一面声明所说话不通，一面又声明所以如此说，实含有意思，要读者体会，有不得已者在。在理应当用心体会作者这一番意思；体会不得，也应当阙疑，用不着拿人家自己声明的不通，再去责他不通。而胡先生则必要责人家不通，于人家再三声明不得已处却绝不理会。呜呼！这是学者的态度！

以上答第二大段已竟。第三大段文章很长，开头一节表示承认我说的生活就是对于宇宙的奋斗，奋斗的态度是遇到问题对前面下手……改造局面，使其可以满足我们的要求，是为生活根本的路向。此下他表示不承认我三家文化出于三种人生态度的话，他说：

> “但我们和梁先生携手同行到这里,就不能不分手了。梁先生走到这里,忽然根本否认他一向承认的一切有情都不能违背的生活本来路向!他忽然说中国人和印度人的生活是不走这‘生活本来路向’的!他忽然很大度的把那条一切有情都是如此的生活本路让与西洋人去独霸!梁先生的根本错误就在此点。”

一个“忽然”,又一个“忽然”,再一个“忽然”。呜呼适之先生!人家说话都是这样“忽然”的么?只有先生有脑筋,人家都是没脑筋的么?幸亏先生还赐我“根本错误就在此点”的美谥——错误得有条理;否则,我尚以为我错得是乱七八糟呢!

胡先生把人看得这般糊涂,则糊涂人作的书,胡先生自然不屑再细看的;但我想对读者指出我那“忽然”的来由,请读者取原书看一看。请先看原书 65 页说生活就是奋斗之后的三层修订,次则看此下所叙“人生三问题”一段;再次则看此下所叙“人生三条路或三态度”一段。盖所谓“生活本来路向”是其中之一条路,而人生当头一问题之下非走头一条路不可;当第二问题之下非走第二条路不可;当第三问题之下非走第三条路不可;看 215 页以下最有具体的讲明。如是则必晓然于人生果有如是各别之三条路,而不容增减于其间的。至指证中国化为第二路则请看 83 页以下,197 页以下,各段;又 209 页以下处处以中国、西洋对照去说亦最易明白。至指证印度化为第三路则在 85 页以下暨 104 迄 148 页各段。

其实简单说去,所谓西洋化为第一路——向前改造局面的路者,仍不外杜威辈所谓“征服自然”之意;所谓中国化为第二路——

持中调和，安于此局面的路者，仍不外杜威辈所谓“与自然融洽游乐”之意；至于所谓印度化为第三路——反身向后的路者，则因其否认现世生活而求解脱的态度，致其文化三方面于精神生活方面为特别畸形的发达，精神生活多方面中又为宗教的特别畸形发达，固已昭然背乎人生生活本来路向而驱也。总之，若稍肯取三方文化加以比较观察，则于吾言必有所会，似乎不是“忽然”耳。

此下胡先生便提出他的世界文化观。他说，我的出发点只是，文化是民族生活的样法，而民族生活的样法是根本大同小异的。为什么呢？因为生活只是生物对环境的适应，而人类生理的构造根本大致相同，放在大同小异的问题之下，解决的方法也不出那大同小异的几种。这个道理叫作“有限的可能说”。例如饥饿问题只有“吃”的解决，而吃的东西或是饭，或是面包，或是棒子面，……而总不出植物与动物两种，决不会吃石头。

原文大意具此，总不外申明“有限的可能说”，于物质生活如此，于社会生活也如此，于精神生活也如此，都一一说到，不具录。次下，他又申明这几种可能的办法，差不多一个民族，在他长久的历史中都一一试过。盖不独限于大同小异的几种，即此小异的几种亦非各家文化分别所在，而实为各家文化史上都有的也。他说：

> “凡是有久长历史的民族，在那久长的历史上，往往因时代的变迁环境的不同而采用不同的解决样式。往往有一种民族而一一试过种种可能的办法的。”

于是他举些事例证实其说，其间说到科学也是中国有的，譬如“自顾炎武……以至章炳麟，我们决不能不说是严刻的理智态度走科学的路”。他最后结束的说：

“我们承认那‘有限的可能说’，所以对于各民族文化不敢下笼统的公式。我们拿历史眼光去观察文化，只看见各种民族都在那‘生活本来的路’上走，不过因环境有难易，问题有缓急，所以走路有迟速的不同，到的时候有先后不同。（中略）现在世界大通了，当初鞭策欧洲人的环境和问题，现在又来鞭策我们了；将来中国和印度的科学化和民治化是无可疑。他们的落后，也不过是因为缺乏那些逼迫和鞭策的环境与问题，并不是因为他们生活方式上有什么持中向后的根本毛病。”

胡先生的文化观要具于此，我们寻绎他的意见不出左列各点：

（一）各民族都在生活本来路上走，即向前去解决环境上的问题；

（二）问题是大同小异的——有限的；解决方法是大同小异的——有限的；

（三）各文化所以见出不同，不过是时间和环境问题暂尔不同的原故；待环境问题同了，时间到了，则文化也就同了。

其正面如此，其负面便是：

（一）根本不承认西洋、中国、印度，三方文化各有其特殊的风气或色采；

（二）更不承认他们这种不同的文化，是出于他们主观上人生态度的不同。

我们先要说他这种文章的无聊，然后再驳诘他。胡先生要自己知道是在批评他人的说法，附带提出自家的说法，对于他人的说法是不应当作为看不见的，不应当不理会的；否则何所谓批评呢？胡先生的说法恰是与我相反，在我的说法没有驳倒时，胡先生的说法是拿不出来的；拿出便是无聊。我处处拿西洋、中国、印度三方对照着指为三特殊风气，胡先生并没有去驳倒；乃至我书中所引所有谈东西文化问题的人都是对照着认为整个不同的，如金子马治、杜威等的说法，胡先生也没有提出来否决，教训大家莫这样；而只顾自己去说他的“零碎观”“大同小异观”。尤其是我把各家从客观原因说明文化来历的都一一否决了，然后提出我的文化出于人生态度不同说；胡先生竟一字不驳，还只顾说他客观原因的论调，又说不出所以然来！这譬如我指出某人非甲，更证明其是乙；而胡先生既不驳我非甲的话，也不驳我是乙的话，却只顾说“这不过是甲”“这无非是甲”，又说不出所以然的缘故来！且还要自命为批评我来了！呜呼！先生休矣！这种文章作他干什么？

以下我们要稍向胡先生的高见致驳诘了。胡先生以为各民族都在生活本来路向上走么？胡先生以为“人类生理构造大致相同”，问题也会同，解决也就差不多，“例如饥饿问题只有吃的解决”么？偏偏印度人恰与此相反，饥饿竟不是他的问题；而“吃”——生活——是他的问题，“吃”不是他的解决，而饥饿是他的解决！他竟全然不遵胡先生“有限可能说”的限而无限起来！原来印度人是要解脱这个生命的，饥饿就成了他的方法，在古代简直是普遍的风气，所以释迦佛在成道之前受食，他的弟子就惊畏退转。胡先生说

"只有吃的解决",只能吃几种什么东西,他偏有不吃的解决,他翻过来要解决这个"吃",这是"大同小异"呢?还是根本反对呢?这是与胡先生同在生活本来路上呢?还是"背乎生活本来路向而驱"呢?

原来胡先生说我笼统,说我不该拿三方很复杂的文化纳入三个简单公式里去;他却比我更笼统,他却拿世界种种不同的文化纳入一个简单式子里去!我正告胡先生,我实在不笼统,因我并不想什么纳入简单公式,我只是从其特著的色采指出他的根本所在——人生态度,便有例外也无干系。例如印度未尝没有"顺世外道"之反出世派;西洋未尝没有禁欲主义的旧教。然从西洋文化的特著色采看去,其根本自是出于向前要求现世生活的态度;从印度文化的特著色采看去,其根本自是出于反身要求解脱的态度,必不容移易,如是而已。若胡先生以"有限"去限人,结果限不了,乃真笼统耳。

我们尤其要诘问胡先生的:胡先生动辄说"环境逼迫""问题鞭策",是文化的来由;不知像印度这种文化是什么环境逼迫出来,什么问题鞭策出来的呢?只怕胡先生说不出来!只怕想捏造都捏造不出来!胡先生岂但对印度文化说不出来而已。高谈西方化的胡先生连他自己所谈西方化,果如何从环境问题而来,也是一样的说不出来!他原文虽以环境问题为文化的来由,但从无一点具体的说明;他对西方化只说道:

"至于欧洲文化今日的特色,科学与德谟克拉西,事事都可用历史的事实来说明;我们只可以说欧洲民族在这三百年中,受了环境的逼迫,赶上了几步,在征服环境方面的成绩,比

较其余民族确是大得多。"(下面便转说到他面去了)

好个"我们只可以说欧洲民族在这三百年中,受了环境的逼迫,赶上了几步……"真会敷衍搪塞!他还敢大胆说什么"科学与德谟克拉西,事事都可用历史的事实来说明"!好呀!请先生说明!先生如果能从历史上证明欧洲文化是环境逼出来的,科学是环境逼出来的,我便斩头相谢!

我现在将我原书驳从客观环境说明欧洲文化来由的一段抄录如下,请读者看看。其余各段,如论西方社会的"德谟克拉西"和"唯物史观"的说法,如论"因""缘"之当分别——即我的主观客观关系说,则请检原书,此不具陈。

"若问'科学'与'德谟克拉西'是怎么被西洋人得到的?或西方化怎么会成功这个样子?据我所闻大家总是持客观说法的多。例如巴克尔(Buckle)说的:'欧洲地理的形势是适宜于人的控制天然,这是欧洲文明发展的主因。'又金子马治说的:'尝试考之,自然科学独成于欧洲人之手者何故?何以不兴于东方?据余所见希腊人虽为天才之民族,其发明自然科学应当有别一原因。盖希腊国小山多,土地硗瘠,食物不丰……以勤劳为生活;欧洲文明之源,实肇于此。'他又请问米久博士,米久也说中国地大物博,无发明自然科学之必要,所以卒不能产生自然科学。(下略)

"在金子马治教授、米久博士以什么'食物不丰,勤劳为活,所以要发明自然科学,征服自然'去说明科学的产生,觉得很合科学家说话的模样,其实是不忠于事实,极粗浅的臆说。

我也没去研究科学史，然当初科学兴起并不是什么图谋生活，切在日需的学问，而是几何、天文、算术等抽象科学（Abstract Science），不是人所共见的么？此不独古希腊为然，就是文艺复兴，科学再起，也还是天文、算学、力学等等。这与‘食物不丰，勤劳为活’连缀得上么？据文明史家马尔文（Marvin）说：‘科学之前进是由数目形体抽象的概念进到具体的物象，如物理学等的。’王星拱君《科学方法论》上说：‘希腊的古科学的中绝的原故，是因为他们单在他们所叫作理性的（Rational）非功利的（Disinterested）学术上做工夫，于人类生活太不相关（案与金子君的说话恰好相反）。至于我们现在所享受所研究的科学，是在文艺复兴时代重行出世的。……那个时代的科学，完全以求正确的知识为目的。自文艺复兴算起一直过好几百年，科学在应用方面都没有若何的关系。所以有人说，科学之发生源于求知，而不源于应用。’”

胡先生可能从这“历史的事实”证明科学如胡先生所谓“环境逼迫，问题鞭策”出来的么？希腊人之发明科学，实由其爱美，爱秩序，以玩赏现世界的态度，研究自然，来经营这些几何整理天文之类，差不多拿他作一种玩艺的。其后欧洲大陆又能继续这种研究的，也正因为到文艺复兴时代这种希腊的人生态度复兴的缘故。有了这种为自然科学之母的科学，而后英岛才产生经验科学，征服自然，增进物质幸福；也是这种人生态度的结果。读者请看我书 72 页以讫 80 页都是讲明这个。其间并引蒋梦麟先生在《新教育》中发表的《改变人生的态度》一文、蒋百里先生在他的《美洲文艺复兴史》中所作《导言》一篇，皆说明此理，昭然不疑。其实二蒋又皆本之于西洋人自己的话——如蒋梦麟本于霍夫丁(Höffding)的《近世哲学史》;盖亦人人共晓之义也。胡先生不以此义来说明西洋文化,自是别有高见,无如这个高见偏偏与历史事实不符!我不是西洋留学生,西文又不好,自知对于西洋学术文化是个外行;原想从西洋留学生倡导西方化的领袖人物如胡先生者领些教益,却不料竟是个"冒充内行"的!

我真不知道胡先生究竟看了我的书没有?你说他没有看,他却又能东一段西一段征引我的书文。你说他果然看了,他又何以对书中驳环境逼迫论的竟似没看见,对持人生态度根本论的竟似没看见?人家驳环境逼迫论,他不还驳;人家建立人生态度根本论他也不推倒;而只顾去说些什么"不过是环境逼迫……""只可以说是环境逼迫……"!唉!胡先生!这糊涂人作的书也许有"愚者千虑一得"之处,何妨虚心理会理会!实在没有工夫看,丢下罢了!若既不想加以理会,又且没工夫看,却偏要用点工夫拿他麻麻糊糊乱批评一阵,这为何来?岂欲欺蔽一世之人乎!

我本当将我的根本道理——"因""缘"分别论,主客关系论——讲明给读者,使大家了解文化来由的真相;但因为大家看原书也可以知道一些,并且下次关于玄学科学与人生观的讲演里也要谈到,所以此刻不说了。

(原载《北京大学日刊》第1329—1336号,1923年11月1日—9日)

泰戈尔

徐志摩

徐志摩(1897—1931),学者、诗人。本篇系1924年5月12日,徐志摩在北京真光剧场的讲演辞。

我有几句话想趁这个机会对诸君讲,不知道你们有没有耐心听。泰戈尔先生快走了,在几天内他就离别北京,在一两个星期内他就告辞中国。他这一去大约是不会再来的了。也许他永远不能再到中国。

他是六七十岁的老人,他非但身体不强健,他并且是有病的。所以他要到中国来,不但他的家属,他的亲戚朋友,他的医生,都不愿意他冒险,就是他欧洲的朋友,比如法国的罗曼·罗兰,也都有信去劝阻他。他自己曾经踌躇了好久,他心里常常盘算他如其到中国来,他究竟能不能够给我们好处,他想中国人自有他们的诗人、思想家、教育家,他们有他们的智慧、天才、心智的财富与营养,他们更用不着外来的补助与戟刺,我只是一个诗人,我没有宗教家的福音,没有哲学家的理论,更没有科学家实利的效用,或是工程师建设的才能,他们要我去做什么,我自己又为什么要去,我有什么礼物带去满足他们的盼望。他真的很觉得迟疑,所以他延迟了他的行期。但是他也对我们说到冬天完了春风吹动的时候(印度的春风比我们的吹得早),他不由地感觉了一种内迫的冲动,他面对着逐渐滋长的青草与鲜花,不由地抛弃了,忘却了他应尽的职务,不由地解放了他的歌唱的本能,和着新来的鸣雀,在柔软的南风中

徐志摩

开怀地讴吟。同时他收到我们催请的信，我们青年盼望他的诚意与热心，唤起了老人的勇气。他立即定夺了他东来的决心。他说趁我暮年的肢体不曾僵透，趁我衰老的心灵还能感受，决不可错过这最后唯一的机会，这博大、从容、礼让的民族，我幼年时便发心朝拜，与其将来在黄昏寂静的境界中萎衰的惆怅，毋宁利用这夕阳未瞑时的光芒，了却我晋香人的心愿？

他所以决意地东来，他不顾亲友的劝阻，医生的警告，不顾自身的高年与病体，他也撇开了在本国一切的任务，跋涉了万里的海程，他来到了中国。

自从四月十二在上海登岸以来，可怜老人不曾有过一半天完整的休息，旅行的劳顿不必说，单就公开的演讲以及较小集会时的谈话，至少也有了三四十次！他的，我们知道，不是教授们的讲义，不是教士们的讲道，他的心府不是堆积货品的栈房，他的辞令不是教科书的喇叭。他是灵活的泉水，一颗颗颤动的圆珠从他心里兢兢地泛登水面都是生命的精液；他是瀑布的吼声，在白云间，青林中，石罅里，不住地啸响；他是百灵的歌声，他的欢欣、愤慨、响亮的谐音，弥漫在无际的晴空。但是他是倦了，终夜的狂歌已经耗尽了子规的精力，东方的曙色亦照出他点点的心血染红了蔷薇枝上的白露。

老人是疲乏了。这几天他睡眠也不得安宁，他已经透支了他有限的精力。他差不多是靠散拿吐瑾过日的。他不由地不感觉风尘的厌倦，他时常想念他少年时在恒河边沿拍浮的清福，他想望椰树的清荫与曼果的甜瓜。

但他还不仅是身体的惫劳，他也感觉心境的不舒畅。这是很不幸的。我们做主人的只是深深的负歉。他这次来华，不为游历，不为政治，更不为私人的利益，他熬着高年，冒着病体，抛弃自身的事业，备尝行旅的辛苦，他究竟为的是什么？他为的只是一点看不见的情感，说远一点，他的使命是在修补中国与印度两民族间中断千余年的桥梁。说近一点，他只想感召我们青年真挚的同情。因为他是信仰生命的，他是尊崇青年的，他是歌颂青春与清晨的，他永远指点着前途的光明。悲悯是当初释迦牟尼证果的动机，悲悯也是泰戈尔先生不辞艰苦的动机。现代的文明只是骇人的浪费，贪淫与残暴，自私与自大，相猜与相忌，飏风似的倾覆了人道的平衡，产生了巨大的毁灭。芜秽的心田里只是误解的蔓草，毒害同情的种子，更没有收成的希冀。在这个荒惨的境地里，难得有少数的丈夫，不怕阻难，不自馁怯，肩上扛着铲除误解的大锄，口袋里满装着新鲜人道的种子，不问天时是阴是雨是晴，不问是早晨是黄昏是黑夜，他只是努力地工作，清理一方泥土，施殖一方生命，同时口唱着嘹亮的新歌，鼓舞在黑暗中将次透露的萌芽。泰戈尔先生就是这少数中的一个。他是来广布同情的，他是来消除成见的。我们亲眼见过他慈祥的阳春似的表情，亲耳听过他从心灵底里迸裂出的大声，我想只要我们的良心不会受恶毒的烟煤熏黑，或是被恶浊的偏见污抹，谁不曾感觉他至诚的力量，魔术似的，为我们生命前途开辟了一个神奇的境界，燃点了理想的光明？所以我们也懂得他的深刻的懊怅与失望，如其他知道部分的青年不但不能容纳他的灵感，并且存心地诬毁他的热忱。我们固然奖励思想的独立，但我们决不敢附和误解的自由。他生平最满意的成绩就在他永远能得青年的同情，不论在德国，在丹麦，在美国，在日本，青年永远是他最忠心的朋友。他也曾经遭受种种的误解与攻击，政府的猜疑与报纸的诬捏与守旧派的讥评，不论如何的谬妄与剧烈，从不会扰动他优容的大量，他的希望，他的信仰，他的爱心，他的至诚，完全地托付青年。我的须,我的发是白的,但我的心却永远是青的,他常常地对我们说,只要青年是我的知己,我理想的将来就有着落,我乐观的明灯永远不致暗淡。他不能相信纯洁的青年也会坠落在怀疑、猜忌、卑琐的泥溷,他更不能信中国的青年也会沾染不幸的污点。他真不预备在中国遭受意外的待遇。他很不自在,他很感觉异样的怆心。

因此精神的懊丧更加重他躯体的倦劳。他差不多是病了。我们当然很焦急地期望他的健康,但他再没有心境继续他的讲演。我们恐怕今天就是他在北京公开讲演最后的一个机会。他有休养的必要。我们也决不忍再使他耗费有限的精力。他不久又有长途的跋涉,他不能不有三四天完全的养息。所以从今天起,所有已经约定的集会,公开与私人的,一概撤销,他今天就出城去静养。

我们关切他的一定可以原谅,就是一小部分不愿意他来作客的诸君也可以自喜战略的成功。他是病了,他在北京不再开口了,他快走了,他从此不再来了。但是同学们,我们也得平心地想想,老人到底有什么罪,他有什么负心,他有什么不可容赦的犯案?公道是死了吗,为什么听不见你的声音?

他们说他是守旧,说他是顽固。我们能相信吗?他们说他是"太迟",说他是"不合时宜",我们能相信吗?他自己是不能信,真的不能信。他说这一定是滑稽家的反调。他一生所遭逢的批评只是太新,太早,太急进,太激烈,太革命的,太理想的,他六十年的生涯只是不断地奋斗与冲锋,他现在还只是冲锋与奋斗。但是他们说他是守旧,太迟,太老。他顽固奋斗的对象只是暴烈主义、资本主义、帝国主义、武力主义、杀灭性灵的物质主义;他主张的只是创造的生活,心灵的自由,国际的和平,教育的改造,普爱的实现。但他们说他是帝国政策的间谍,资本主义的助力,亡国奴族的流民,提倡裹脚的狂人!肮脏是在我们的政客与暴徒的心里,与我们的诗人又有什么关系?昏乱是在我们冒名的学者与文人的脑里,与我们的诗人又有什么亲属?我们何妨说太阳是黑的,我们何妨说苍蝇是真理?同学们,听信我的话,像他的这样伟大的声音我们也许一辈子再不会听着的了。留神目前的机会,预防将来的惆怅!他的人格我们只能到历史上去搜寻比拟。他的博大的温柔的灵魂我敢说永远是人类记忆里的一次灵感。他的无边际的想象是辽阔的同情使人们想起惠德曼:他的博爱的福音与宣传的热心使人们记起托尔斯泰;他的坚忍的意志与艺术的天才使我们想起造摩西像的密仡郎其罗;他的诙谐与智慧使我们想象当年的苏格拉底与老聃!他的人格的和谐与优美使我们想念暮年的葛德;他的慈祥的纯爱的抚摩,他的为人道不厌的努力,他的磅礴的大声,有时竟使我们唤起救主的心象,他的光彩,他的音乐,他的雄伟,使我们想念奥林必克山顶的大神。他是不可侵凌的,不可逾越的,他是自然界的一个神秘的现象。他是三春和暖的南风,惊醒树枝上的新芽,增添处女颊上的红晕。他是普照的阳光。他是一派浩瀚的大水,来从不可追寻的渊源,在大地的怀抱中终古地流着,不息地流着,我们只是两岸的居民,凭藉这慈恩的天赋,灌溉我们的田稻,苏解我们的消渴,洗涤我们的污垢。他是喜马拉雅积雪的山峰,一般的崇高,一般的纯洁,一般的壮丽,一般的高傲,只有无限的青天枕藉他银白的头颅。

人格是一个不可错误的实在,荒歉是一件大事,但我们是饿惯了的,只认鸠形与鹄面是人生本来的面目,永远忘却了真健康的颜色与彩泽。标准的低降是一种可耻的堕落:我们只是踞坐在井底青蛙,但我们更没有怀疑的余地。我们也许揣详东方的初白,而不能非议中天的太阳。我们也许见惯了阴霾的天时,不耐这热烈的光焰,消散天空的云雾,暴露地面的荒芜,但同时在我们心灵的深处,我们岂不也感觉一个新鲜的影响,催促我们生命的跳动,唤醒潜在的想望,仿佛是武士望见了前峰烽烟的信号,更不踌躇地奋勇前向?只有接近了这样超轶的纯粹的丈夫,这样不可错误的实在,我们方始相形的自愧我们的口不够阔大,我们的嗓音不够响亮,我们的呼吸不够深长,我们的信仰不够坚定,我们的理想不够莹澈,我们的自由不够磅礴,我们的语言不够明白,我们的情感不够热烈,我们的努力不够勇猛,我们的资本不够充实……

我自信我不是恣滥不切事理的崇拜,我如其曾经应用浓烈的文字,这是因为我不能自制我浓烈的感想。但是我最急切要声明的是,我们的诗人,虽则常常招受神秘的徽号,在事实上却是最清明,最有趣,最诙谐,最不神秘的生灵。他是最通达人情,最近人情的。我盼望有机会追写他日常的生活与谈话。如其我是犯嫌疑的,如其我也是性近神秘的(有好多朋友这么说),你们还有适之先生的见证,他也说他是最可爱最可亲的个人:我们可以相信适之先生绝对没有"性近神秘"的嫌疑!所以无论他怎样的伟大与深厚,我们的诗人还只是有骨有血的人,不是野人,也不是天神。唯其是人,尤其是最富情感的人,所以他到处要求人道的温暖与安慰,他尤其要我们中国青年的同情与情爱。他已经为我们尽了责任,我们不应,更不忍辜负他的期望。同学们!爱你的爱,崇拜你的崇拜,是人情不是罪孽,是勇敢不是懦怯!

（原载《晨报副刊》,1924 年 5 月 19 日）

鲁 迅

革命时代的文学

鲁迅

鲁迅(1881—1936),文学家,中国现代文学的奠基人。本篇系1927年4月8日在黄埔军官学校的讲演辞。

今天要讲几句的话是就将这“革命时代的文学”算作题目。这学校是邀过我好几次了,我总是推宕着没有来。为什么呢?因为我想,诸君的所以来邀我,大约是因为我曾经做过几篇小说,是文学家,要从我这里听文学。其实我并不是的,并不懂什么。我首先正经学习的是开矿,叫我讲掘煤,也许比讲文学要好一些。自然,因为自己的嗜好,文学书是也时常看看的,不过并无心得,能说出于诸君有用的东西来。加以这几年,自己在北京所得的经验,对于一向所知道的前人所讲的文学的议论,都渐渐地怀疑起来。那是开枪打杀学生的时候罢,文禁也严厉了,我想:文学文学,是最不中用的,没有力量的人讲的;有实力的人并不开口,就杀人,被压迫的人讲几句话,写几个字,就要被杀;即使幸而不被杀,但天天呐喊,叫苦,鸣不平,而有实力的人仍然压迫,虐待,杀戮,没有方法对付他们,这文学于人们又有什么益处呢?

在自然界里也这样,鹰的捕雀,不声不响的是鹰,吱吱叫喊的是雀;猫的捕鼠,不声不响的是猫,吱吱叫喊的是老鼠;结果,还是只会开口的被不开口的吃掉。文学家弄得好,做几篇文章,也许能够称誉于当时,或者得到多少年的虚名罢,——譬如一个烈士的追悼会开过之后,烈士的事情早已不提了,大家倒传诵着谁的挽联做得好:这实在是一件很稳当的买卖。

但在这革命地方的文学家,恐怕总喜欢说文学和革命是大有关系的,例如可以用这来宣传,鼓吹,煽动,促进革命和完成革命。不过我想,这样的文章是无力的,因为好的文艺作品,向来多是不受别人命令,不顾利害,自然而然地从心中流露的东西;如果先挂起一个题目,做起文章来,那又何异于八股,在文学中并无价值,更说不到能否感动人了。为革命起见,要有"革命人""革命文学"倒无须急急,革命人做出东西来,才是革命文学。所以,我想:革命,倒是与文章有关系的。革命时代的文学和平时的文学不同,革命来了,文学就变换色彩。但大革命可以变换文学的色彩,小革命却不,因为不算什么革命,所以不能变换文学的色彩。在此地是听惯了"革命"了,江苏浙江谈到革命二字,听的人都很害怕,讲的人也很危险。其实"革命"是并不稀奇的,惟其有了它,社会才会改革,人类才会进步,能从原虫到人类,从野蛮到文明,就因为没有一刻不在革命。生物学家告诉我们:"人类的猴子是没有大两样的,人类和猴子是表兄弟。"但为什么人类成了人,猴子终于是猴子呢?这就因为猴子不肯变化——它爱用四只脚走路。也许曾有一个猴子站起来,试用两脚走路的罢,但许多猴子就说:"我们底祖先一向是爬的,不许你站!"咬死了。它们不但不肯站起来,并且不肯讲话,因为它守旧。人类就不然,他终于站起,讲话,结果是他胜利了。现在也还没有完。所以革命是并不稀奇的,凡是至今还未灭亡的民族,还都天天在努力革命,虽然往往不过是小革命。

大革命与文学有什么影响呢?大约可以分开三个时候来说:

(一)大革命之前,所有的文学,大抵是对于种种社会状态,觉得不平,觉得痛苦,就叫苦,鸣不平,在世界文学中关于这类的文学颇不少。但这些叫苦鸣不平的文学对于革命没有什么影响,因为叫苦鸣不平,并无力量,压迫你们的人仍然不理,老鼠虽然吱吱地叫,尽管叫出很好的文学,而猫儿吃起它来,还是不客气。所以仅仅有叫苦鸣不平的文学时,这个民族还没有希望,因为止于叫苦和鸣不平。例如人们打官司,失败的方面到了分发冤单的时候,对手就知道他没有力量再打官司,事情已经了结了;所以叫苦鸣不平的文学等于喊冤,压迫者对此倒觉得放心。有些民族因为叫苦无用,连苦也不叫了,他们便成为沉默的民族,渐渐更加衰颓下去,埃及、阿拉伯、波斯、印度就都没有什么声音了!至于富有反抗性,蕴有力量的民族,因为叫苦没用,他便觉悟起来,由哀音而变为怒吼。怒吼的文学一出现,反抗就快到了;他们已经很愤怒,所以与革命爆发时代接近的文学每每带有愤怒之音;他要反抗,他要复仇。苏俄革命将起时,即有些这类的文学。但也有例外,如波兰,虽然早有复仇的文学,然而他的恢复,是靠着欧洲大战的。

(二)到了大革命的时代,文学没有了,没有声音了,因为大家受革命潮流的鼓荡,大家由呼喊而转入行动,大家忙着革命,没有闲空谈文学了。还有一层,是那时民生凋敝,一心寻面包吃尚且来不及,哪里有心思谈文学呢?守旧的人因为受革命潮流的打击,气得发昏,也不能再唱所谓他们底文学了。有人说:“文学是穷苦的时候做的,”其实未必,穷苦的时候必定没有文学作品的;我在北京时,一穷,就到处借钱,不写一个字,到薪俸发放时,才坐下来做文章。忙的时候也必定没有文学作品,挑担的人必要把担子放下,才能做文章;拉车的人也必要把车子放下,才能做文章。大革命时代忙得很,同时又穷得很,这一部分人和那一部分人斗争,非先行变换现代社会底状态不可,没有时间也没有心思做文章;所以大革命时代的文学便只好暂归沉寂了。

（三）等到大革命成功后，社会底状态缓和了，大家底生活有余裕了，这时候就又产生文学。这时候底文学有二：一种文学是赞扬革命，称颂革命，——讴歌革命，因为进步的文学家想到社会改变，社会向前走，对于旧社会的破坏和新社会的建设，都觉得有意义，一方面对于旧制度的崩坏很高兴，一方面对于新的建设来讴歌。另有一种文学是吊旧社会的灭亡——挽歌——也是革命后会有的文学。有些的人以为这是“反革命的文学”，我想，倒也无须加以这么大的罪名。革命虽然进行，但社会上旧人物还很多，决不能一时变成新人物，他们的脑中满藏着旧思想旧东西；环境渐变，影响到他们自身的一切，于是回想旧时的舒服，便对于旧社会眷念不已，恋恋不舍，因而讲出很古的话，陈旧的话，形成这样的文学。这种文学都是悲哀的调子，表示他心里不舒服，一方面看见新的建设胜利了，一方面看见旧的制度灭亡了，所以唱起挽歌来。但是怀旧，唱挽歌，就表示已经革命了，如果没有革命，旧人物正得势，是不会唱挽歌的。

不过中国没有这两种文学——对旧制度挽歌，对新制度讴歌；因为中国革命还没有成功，正是青黄不接，忙于革命的时候。不过旧文学仍然很多，报纸上的文章，几乎全是旧式。我想，这足见中国革命对于社会没有多大的改变，对于守旧的人没有多大的影响，所以旧人仍能超然物外。广东报纸所讲的文学，都是旧的，新的很少，也可以证明广东社会没有受革命影响；没有对新的讴歌，也没有对旧的挽歌，广东仍然是十年前底广东。不但如此，并且也没有叫苦，没有鸣不平；止看见工会参加游行，但这是政府允许的，不是因压迫而反抗的，也不过是奉旨革命。中国社会没有改变，所以没有怀旧的哀词，也没有崭新的进行曲，只在苏俄却已产生了这两种文学。他们的旧文学家逃亡外国，所作的文学，多是吊亡挽旧的哀词；新文学则正在努力向前走，伟大的作品虽然还没有，但是新作品已不少，他们已经离开怒吼时期而过渡到讴歌的时期了。赞美建设是革命进行以后的影响，再往后去的情形怎样，现在不得而知，但推想起来，大约是平民文学罢，因为平民的世界，是革命的结果。

现在中国自然没有平民文学，世界上也还没有平民文学，所有的文学，歌呀，诗呀，大抵是给上等人看的；他们吃饱了，睡在躺椅上，捧着看。一个才子出门遇见一个佳人，两个人很要好，有一个不才子从中捣乱，生出差迟来，但终于团圆了。这样地看看，多么舒服。或者讲上等人怎样有趣和快乐，下等人怎样可笑。前几年《新青年》载过几篇小说，描写罪人在寒地里的生活，大学教授看了就不高兴，因为他们不喜欢看这样的下流人。如果诗歌描写车夫，就是下流诗歌；一出戏里，有犯罪的事情，就是下流戏。他们的戏里的脚色，止有才子佳人，才子中状元，佳人封一品夫人，在才子佳人本身很欢喜，他们看了也很欢喜，下等人没奈何，也只好替他们一同欢喜欢喜。在现在，有人以平民——工人农民——为材料，做小说做诗，我们也称之为平民文学，其实这不是平民文学，因为平民还没有开口。这是另外的人从旁看见平民的生活，假托平民底口吻而说的。眼前的文人有些虽然穷，但总比工人农民富足些，这才能有钱去读书，才能有文章；一看好像是平民所说的，其实不是；这不是真的平民小说。平民所唱的山歌野曲，现在也有人写下来，以为是平民之音了，因为是老百姓所唱。但他们间接受古书的影响很大，他们对于乡下的绅士有田三千亩，佩服得不了，每每拿绅士的思想，做自己的思想，绅士们惯吟五言诗、七言诗；因此他们所唱的山歌野曲，大半也是五言或七言。这是就格律而言，还有构思取意，也是很陈腐的，不能称是真正的平民文学。现在中国底小说和诗实在比不上别国，无可奈何，只好称之曰文学；谈不到革命时代的文学，更谈不到平民文学。现在的文学家都是读书人，如果工人农民不解放，工人农民的思想，仍然是读书人的思想，必待工人农民得到真正的解放，然后才有真正的平民文学。有些人说："中国已有平民文学"，其实这是不对的。

诸君是实际的战争者，是革命的战士，我以为现在还是不要佩服文学的好。学文学对于战争，没有益处，最好不过作一篇战歌，或者写得美的，便可于战余休憩时看看，倒也有趣。要讲得堂皇点，则譬如种柳树，待到柳树长大，浓阴蔽日，农夫耕作到正午，或者可以坐在柳树底下吃饭，休息休息。中国现在的社会情状，止有实地的革命战争，一首诗吓不走孙传芳，一炮就把孙传芳轰走了。自然也有人以为文学于革命是有伟力的，但我个人总觉得怀疑，文学总是一种余裕的产物，可以表示一民族的文化，倒是真的。

人大概是不满于自己目前所做的事的，我一向只会做几篇文章，自己也做得厌了，而捏枪的诸君，却又要听讲文学。我呢，自然倒愿意听听大炮的声音，仿佛觉得大炮的声音或者比文学的声音要好听得多似的。我的演说只有这样多，感谢诸君听完的厚意！

（选自《鲁迅全集》，人民文学出版社，2005 年）

米开朗琪罗（上）

——西斯廷礼拜堂

傅雷

傅雷（1908—1966），著名翻译家。1931年，从法国留学归来不久的傅雷受聘于上海美术专科学校，教授美术史及法文。本篇即傅雷上课讲义之一，并经其1934年重新整理、补充而成。

西斯廷礼拜堂（Chapelle Sistine）是教皇的梵蒂冈宫（Palais du Vatican）所特有的小礼拜堂，附建在圣彼得大教堂（Bassilique St. Pierre）左侧。在这礼拜堂里举行选举新任教皇的大典，陈列每个教皇薨逝后的遗骸。每逢特别的节日，教皇亦在这里主持弥撒。圣彼得大教堂是整个基督教的教堂，西斯廷礼拜堂则是教皇个人的祈祷之所。

教皇西克斯图斯四世（Sixtus Ⅳ）——他是德拉·洛韦拉族（Della Rovera）中的第一个圣父——于一四八〇年敕建这所教堂，名为西斯廷，亦纪念创建者之意。所谓 Chapelle（礼拜堂）原系面积狭小的教堂，是中古时代的诸侯贵族的爵邸中作为祭神之所的一间厅堂；但西斯廷礼拜堂因为是造作教皇御用的缘故，所以特别高大，计长四十公尺，宽十三公尺，穹隆形的屋顶的面积共达八百方尺。

堂内没有圆柱，没有方柱，屋顶下面也没有弓形的支柱。两旁墙壁的高处，各有六扇弓形的窗子。余下的宽广的墙壁似乎预备人家把绘画去装饰的。实际上，历代教皇也就是请画家来担任这

傅雷在法国（1930 年）

部分的工作。西斯廷礼拜堂教皇的后任亚历山大六世(Alexandre Ⅵ Borgia),在翡冷翠招了许多画家去把窗下的墙壁安置上十二幅壁画;这些作品也是名家之作,如平图里乔、吉兰达约、波提切利等都曾参加这组工作。但是西斯廷礼拜堂之成为西斯廷礼拜堂,只因为有了米开朗琪罗的天顶画及神龛后面的大壁画之故。只有研究过美术史的人,才知道在西斯廷礼拜堂内,除了米氏的大作之外,尚有其他名家的遗迹。

米开朗琪罗的一生,全是许多苦恼的故事织成的,而这些壁画的历史,尤其是他全部痛苦的故事中最痛苦的。

米开朗琪罗到罗马的时候,才满三十岁,正当一五〇五年。雄才大略的教皇尤里乌斯二世(Julius Ⅱ)就委托他建筑他自己的坟墓。这件大事业正合米氏的脾胃,他立刻画好了图样进呈御览,也就得到了他的同意。他们两个人,可以说一见即互相了解的,他们同样爱好"伟大",同样固执,同样暴躁,新计划与新事业同样引起他们的热情。他们的脾气,也是一样乖僻暴戾。这个教皇是历史上仅见的野心家与政治家,这个艺术家是雄心勃勃的旷世怪杰:两雄相遇,当然是心契神合;然而他们过分相同的性情脾气,究竟不免屡次发生龃龉与冲突。

白石从出产地卡拉拉(Carrara)运来了,堆在圣彼得广场上。数量之多,面积之大,令人吃惊。教皇是那样高兴,甚至特地造了一条甬道,从教皇宫直达米氏的工作场,使他可以随时到艺术家那里去参观工作。

突然,建造坟墓的计划放弃了,教皇只想着重建圣彼得大教堂的问题。他要把它造成世界上最大的教堂,一个配得矗立在永久之城(罗马之别名)里的大教堂。这件事情的发端,原来是有内幕的。米开朗琪罗的敌人,拉斐尔、布拉曼特(Bramante,名建筑家)辈看见米氏在干那样伟大的事业,自然不胜嫉妒;而且米氏又常常傲慢地指摘他们的作品,当下就在教皇面前游说,说圣父丰功伟业,永垂千古而不朽,但在生前建造坟墓未免不祥,远不如把圣彼得大教堂重建一下,更可使圣父的功业锦上添花;尤里乌斯二世本来是意气用事、喜怒无常的一个专制王,又加还有些迷信的观念,益发相信了布拉曼特的话,决定命令他主持这个新事业。至于米开朗琪罗,教皇则教他放下刀笔,丢开白石,去为西斯廷礼拜堂的天顶画十二个使徒像。绘画这勾当原是米氏从未学过而且瞧不起的,这个新使命显然是敌人们拨弄出来作难他的。

他求见教皇,教皇不见。他愈加恐惧了,以为是敌人们在联合着谋害他。他逃了,一直逃回故乡——翡冷翠。

然而,逃回之后,他又恐怖起来:因为在离开罗马后不久,就有教皇派着五个骑兵来追他,递到教皇的敕令,说如果他不立刻回去,就要永远失宠。虽然安安宁宁地在翡冷翠,不用再怕布拉曼特要派刺客来行刺他,但他还是忐忑危惧,惟恐真的失宠之后,他一生的事业就要完全失望。

他想回罗马。正当教皇战胜了博洛尼亚(Bologna)驻节城内的时候,米开朗琪罗怀着翡冷翠大公梅迪契的乞情信去见教皇。教皇盛怒之下,毕竟宽恕了米氏。他们讲和之后第一件工作是替尤里乌斯二世做一座巨大的雕像。据当时目击的人说这像是非凡美妙的,但不久即被毁坏,我们在今日连它的遗迹也看不见。以后就是要实地去开始西斯廷礼拜堂的装饰画了。米氏虽然再三抗议,教皇的意志不能摇动分毫。

一五〇八年五月十日,米氏第一天爬上台架,一直度过了五年的光阴。天顶画的题目,最初是十二使徒;但是以这样一个大师,其不能惬意于这类薄弱狭小的题材,自是意料中事。天顶的面积是那般广大,他的智慧与欲望尤其使他梦想巨大无边的工作;而且教皇也赞同他的意见。因之十二使徒的计划不久即被放弃,而代以创世记、预言家、女先知者等广博的题材。

题目大,困难也大了:米开朗琪罗古怪的性情,永远不能获得满足;他不懂得绘画,尤其不懂需要特殊技巧、特殊素材的壁画。他从翡冷翠招来几个助手,但不到几天,就给打发走了。建筑家布拉曼特替他构造的台架,他亦不满意,重新依了自己的办法造过。教皇的脾气又是急躁非凡,些微的事情,会使他震怒得暴跳起来。他到台架下面去找米开朗琪罗,隔着十公尺的高度,两个人热烈地开始辩论。老是那套刺激与激烈的话,而米氏也一些不退让:"你什么时候完工?""——等我能够的时候!"一天,又去问他,他还是照样地回答"当我能够的时候",教皇怒极了,要把手杖去打他,一面再三地说:"等我能够的时候——等我能够的时候!"米开朗琪罗爬下台架,赶回寓处去收拾行李。教皇知道他当真要走了,立刻派秘书送了五百个杜格(意大利古币名)去,米氏怒气平了,重新回去工作。每天是这些喜剧。

终于,一五一二年十月三十一日,教堂开放了。教皇要亲自来举行弥撒,向米开朗琪罗吆喝道:"你竟要我把你从台架上翻下来吗?"没有办法,米开朗琪罗只得下来,其实,这件旷世的杰作也已经完成了。

五年中间,米开朗琪罗天天仰卧在十公尺高的台架上,蜷着背,头与脚跷起着。他的健康大受影响,只要读他那首著名的自咏诗就可窥见一斑:

我的胡子向着天，
我的头颅弯向着肩，
胸部像头枭。
画笔上滴下的颜色
在我脸上形成富丽的图案。
腰缩向腹部的地位，
臀部变成秤星，压平我全身的重量。
我再也看不清楚了，
走路也徒然摸索几步。
我的皮肉，在前身拉长了，
在后背缩短了，
仿佛是一张 Syrie 的弓。

西斯廷的工程完工之后几个月内，米开朗琪罗的眼睛不能平视，即读一封信亦必须把它拿起仰视，因为他五年中仰卧着作画，以致视觉也有了特别的习惯。

然而，西斯廷天顶画之成功，还是尤里乌斯二世的力量。只有他能够降服这倔强、桀骜、无常的艺术家，也只有他能自始至终维持他的工作上必须的金钱与环境。否则，这件杰作也许要和米氏其他的许多作品一样只是开了端而永远没有完成。

一五〇八年米开朗琪罗开始动手的时候，有八百方尺的面积要用色彩去涂满，这天顶面积之广大一定是使他决计放弃十二使徒的主要原因。他此刻要把创世记的故事去代替，十二个使徒要代以三百五十左右的人物。第一他先把这么众多的人物，寻出一种有节奏的排列。这是必不可少的准备。天顶的面积既那般广，全画人物的分配当然要令观众能够感到全体的造型上的统一。因此，米氏把整个天顶在建筑上分成两部：一是墙壁与屋顶交接的弓形部分，一是穹隆的屋顶中间低平部分。这样，第二部分就成为整个教堂中最正式最重要的一部，因为它是占据堂中最高而最中央的地位。接着再用若干弓形支柱分隔出三角形的均等的地位，并用以接连中间低平部分和墙壁与穹隆交接的部分。

屋顶正中的部分，作者分配"创世记"重要的各幕。在旁边不规则三角形内分配女先知及预言者像。墙壁与穹隆交接部分之三角形内，绘耶稣祖先像。但这三大部分的每幅画所占据的地位是各各不同的，这并非欲以各部面积之大小以示图像之重要次要的分别，米氏不过要使许多画像中间多一些变化而不致单调。天顶正中创世记的表现共分九景，我们可以把它分成三组如下：

一、神的寂寞

A. 神分出光明与黑暗

B. 神创造太阳与月亮

C. 神分出水与陆

二、创造人类

A. 创造亚当

B. 创造夏娃

C. 原始罪恶

三、洪水

A. 洪水

B. 诺亚的献祭

C. 诺亚醉酒

这些景色中间，画着许多奴隶把它们连接起来，这对于题目是毫无关系的，单是为了装饰的需要。

第二部不规则的三角形，正为下面窗子形成分界线，内面画着与世界隔离了的男女先知。最下一部，是基督的祖先，色彩较为灰暗，显然是次要的附属装饰。因之，我们的目光从天顶正中渐渐移向墙壁与地面的时候，清楚地感到各部分在大体上是具有宾主的关系与阶段。

此刻我们已经对于这个巨大的作品有了一个鸟瞰，可以下一番精密的考察了。

第一引起我们注意的是没有一件对象足以使观众的目光获得休息。风景、树木、动物，全然没有。在创世记的表现中，竟没有“自然”的地位。甚至一般装饰上最普通的树叶、鲜花、鬼怪之类也找不到。这里只有耶和华、人类、创造物。到处有空隙，似乎缺少什么装饰。人体的配置形成了纵横交错的线条、对照(contraste)、对称(symetrique)。在这幅严肃的画前，我们的精神老是紧张着。

米开朗琪罗的时代是一般人提倡古学极盛的时代。他们每天有古代作品的新发现和新发掘。这种风尚使当时的艺术家或人文主义者相信人体是最好的艺术材料，一切的美都含蓄在内。诗人们也以为只有人的热情才值得歌唱。几世纪中，“自然”几乎完全被逐在艺术国土之外。十八世纪时，要进画院(Academie de Peinture)还是应当先成为历史画家。

米开朗琪罗把这种理论推到极端，以致在《比萨之役》(*Bataille de Pise*)中画着在洗澡的兵士；在西斯廷天顶上，找不到一头动物和一株植物——连肖像都没有一个。这似乎很奇特，因为这时候，肖像画是那样的流行。拉斐尔在装饰教皇宫的壁画中，就引进了一大组肖像。但是米开朗琪罗一生痛恶肖像,他装饰梅迪契纪念堂时,有人以其所代表的人像与纪念堂的主人全不相像为怪,他就回答道:“千百年后还有谁知道像不像?”

他认为一切忠顺地表现“现实的形象”的艺术是下品的艺术。在翡冷翠时,米氏常和当地的名士到梅迪契主办的“柏拉图学园”去听讲,很折服这种哲学。他念到柏拉图著作中说美是不存在于尘世的,只有在理想的世界中才可找到,而且也只有艺术家与哲学家才能认识那段话时,他个人的气禀突然觉醒了。在一首著名的诗中他写道:“我的眼睛看不见昙花般的事物!”在信札中,米氏亦屡屡引用柏拉图的名句。这大概便是他在绘画上不愿意加入风景与肖像的一个理由吧。

而且,在达到这“理想美”一点上,雕刻对于他显得比绘画有力多了。他说:“没有一种心灵的意境为杰出的艺术家不能在白石中表白的。”实在,雕刻的工具较之绘画的要简单得多,那最能动人的工具——色彩,它就没有;因之,雕刻家必得要运用综合(synthese),超越现实而入于想象的领域。

“雕刻是绘画的火焰,”米氏又说,“它们的不同有如太阳与受太阳照射的月亮之不同。”因此,他的画永远像一组雕像。

我们此刻正到了十五世纪末期,那个著名的quattrocento的终局。二百年来意大利全体的学者与艺术家,发现了绘画[乔托以前只有枯索呆滞的宝石镶嵌马赛克(Mosaique),而希腊时代的庞贝的画派早已绝迹了千余年],发见了素描,以及一切艺术上的法则以后,已经获得一个结论——艺术的最高的目标并不是艺术本身,而是表现或心灵的意境,或伟大的思想,或人类的热情的使命。所以，米开朗琪罗不能再以巧妙、天真的装饰自满，而欲搬出整部的《圣经》来做他的中心思想了。他要使他的作品与伟大的创世记的叙述相并，显示耶和华在混沌中飞驰，在六日中创造天与地、光与暗、太阳与月亮、水与陆、人与万物……

我们看《神分出水与陆》的那幕。耶和华占据了整个画幅。他的姿态，他的动作，他的全身的线条，已够表显这一幕的伟大……在太空中，耶和华被一阵狂飙般的暴风疾卷着向我们前来。脸转向着海。口张开着在发施号令，举起着的左手正在指挥。裹在身上的大衣胀饱着如扯足了的篷，天使们在旁边牵着衣褶。耶和华及其天使们是横的倾向，画成正面。全部没有一些省略(raccourci)，也没有一些枝节不加增全画的精神。

水面上的光把天际推远以至无穷尽。近景故意夸张，头和手画得异常地大。衣服的飘扬，藏着耶和华身体的阴暗部分，似乎要伸到画幅外的右手，都是表出全体人物是平视的，并予人以一种无名的强力，从辽远的天际飞来渐渐迫近观众的印象。枝节的省略，风景的简朴，尤其使我们的想象，能够在无垠无际的空中自由翱翔。

就在梵蒂冈宫中，在称为 loges 的廊内，拉斐尔也画过同样的题材。把它来和米开朗琪罗的一比，不禁要令人微笑。这样的题材与拉斐尔轻巧幽美的风格是不能调和的。

《神创造亚当》是九幕中比较最被人知的一幕。亚当慵倦地斜卧在一个山坡下，他成熟的健美的体格，在深沉的土色中显露出来，充满着少年人的力与柔和。胸部像白石般的美。右臂依在山坡上，右腿伸长着摆在那里，左腿自然地曲着。头，悲愁地微俯。左臂依在左膝上伸向耶和华。

耶和华来了，老是那创造六日中飞腾的姿势，左臂亲狎地围着几个小天使。他的脸色不再是发施命令时的威严的神气，而是又悲哀又和善的情态。他的目光注视着亚当，我们懂得他是第一个创造物。伸长的手指示亚当以神明的智慧。在耶和华臂抱中的一个美丽的少女温柔地凝视亚当。

这幕中的悲愁的气氛又是什么？这是伟大的心灵的、大艺术家的、大诗人的、圣者的悲愁。是波提切利的圣母脸上的，是米开朗琪罗自己的其他作品中的悲愁。《圣经》的题材在一切时代中原是最丰富的热情的诗。“神的热情”(passion de Dien)曾经感应了多少历史上伟大的杰作！

每一组人物都像用白石雕成的一般。亚当是一座美妙的雕像。暴风般飞卷而来的耶和华，也和扶持他的天使们形成一组具有对称、均衡、稳定各种条件的雕塑。

至于男女先知，我们在上面讲过，是受了最初的“十二使徒”的题材的感应。使徒的出身都是些平民、农夫，他们到民间去宣布耶稣的言语，他们只是些富有信仰的好人，不比男女先知是受了神的启示，具有神灵的精神与思想，全部《圣经》写满了他们的热烈的诗句，更能满足米开朗琪罗爱好崇高与伟大的愿望。自然，男女先知的表现，在米氏时代并非是新的艺术材料，但多数艺术家不过把他们作为虔诚的象征，而没有如米氏般真切地体味到全部《圣经》的力量与先知们超人的表白。

这些男女先知像中最动人的，要算是约拿像了。狂乱的姿势，脸向着天，全身的线条亦是一片紧张与强烈的对照。右臂完全用省略隐去，两腿的伸长使他的身躯不致整个地往后仰侧：这显然又是一座雕像的结构。右侧的天使，腿上的盔帽都是维持全体的均衡与重心的穿插。

其他如女先知库迈、耶利米、以赛亚的头仿佛都是在整块白石上雕成的。而耶利米的表情，尤富深思与悲戚的神气，似乎是五百年后罗丹的《思想者》的先声。

在创世记九景周围的二十个人物（奴隶），只是为创世记各幕做一种穿插，使其在装饰上更显富丽罢了。

最后一部的基督的祖先像，其精神与前二部的完全不同。在这里，没有紧张的情调，而是家庭中柔和的空气，坚强的人体易以慈祥的父母子女。在这里，是人间的家庭，在创世记与先知像中，是天地的开辟与神灵的世界。这部的色调很灰暗，大概是米开朗琪罗把它当作比较次要的缘故，然而他在这些画面上找到他生平稀有的亲密生活之表白，却是无可怀疑的事实。

裸体，在西方艺术上——尤其在古典艺术上——是代表宇宙间最理想的美。它的肌肉，它的动作，它的坚强与伟大，它的外形下面蕴藏着的心灵的力强与伟大，予人以世界上最完美的象征。希腊艺术的精神是如此，因为希腊的宇宙观是人的中心的宇宙观；文艺复兴最高峰的精神是如此，因为自但丁至米开朗琪罗，整个的时代思潮往回复古代人生观、自我发现、人的自觉的路上去。米氏以前的艺术家，只是努力表白宗教的神秘与虔敬；在思想上，那时的艺术还没有完全摆脱出世精神的束缚；到了米开朗琪罗，才使宗教题材变成人的热情的激发。在这一点上，米开朗琪罗把整个的时代思潮具体地表现了。

（选自傅雷《世界美术名作二十讲》，生活·读书·新知三联书店，2010 年）

中国文化之出路

陈序经

陈序经(1903—1967),历史学家、教育家,曾任岭南大学校长。本篇系1933年12月29日晚,陈序经在中山大学礼堂的讲演辞。

(一)

今晚兄弟很喜欢得来和诸君研究中国的问题,尤其是中国文化的问题。中国的问题,根本就是整个文化的问题。想着把中国的政治、经济、教育等等改革,根本要从文化着手;因此今晚兄弟特别拿出"中国文化之出路"这个题目来和各位作一简短的讨论。为中国的前途计,我们要给它寻找一条出路。关于中国文化底主张,大约可分作下列三派:

(1) 复古派——主张保存中国固有文化的。

(2) 折衷派——提倡调和办法中西合璧的。

(3) 西洋派——主张全盘接受西洋文化的。

兄弟是特别主张第三派的,就是要中国文化彻底全盘的西化。现在兄弟先来给第一第二两派下一个批评,然后再提出主张第三派的理由。

1. 对复古派的批评

复古是中国人数千年来的传统思想。在思想繁盛的春秋战

陈序经在复旦大学读书期间（1924 年）

国，除法家外，都是趋向于复古的。他们以为自五帝以至三王五霸，一代不如一代，便说上古是黄金的时代，复古是最好的办法。最近张之江也以为拿大刀便可以抵御全副新式军备的日本兵。这其实于理论上和事实上，都是不可行。所谓“固有”的文化的观念，只在中西文化接触前有之；迨接触一经发生，马上便成功了一种新局势，新要求，也便没有所谓固有文化的存在。结果，能适应的，便可生存；不能适应的，便归淘汰。那时它们好像双双并立，其实是双双必需，而为两方所必需的共同品。所以在理论上保存固有文化这句话是说不通，即在事实上也是不对。由燧人氏以至神农氏，伏羲氏，轩辕黄帝，历史上的记载，都是一代比一代进步。同样，唐虞夏商周，以至唐宋元明清，每一朝代的文化，未必低过从前。恐怕还有人以为复古，是复返古时的道德。其实道德只不过是全部文化中的一部分，常常要受文化的各方面所影响。每一时代、每一地方都有其道德；所以道德这种东西，是相对而非绝对的。单就婚姻制度来说，西藏是一妻多夫的，中国是一夫多妻的，西洋是一夫一妻的；因此各处的道德观念也因之而异。以前有杀婴的风俗，现在则以为不对。希腊时代以为蓄奴是合法，现在已把这种制度取消了。社会进化，而人类的道德也便跟着改变；所以今日中国的道德，也未必沦落。从整个历史来看，还是进步，而并非和常人所说“世风日下，人心不古”的一般。

复古派的结晶，孔子是其代表。中国向来只有一种文化，可以叫做“孔家化”。为的是孔子既上承唐虞三代的余绪，又下为中国后世文化的表率；故有谓“孔子一身，直为中国政教之原”。他的“一以贯之”之道，可归纳于忠恕两种观念之上，孔子之讲忠孝，外人也非没有。现在有人把孔子来提倡。其实柏拉图、亚里士多德的道德亦值得去提倡。孔子说要忠君，可是现在已无君。所以像孙先生所说忠，是要我们去忠于国家；这显然是与孔夫子所说的不同。不但如此，我以为孔子的学说，是有很多的弊病的，譬如他说："攻乎异端，斯害也已！"

这个信条，一经宣布，则无论谁都要信仰我的道；不相信我所说的，就是攻乎异端，斯害也已。迨后孟子之所谓异端，大都是指杨墨，而诋墨氏"兼爱"是无父，杨氏"为我"是无君。这样的惟我独尊，排斥异己，使中国的思想没由发达。这种盲目排除异端的态度，推演下去便成为排外的心理。凡在中国以外的，都作他们为夷狄，这是由于陈旧的思想与顽固的保守所致。结果不特东洋本土的文化为其桎梏，即西洋外来的文化，尤为所排斥，卒至酿成八国联军入京之惨祸，而使中国日后大受痛苦。所谓复古就是复孔，也就是尊孔；尊孔便要排除别的学说。除了孔子之道，是不容许别的东西。若在事实上做不到而要采纳别的东西时，他们还是不肯率直地起来承认。比方孟子所说的"民贵君轻"的学说，好像是受过老子的"圣人无常心，以百姓之心为心"的影响；然而他却不明白地说是从老子采过来。我以为这不外是因门户之见太深，并且为了要尊师的缘故，便说是孔子儒家之道，而置老子于不提；又好像陆象山之于佛老清静无为之说，不只承认其价值，还更身体而力行。可是他仍声声自称为儒家的忠实信徒。在我们今日看来，他岂不是很不忠实吗？至于一般所谓孔教徒们，坐着 1933 年的汽车，住着高大洋楼，食着英法的西餐，而惟有口则说着孔子之道，比起颜回之在陋巷而不改其乐，甘愿过着一箪食一瓢饮的简朴生活，自己也要愧死，用不着我们来批评。

近世的复古言论，在国内可算以梁漱溟的势力为大，在国外则以辜鸿铭的影响为多。惜现因时间关系,不能和诸君作从长讨论。总之,我们可以从现在的趋势看来,委实不能容许我们去复古。为什么我们偏要复古?复古不但是去做古人的奴隶,简直是要去再过茹毛饮血、穴居野处的生活!我们忘记了这二三百年来,我们太落后了!我们太不长进了!落后惟有直追,不当踌躇退后;不长进惟有对着现代世界的文化迎头赶上,不当开倒车地去复古!我尝说假使满清能于入关之后,循着明末的趋势,尽量地去采纳西洋文化,彻底地加以创造与发展,则今日二十世纪的中国,实不难与欧美齐驱并驾。无奈清廷只顾目前的苟安,而昧于世界潮流之所趋,终至失败!

(二)

2. 对折衷派的批评

第一条路复古派的办法,既行不通;那么,我们可不可以跑向第二条路——折衷派调和的办法去呢?这派的主张,固然是调和其他二派,但它的内部并非一致。关于这派的意见,约有下列七种:

(1) 道和器。这种主张是以"西洋之器,调和中国之道"。曾国藩以为西洋最好的是机器,便极力主张发展西洋的机器,而薛福成与李鸿章却是一样以为中国之道也可拿去宣传给西洋人。其实每一种器,必由一种道而来。设若中国之"道",是要靠西洋之"器"来保护才能够存在,试问还有什么存在之价值?从科学之道,原则和信仰,而得到物质之器;中国无此"道",安能得此"器"?一直到了甲午之役，战败于日本以后，方才恍然明白东方的“道”与西方的“器”的调和是错误的。

（2）体和用。这种主张是以“中学为体，西学为用”的。张之洞在光绪二十四年所著的《劝学篇》便是主张先以中国的学问为体，才去看看西洋有什么所长，然后拿过来应用，此种论调，本来已成为过去的陈迹，现在已没有人相信。再者，此种主张，好像以中学为机体，西学为功能。又有些以为中学好比一张台，西学好比一张椅；这显然是很不通的。好像耳之体不合眼之用，眼之体不合耳之用一样。体和用是不能够调换；因为无论哪一种机体，都同时有它的功能；体和用是没法分得开的。

（3）物质和精神。这种思想，是以为中国的是精神的文化，西洋的是物质的文化。主张这种思想的人，以为西洋的物质固有可取，但是其精神文化则不及我们中国。所以我们一方面要保存我们的精神文化，他方面要采纳西洋的物质文化；这种折衷办法，可算是最普通的。我们对这种见解的批评，是以为所谓物质文化和精神文化，不外都是二而一，一而二的东西。为的是物质文化所表现之处，便是精神文化所寄存之处。视察其精神文化，同时也可懂得其物质的文化。它们的关系正如一个人的肉体和他的灵魂的关系，两者处处都是互相为用，而不可以分开的；纵能分开，也不能使我国非物质的精神生活，和西洋的物质文化相溶。

（4）动和静。再有些人把文化分作动的文化和静的文化。这种见解，是很错谬的。他们不晓得文化的本身是动的而不是静的，所以没有不进不退的文化。假如文化是真个静止的，那么，我们一定不会有演进。什么是静的文化？静的文化，只有是死的文化。但死的不能说得是文化。原始人穴居野处，茹毛饮血；今日我们席丰履厚,珍馐百味,这都是由文化的变动演进而来。再者,他们说中国人乡村生活是安静的,所以中国的文化是静的文化;西洋人城市生活是嘈杂的,所以西洋的文化是动的文化。这种说法,也是同样的错谬。不信,请看我们中国的人三数个聚在一起,便成了个墟,街道也喧嚣挤拥了不堪。但西洋的人许多同住在一层楼,他们却也很恬静,马路上也是秩序井然;所以把中西文化,分别做动和静的两种,是不对的。

(5) 动物和植物。更有些人把文化分作"动物"和"植物"两种。这种见解,也是不对的。他们的看法,以为中国人的主要食品是五谷菜蔬,因此中国的文化是植物的文化;而西人所吃喝的是牛肉牛乳,因此西洋的文化是动物的文化。照此法看来,难道中国南方畜牛,便说南方是牛的文化,北方牧马,便说北方是马的文化?况且植物是无意识的,而动物是有意识的;这样,岂不是动物文化较植物文化为高一层吗!?畜牧民族的文化较之农业民族的文化为优一等吗?

(6) 人的文化和物的文化。这是南京亚细亚文化学会的人们所主张的,照他们的解释:人是"仁道",物是"霸道"。中国的文化是仁道,西洋的文化是霸道。可是实际上西洋的文化,并不尽是霸道;因为它也有康德和基督教的王道:好像我们的文化,也不尽是人道一样。比方从中国的历史看来,我们的春秋五霸,秦始皇的囊括天下,汉武帝的穷兵黩武;况且我们之得到今日的地位,乃由沿着黄河流域向外四方去发展;这倒是霸道的证明。这种见解,把东西文化分作人的和物的两种,也是不通的。

(7) 科学的方法。还有些人主张用科学的方法,去分析文化的特质,把我国固有的文化全盘托出,然后看哪种特质是好,哪种不好,而决定取舍的方针。但试问这样便能把东西文化调和了吗?比方我们应用这样办法去寻出大家庭制度,是中国文化的一种特征;其次再去估量它的好处和缺点:好处是互助的精神,而缺点是倚赖的惰性;最后便看世界的趋势对于这种大家庭的价值是怎样;其结果则证明大家庭制度不适宜于这种趋势,而没有办法在这种趋势下生存,主张此说的人们,可算是个好理想家,只惜在实际上也是行不通罢了。

(三)

3. 关于彻底全盘西化的理由

现在世界的趋势,既不容许我们复返古代的文化,也不容许我们应用折衷调和的办法;那么,今后中国文化出路,惟有努力去跑向彻底西化的途径。上面我们已解释了第一条路(复古派)和第二条路(折衷派)都不能跑得通;惟有第三条路(西洋派)才是我们当行或必须行的途径。第一条路和第二条路的缺点是:前者(复古派)昧于文化发展变换的道理;而后者(折衷派)昧于文化一致及和谐的真义。前者误以为环境时代是不变的;所以圣人立法,可以用诸万世,而施诸四海;而后者则误以为文化的全部,好像一间旧屋子,我们可以拆毁它,看看哪块石或是料木,随便可以留用。但是他们简直忘却了文化各方面的特质,是不过我们的假定;在文化本身上,并没有这么的一回事。其实文化是全完的整个,没能分解的。总之,无论积极方面,或消极方面,都可以证明中国文化之出路,是要去彻底的西化。照主张彻底全盘西化的人们的见解,以为目下我们的政治，经济，教育，社会，事实上，都已采用西洋的方法，这就是不只在思想上，并且在实行上，都已趋于完全采纳西洋的文化。他们的主张，有下面的两个理由：

(1) 西洋文化，的确比我们进步得多。

(2) 西洋现代文化，无论我们喜欢不喜欢去接受，它毕竟是现在世界的趋势。

申言之：

(1) 从文化发展上看来，西洋近代的文化的确比我们的进步得多，它的思想，也的确比中国的思想为高。西洋文化无论在思想上，艺术上，科学上，政治上，教育上，宗教上，哲学上，文学上，都比中国的好。至于在衣、食、住、行的生活上头，我们更不及西洋人的讲究。就是梁任公先生在他的《清代学术史》里，也要承认非用西洋的方法，便不能把国学来复活。真的，死的国学，也须要赖西洋方法的注射，才得保其生存！

(2) 从理论方面说来，西洋文化，是现代的一种趋势。在西洋文化里面，也可以找到中国的好处；反之，在中国的文化里未必能找出西洋的好处。精神方面，孔子所说的仁义道德，未必高过柏拉图的正义公道。十三世纪，中国的火药、印刷、指南针数种，却为西洋人所接纳而加改良；物质方面的好处，也可以在西洋文化里找到。至若民治和科学，中国都没有。即如座上诸君今晚得来这里听讲，大多数人所穿的服装，和目下诸君所受的教育，现行的社会制度，和国家布施的宪政，无一而非西洋的东西。又如孙先生的三民主义，民族，民权，民生，根本上就是西洋文化的产物。一切政治，社会，教育，经济，物质方面，精神方面，理论上和事实上，都无一而非渐趋于西洋化。从空间看去如此；从时间看来也是如此，西洋文化因它是由许多不同文化组合而成，所以中世纪的局势也比之中国好。千几年，宗教和政治，希伯来文化，罗马文化，和希腊文化，数种势力平衡地来互相争竞，结果便产生了十六世纪的宗教改革和政治运动。可是中国汉朝，政教合一，政治的实力为孔子的学说所巩护，而弄到中国历史上的单调和凝固。十字军的东征和元朝的西征，使西洋文化有了变动，而中国自汉朝以后，却凝滞不前！

(3) 从比较上看来，中国的道德，不及西洋；为的是中国的道德家本身不好。中国人无论公德私德都不好。教育亦的确落后。法律的观念薄弱。一国之本的宪法，素来也不很讲究。哲学也不及西洋的思想如柏拉图哲学之有系统。物质方面，更不用说。关于这点，想诸君亦表同情。西方文化既比我们的好，我们为什么不来彻底全盘地加以接受？西洋文化，是不断的创新与发展，而成为现代化，和世界化。日本的本身已自西化，澳洲也成为英国文化扩张的区域。对着现代世界文化，虽欲不加以接受，亦会被迫着去接受；因为文化的趋势是不能逆倒的。美洲的黑人和白人交处，自动地去接纳西洋文化，便得以继续繁衍。在一八六五年得了解放，以后更日进无已；可是该地土人，不肯接受，便日渐归于淘汰，现在反要受美国政府保护来生存。即如广东的苗黎，跑入五指山，不肯和汉人来往，也便一样的渐趋沦亡；这是世界文化的趋势。西洋的文化，较之我们的文化高。为什么见了他人高于我们的文化，而不去接纳？诸君，请不要以为兄弟说得太过。我们若以为帝国主义是西洋文化的产物，我们若想打倒可恶的帝国主义，决不能以王道来打倒它，却反过来要用帝国主义去打倒帝国主义。因为无论在理论上，或是实际上，非此便无法为中国的文化找到一条出路。

可是有些人说文化是民族的生命；文化亡，民族也必随之而亡。此说是不真确的！文化是由人类所创造；过去的文化，只是前人努力得来的结果。现代和将来的文化，还要今日的我们善继善承的不歇的去发展与创造。（文化是人类适应时境以满足其生活的努力的结果和工具。）文化的本身，是整个人类所共有共享的东西，而不是任何一国家，任何一民族的专有或专利品；所以文化亡，并不见得民族也随之而亡。试看东邻的日本明治维新以来尽量地采纳西化，结果便一跃而跻于富强之域，他们不但种族因之而兴盛，他们的祖宗所遗下的文化也因之而光荣。这就是一个很好的反证。但有些人以为西洋人也尝研究中国的文化，为什么我们要忽视我们的文化？可是我们该要知道西洋人之来研究我们的历史，只不过是为了研究而研究，并不是为要来仿效我们的；正好像他们跑去非洲研究该处的文化，而没有去想着研究采纳该处的文化一样。更有些人以为我们若不去发展中国的文化，便恐怕将来在历史上没有了位置。我则以为这是未免过于忧虑。因为中国文化，老早已成为世界文化的一部分。现下若有人来写世界史，而不把中国史也放在里面，那人的智识便是不大广博的。即使数千年后，中国的历史仍必有它相当的位置。中国是世界的一部分；那么，我们委实不忧中国的文化将来会被人们忘掉了的。

（四）

4. 关于“西化”的责任与希望

谁起来担负这个彻底全盘西化的责任？回答是在南方的青年学生身上。不单在政治上，南方是个新文化的策源地。西洋文化的输入，从地理上看，多是在南方。在汉朝，广州已为中外交通的孔道，而为对外贸易最着要的市廛。到了唐代，也为贸易的中心，直至明清，也是为交通的要道。其他如政治，教育，宗教的文化演进，亦多以广州为起点。即如西方宗教的输入，最初到中国来宣教的利玛窦，也在广东住了十多年；又新教的传教士马礼逊，也是先到广州来；而第一位中国宣道师梁发，也是这里的人。其次说到新教育，是以容闳、黄胜、黄宽三位为最先的留学生。至一八七二年第一批赴美留学生中，广东人占了九十多位。再如新文学的创始，也在这里受西洋文化不少的影响。文字革命（通俗文替代文言）很早便由梁任公和严复两位先生在书信里有所讨论。就算五四运动，若无戊戌以来，如梁启超的努力，为之倡导，而把古文变成通俗化了，或者不会得有今日之成功，成为简单化。同样，黄公度在诗的解放上，也有很大的功劳。经济方面，福建和广东的侨民，也影响南方的经济很大。政治方面，如孙中山先生，也是这里的香山县人。再而说到城市运动，广州不但是开中国新城市的纪元，并且是现在由中国人管理最西化的一个城市；这是凡研究中国城市和市政的人们所公认的。又如劳工运动，也是始于南方，好像多年前的海员大罢工，和现下机器工会等组织。至若中国十几年来的女权运动，也是盛于广州。女子教育在广东也十二分发达。大学男女同学，也以广州南大为先。民九、十年，广东女子已实行参政运动，而在广东临时议院已有女子议员；因此南方人的责任很大。思想最新的，也可说是南方人，像容闳、严复等。又梁启超创办《新民丛报》，开发中国人知识使明晓世界的大势。孙中山先生的思想，根本上也是西化的思想。他的理想中国人是美国的华盛顿。西洋文化，是他的革命环境。他反对中国的旧文化，推翻专制的政体，而建立共和的民国。总之南方是新文化的策源地，思想是最先进。最后归结说到中国文化之出路，无疑地是要从彻底全盘西化着手。希望诸君起来负起这个责任。本校为政治革命的结晶品；把西洋文化彻底努力地去采纳与发展，是在今晚各位的身上了。

（原载广州《民国日报》，1934 年 1 月 15 日至 1 月 16 日）

废　名

已往的诗文学与新诗

废名

废名(1901—1967),作家。本篇系20世纪30年代抗日战争之前,废名在北京大学讲授新诗课程时的讲义之一。

上回我说中国已往的诗文学向来有两个趋势,就是元白易懂的一派同温李难懂的一派,无论哪一派都是在诗的文字之下变戏法,总而言之都是旧诗,胡适之先生于旧诗中取元白一派作为我们白话新诗的前例,乃是自家接近元白的一派旧诗的原故,结果使得白话新诗失了根据。我又说,胡适之先生所认为反动派温李的诗,倒有我们今日新诗的趋势,我的意思不是把李商隐的诗同温庭筠的词算作新诗的前例,我只是推想这一派的诗词存在的根据或者正有我们今日白话新诗发展的根据了。这个道理本不稀奇,只是中国弄新文学的人同以前弄旧文学的人都是一副头脑,见骆驼说是马肿背,诸事反而得不着真面目。我今天把胡适之先生谈新诗的文章,同他的《国语文学史》里讲诗词的部分,都再看了一遍,觉得此事还应该重新商量,我想把我自己平日所想到的说出来引起大家去留心。《谈新诗》一文里,作者最后谈到"新诗的方法",他说"做新诗的方法根本上就是做一切诗的方法",这话不能算错。我常同学生们说,我们首先要练习运用文字,新诗并不就不讲究做文章,现在做新诗的人每每缺乏运用文字的工夫,旧诗人把句子写得好,我们也要把句子写得好。但这一番平常而切实的话,是要在辨明新诗与旧诗的性质以后再来说的,胡适之先生则实在是说不出所以然来，从他所举的例子看来，他还是喜欢旧诗而已。他所举的例子之中，有“绿垂风折笋，红绽雨肥梅”，“芹泥垂燕嘴，蕊粉上蜂须”，“四更山吐月，残夜水明楼”，这些都是我上回所说的旧诗在诗的文字之下变戏法。他又举了“鸡声茅店月，人迹板桥霜”，说“是何等具体的写法！”这两句是温庭筠的诗，其实温庭筠的词比这两句更是具体的写法，只是懂得鸡声茅店月便说鸡声茅店月好，而那些词反而是“诗玩意儿”。据我看“鸡声茅店月，人迹板桥霜”，或者倒是诗玩意儿，同“枯藤老树昏鸦，小桥流水人家”一样是旧诗要惯了的把戏。在这些例子之前，同一篇文章里，胡先生举了辛弃疾的词几句，“落日楼头，断鸿声里，江南游子，把吴钩看了，阑干拍遍，无人会，登临意”，说这种语气决不是五七言的诗能做得出的。不知怎的我很不喜欢这个例子，更不喜欢举了这个例子再加以主观的判断证明诗体的解放。我觉得辛词这些句子只是调子，毫不足取，用北京话说就是“贫”得很，如此的解放的诗，诗体即不解放我以为并没有什么损失。我们且来观察温庭筠的词怎样现得一种诗体的解放罢。胡适之先生在《国话文学史》里说温庭筠的词“却有一些可取的”，他以为可取的，却正不是温词的长处，他所取的是“梳洗罢，独倚望江楼，过尽千帆皆不是，斜晖脉脉水悠悠，肠断白蘋洲”两三首近乎“元白”的诗玩意儿。我并不是说这些不可取，在温庭筠的词里总不至于这些是可取的。如果这个问题与我们今日的新诗风马牛不相及，我们也就可以不谈，据我看这个问题又很关乎新诗的前程。我前说，温庭筠的词简直走到自由路上去了，在那些词里所表现的东西确乎是以前的诗所装不下的，问题便在这里。我们应不惜多费点时间来多考察这件事情。温词为向来的人所不能理解，谁知这不被理解的原因，正是他的艺术超乎一般旧诗的表现,即是自由表现,而这个自由表现又最遵守了他们一般诗的规矩,温词在这个意义上真令我佩服。温庭筠的词不能说是情生文文生情的,他是整个的想象,大凡自由的表现,正是表现着一个完全的东西。好比一座雕刻,在雕刻家没有下手的时候,这个艺术的生命便已完全了,这个生命的制造却又是一个神秘的开始,即所谓自由,这里不是一个酝酿,这里乃是一个开始,一开始便已是必然了,于是在我们鉴赏这一件艺术品的时候我们只有点头,仿佛这件艺术品是生成如此的。这同行云流水不一样,行云流水乃是随处纠葛,他是不自由,他的不自由乃是生长,乃是自由。我的话恐怕有点荒唐,其实未必荒唐,我们且来讲温庭筠的词,——不过在谈温词的时候,这一点总要请大家注意,即是作者是幻想,他是画他的幻想,并不是抒情,世上没有那么的美人,他也不是描写他理想中的美人,只好比是一座雕刻的生命罢了。英国一位批评家说法国自然主义的小说家是"视觉的盛宴",视觉的盛宴这一个评语,我倒想借来说温庭筠的词,因为他的美人芳草都是他自己的幻觉,因为这里是幻觉,这里乃有一点为中国文人万不能及的地方,我的意思说出来可以用"贞操"二字。中国文人总是"多情",于是白发红颜都来入诗,什么"好酒能消光景,春风不染髭须,为公一醉花前倒,红袖莫来扶",什么"此度见花枝,白头誓不归",这些都是中国文人久而不闻其臭。像日本诗人芭蕉俳句,"朝阳花呵,白昼还是下锁的门的围墙"。本是东洋人可有的诗思,何以中国文人偏不行。温庭筠的词都是写美人,却没有那些讨人厌的字句,够得上一个"美"字,原因便因为他是幻觉,不是作者抒情。我们再来讲词,先讲《花间集》第一首:

> 小山重叠金明灭，鬓云欲度香腮雪。懒起画娥眉，弄妆梳洗迟。　　照花前后镜。花面交相映。新贴绣罗襦，双双金鹧鸪。

此词我以为是写妆成之后，系倒装法，首二句乃写新妆，然后乃说今天起来得晚一点，"懒起画娥眉，弄妆梳洗迟，"其实这时眉毛已经画好了。下半又写对了镜子照了又照，总是一切已打扮停当了。"小山重叠金明灭，鬓云欲度香腮雪"，上句是说头，温词另有"蕊黄无限当山额"句，也是把山来说额黄以上。头上戴了钗头之类，所谓"翠钗金作股"者是，所以看起来"小山重叠金明灭"了。这一句之佳要待"鬓云欲度香腮雪"而完成，鬓云固然是诗里用惯了的字眼，在温词里则是想象，于发曰云，于颊上粉白则曰雪，而又于第一句"小山"之山引动来的，在诗人的想象里仿佛那儿的鬓云也将有动状，真是在那里描风捕影，于是"鬓云欲度香腮雪"矣。这是极力写一个新妆的脸，粉白黛绿，金钗明灭，然而我们要替他解说那"鬓"的状态，大约无能为力，用温庭筠自己的句子或者可以用"楚山如画烟开"这一句罢，因为这里要极力形容一个明朗的光景，如眉毛之于眼睛，要分得开开的，于是才现得粉颊儿是粉颊儿，鬓云是鬓云，于是"鬓云欲度香腮雪"矣。这正是描画发云与粉雪的界线，正是描画一个明净，而"欲度"二字正是想象里的呼吸，写出来的东西乃有生命了。温词《更漏子》"花外漏声迢递，惊塞雁，起城乌，画屏金鹧鸪"，也是写静而从动势写。眼前本是"画屏金鹧鸪"，而"花外漏声迢递"，这个音声大概可以惊塞外之雁，起城上之乌，于是我们觉得画屏金鹧鸪仿佛也要飞了。到了《南歌子》"手里金鹦鹉，胸前绣凤凰，偷眼暗形相，——不如强嫁与，作鸳鸯"，话更说得明白一点，把金鹦鹉与绣凤凰尽看尽看，于是欲静物而活了。不过把金鹦鹉与绣凤凰尽看尽看，还可以说是善于状女子心理，若“鬓云欲度香腮雪”决与梳洗的人个性无关，亦不是作者抒情，是作者幻想。他一面想着金钗明灭，华丽不过的事情，一面却又拉来雪与云作比兴，“鬓云”因为乱用惯了自然人人可以用，若与雪度相关，便不是偶然写来的。温词另有“小娘红粉对寒浪”之句，都足以见其想象，他写美人简直是写风景，写风景又都是写美人了。这还是就一句一字举例。我们再讲一首《菩萨蛮》，《花间集》第二首：

> 水精帘里颇黎枕，暖香惹梦鸳鸯锦。江上柳如烟，雁飞残月天。　　藕丝秋色浅，人胜参差剪。双鬓隔香红，玉钗头上风。

此词开始写得像个水帘洞似的，然而“水精帘里颇黎枕”还要待“暖香惹梦鸳鸯锦”这一句乃好。于是暖香惹梦鸳鸯锦这一句真好。这一句是说美人睡。“暖香惹梦”完全是作诗人的幻想，人家要做梦人家自己不知道，除非做了一个什么梦醒来自己才知道，而且女人自家或者贪暖睡，至于暖香总一定已经鼾呼呼的，暖香或者容易惹梦，惹了梦，暖香二字却一定早已不在题目范围之内，总之这都是作诗人的幻想暖香惹梦罢了。梦见了梦他偏不说，这个不是梦中人当然不能知道，然而“暖香惹梦鸳鸯锦”，于是暖香惹梦鸳鸯锦比美人之梦还要是梦了。世上难裁这么美的鸳鸯锦。所以我说温庭筠的词都是一个人的幻想。试看《花间集》别人写梦的，都是戏台里人自家喝采，无论是正面的写男脚色做梦，如“昨夜夜半，枕上分明梦见，语多时，依旧桃花面，频低柳叶眉”，我们读者一看就知道不是做梦，是做文章。或者反面的写女梦，“子规啼破相思梦”也不是做梦是做文章。只有一个人写一点女梦，也不十分说明白梦见什么，只说着“倚着云屏新睡觉，思梦笑”，这个思梦笑的笑字与温词鸳鸯锦三字略相当，然而这还是局中人亲眼看见，温庭筠的词则都是诗人之梦，因此都是身外之物了。我们还是来讲“暖香惹梦鸳鸯锦”。写着暖香惹梦鸳鸯锦，该是如何的在闺中，却又想到“江上柳如烟，雁飞残月天”，真是令人佩服，仿佛风景也就在闺中，而闺中也不外乎诗人的风景矣。这样落笔，温词处处如此，上面说过的“惊塞雁，起城乌，画屏金鹧鸪”是，《菩萨蛮》十余首也多半是。像这样四句，“翠翘金缕双鸂鶒，水纹细起春池碧，池上海棠梨，雨晴红满枝”，首句是女子妆，下三句乃是池上，令我们读之而不觉。接着“绣衫遮应靥，烟草粘飞蝶”两句，真是风景人物写一篇大块文章。其余如“杏花含露团香雪，绿杨陌上多离别，灯在月胧明，觉来闻晓莺”，在这个灯在月明之外，莺声之前，杏花杨柳在古今路上矣。我由暖香惹梦鸳鸯锦说到绿杨陌上多离别，那首词却还没有讲完。其实那首词只剩下“玉钗头上风”一句还应该讲几句，这一句又只有一个“风”字要讲，不讲大家已可触类旁通，他把一个“风”字落到“玉钗头上”去，于是就玉钗头上风了。温词无论一句里的一个字，一篇里的一两句，都不是上下文相生的，都是一个幻想，上天下地，东跳西跳，而他却写得文从字顺，最合绳墨不过，居《花间》之首，向来并不懂得他的人也说“温庭筠最高，其言深美闳约”了。我们所应该注意的是，温词所表现的内容，不是他以前的诗体所装得下的，从我上面所举的例子，大家总可以看得出，像这样，长短句才真是诗体的解放，这个解放的诗体可以容纳得一个立体的内容，以前的诗体则是平面的。以前的诗是竖写的，温庭筠的词则是横写的。以前的诗是一个镜面，温庭筠的词则是玻璃缸的水——要养个金鱼儿或插点花儿这里都行，这里还可以把天上的云朵拉进来。因此我尝想，在已往的诗文学里既然有这么一件事情，我们今日的白话新诗恐怕很有根据，在今日的白话新诗的稿纸上，将真是无有不可以写进来的东西了。有一件事实我要请大家注意，温庭筠的词并没有用典故，他只是辞句丽而密。此事很有趣味，在他的解放的诗体里用不着典故，他可以横竖乱写，可以驰骋想象，所想象的所写的都是实物。若诗则不然，律诗因为对句的关系还可以范围大一点，由甲可以对到乙，这却正是情生文文生情，所以我们读起来是一个平面的感觉。正因此，诗不能不用典故，真能自由用典故的人正是情生文文生情。因为是典故，明明是实物我们也还是纸上的感觉，所以是平面的，温庭筠的词则用不着用什么典故了。说到这里我们就要说到李商隐。要说李商隐的诗，我感着有点无从下手，这个人的诗，真是比什么人的诗还应该令我们爱惜，在中国文学史上只有庾信可以同他相提并论。然而要我说庾信，觉得并不为难，庾信到底是六朝文章，六朝文章到底是古风，好比一株大树，我们只就他的春夏秋冬略略讲一点故事就好了，或者摘一片叶子下来给你们看，你们自己会向往于这一棵树，我也不怕有所遗漏，反正这个树上的叶子是多得很的，路上拾得一片落叶你也喜欢这棵树哩。李商隐的诗颇难处置，我想从沙子里淘出金子来给大家看罢，而这些沙子又都是金子。他有六朝的文采，正因为他有六朝文的性格，他的文采又深藏了中国诗人所缺乏的诗人的理想，这一点他也自己觉着。他的诗真是一盘散沙，粒粒沙子都是珠宝，他是那么的有生气，我们怎么会拿一根线可以穿得起来呢？在他当然都是从一个泉源里点滴出来的。现在有几位新诗人都喜欢李商隐的诗，真是不无原故哩。好在我今天讲到他是由用典故说来的。我们就从这一点下手。温庭筠的词，可以不用典故，驰骋作者的幻想。反之，李商隐的诗，都是借典故驰骋他的幻想。因此，温词给我们一个立体的感觉，而李诗则是一个平面的。实在李诗是“人间从到海，天上莫为河”，“星沉海底当窗见，雨过河源隔座看”，天上人间什么都想到了，他的眼光要比温庭筠高得多，然而因为诗体的不同，一则引我们到空间去，一则仿佛只在故纸堆中。这便是我所想请大家注意的。我们还是举例子，就说一千年来议论纷纷的《锦瑟》一首诗。胡适之先生说，“这首诗一千年来也不知经过多少人的猜想了，但是至今还没有人猜出他究竟说的是什么鬼话”。我且把这首诗抄引了来：

> 锦瑟无端五十弦，一弦一柱思华年。庄生晓梦迷蝴蝶，
> 望帝春心托杜鹃。沧海月明珠有泪，蓝田日暖玉生烟。
> 此情可待成追忆，只是当时已惘然。

这首诗大约总是情诗，然而我们不想推求这首诗的意思，那是没有什么趣味的。我只是感觉得“沧海月明珠有泪，蓝田日暖玉生烟”这两句写得美，这两句我也只是取“沧海月明珠有泪”一句来讲。如果大家听了我的话对于这一句有点喜欢，那么蓝田日暖之句仿佛也可以了解。“沧海月明珠有泪”，作者大约从两个典故联想起来的，一个典故是月满则珠全，月亏则珠阙，这个珠指蚌蛤里的珠。还有一个典故是海底鲛人泣珠。李诗另有“昔去灵山非拂席，今来沧海欲求珠”之句，那却是送和尚的诗，与我们所要讲的这句诗没有关系，不过看注解家在“今来沧海欲求珠”句下引杜甫诗

"僧宝人人沧海珠"，可见"沧海"与"珠"这两个名词已有前例，容易联串起来，于是李商隐在《锦瑟》一诗里得句曰"沧海月明珠有泪"了。经了他这一制造，于是我也想大概真个沧海月明珠有泪似的——，这是我的一位老同学曾经向我说的话，他确曾经沧海回来，沧海月明珠有泪既然确实，于是蓝田日暖玉生烟亦为良辰美景无疑了。新诗人林庚有一回同我说，"沧海月明珠有泪，蓝田日暖玉生烟"，李商隐这两句诗真写得好。于是我也想大概是真写得好。但我尽管说好是不行的，我还可以说点理由出来。从上面列举的典故看来，"沧海月明珠有泪"这七个字是可以联在一起的，句子不算不通，但诗人得句是靠诗人的灵感，或者诗有本事，然后别人联不起来的字眼他得一佳句，于是典故与辞藻都有了生命，我们今日读之犹为之爱惜了。我便这样来强说理由。李商隐另外有两首绝句，一首题作"月"，诗是这样的，"过水穿楼触处明，藏人带树远含清，初生欲缺虚惆怅，未必圆时即有情"。一首题作"城外"，诗是这样的，"露寒风定不无情，临水当山又隔城。未必明时胜蚌蛤，一生长共月亏盈"。这些诗作者似乎并无意要千百年后我辈读者懂得，但我们却仿佛懂得，其情思殊佳，感觉亦美，一面写其惘然之情，一面又看得出诗人的贞操似的。"未必明时胜蚌蛤，一生长共月亏盈"，我觉得便足以做"沧海月明珠有泪"的注解。李诗有《题僧壁》一首，其末四句云，"蚌胎未满思新桂，琥珀初成忆旧松，若信贝多真实语，三生同听一楼钟"。蚌胎未满思新桂，即是用月与蚌蛤的典故，从这些地方我们都可以看出作者的幻想，总是他的感觉美。李商隐常喜以故事作诗，用这些故事作出来的诗，都足以见作者的个性与理想，在以前只有陶渊明将《山海经》故事作诗有此光辉，其余游仙一类的诗便无所谓，即屈原亦不见特色，下此更不足观了。像杜甫关于华山诗句,“西岳峻嶒竦处尊,诸峰罗立似儿孙。安得仙人九节杖,拄到玉女洗头盆。……”直是应景而已。李商隐关于王母,关于嫦娥,关于东方朔,关于麻姑,关于鲛人卖绡,或成一篇,或得一句,都令我们如闻其语如见其人。只看他的这两句话,在他的诗里算是极随便的两句诗,“闻道神仙有才子,赤箫吹罢好相携”,便见他的个性,他要说神仙也有才了,若他人说便说某人是谪仙了。我今天并不是专门解诗,我再举一首《过楚宫》七言绝句,“巫峡迢迢旧楚宫,至今云雨暗丹枫。微生尽恋人间乐,只有襄王忆梦中”。他用故事不同一般做诗的是滥调,他是说襄王同你们世人不一样,乃是幻想里过生活哩,我再举一首,《板桥晓别》,看他的文采,“回望高城落晓河,长亭窗户压微波,水仙欲上鲤鱼去,一夜芙蓉红泪多”。这种句子真是写得美,因为他用的是典故,我们容易忽略他的幻想,只赏鉴他的文采,实在他的想象很不容易捉住,他倒好容易捉住了这个乘赤鲤来去水中的故典,我们却不容易哩。说到用典故,我还想补足一点意思,胡适之先生所谓白话诗家苏黄辛陆这一些人倒真是用典故,他们的词里有时用当日的方言,有时用古书上的成语,实在用方言也好,掉书袋也好,在他们是平等看待,他们写韵文同我们现在乱写散文是差不多的,成语到了口边就用成语,方言到了手下就用方言,他们缺少诗的感觉,而他们又习惯于一种写韵文的风气,结果写出来的韵文只用得着掉文与掉口语,并不是他们有温李的典故而不用,要说典故都应该归在典故的性质项下。他们缺少诗的感觉,他们有才气,所以他们的诗信笔直写,文从字顺,落到胡适之先生眼下乃认为同调,说他们做的是白话诗。真有诗的感觉如温李一派,温词并没有典故,李诗典故就是感觉的联串,他们都是自由表现其诗的感觉与理想,在六朝文章里已有这一派的根苗，这一派的根苗又将在白话新诗里自由生长，这件事情固然很有意义，却也是最平常不过的事，也正是"文艺复兴"，我们用不着大惊小怪了。我们在温庭筠的词里看着他表现一个立体的感觉，便可以注意诗体解放的关系，我们的白话新诗里头大约四度空间也可以装得下去，这便属于天下诗人的事情了。总之我以为重新考察中国已往的诗文学，是我们今日谈白话新诗最要紧的步骤，我们因此可以有根据，因此我们也无须张皇，在新诗的途径上只管抓着韵律的问题不放手，我以为正是张皇心理的表现。我们只是一句话，白话新诗是用散文的文字自由写诗。所谓散文的文字，便是说新诗里要是散文的句子。昨天有一位少年诗人拿了朱湘的一首四行诗给我看，他说他喜欢这首四行，我乃也仔细看了一遍，并且请他讲给我听，为什么他喜欢，我听了他的讲，觉得这四行的意境确是很好，只是要成功一个方块不缺一角的原故，有一句乃不是散文的句子。我把这首四行诗照原作标点引了来：

鱼肚白的暮睡在水洼里
在悠悠的草息中作着梦。
云是浅的，树是深的朦胧，
远处有灯火了，红色的，稀。

这首四行的第四行不是中国散文的句法，而中国旧诗乃确乎有这样的姿态。"红色的"是形容灯火，"稀"也是形容红色的灯火，同林黛玉所称赞的"大漠孤烟直"的直字，"长河落日圆"的圆字，不是处于一样的地位吗？只不过这里多了"远处有灯火了"的有字做动词。这样的新诗的文字我以为比旧诗文字还要是诗的。因此我更佩服古人会写文字，像温庭筠写这四句，“绣衫遮笑靥，烟草粘飞蝶。青琐对芳菲，玉关音信稀”。他描写了好几样的事情，读者读之而不觉。至于“惊塞雁，起城乌，画屏金鹧鸪”又是较容易看得出的藕断丝连的句子了。我们的白话新诗是要用我们自己的散文句子写。白话新诗不是图案要读者看的，是诗给读者读的。新诗能够使读者读之觉得好，然后普遍与个性二事俱全，才是白话新诗的成功。普遍与个性二事俱全，本来是一切文学的条件，白话新诗又何能独有优待条件。“散文的文字”这个范围其实很宽（但不能扯到外国的范围里去），三百篇也是散文的文字，北大《歌谣周刊》的歌谣也是散文的文字，甚至于六朝赋也是散文的文字，我们可以写一句“屋里衣香不如花”，只是不能写“帘卷西风人比黄花瘦”。文字这件事情，化腐臭为神奇，是在乎豪杰之士。五七言诗，与长短句词，则皆不是白话新诗的文字，他们一律是旧诗的文字。

（选自《废名集》，北京大学出版社，2009 年）

短篇小说

沈从文

沈从文(1902—1988),作家、学者。本篇系1941年5月2日,沈从文在西南联大国文学会的讲演辞,并于1941年5月20日在昆明校正。

说到这个问题以前,我想在题目下加上一个子题,比较明白:

一个短篇小说的作者,谈谈短篇小说的写作,和近二十年来中国短篇小说的发展。

因为许多人印象里意识里的短篇小说,和我写到的说起的,可能是两样不同的东西,所以我还要老老实实声明一下:这个讨论只能说是个人对于小说一点印象,一点感想,一点意见,不仅和习惯中的学术庄严标准不相称,恐怕也和前不久确定的学术平凡标准不相称。世界上专家或权威,在另外一时对于短篇小说规定的"定义""原则""作法",和文学批评家所提出的主张说明,到此都暂时失去了意义。

什么是我所谓的"短篇小说"? 要我立个界说时,最好的界说,应当是我作品所表现的种种。若需要归纳下来简单一点,我倒还得想想,另外一时给这个题目作的说明,现在是不是还可应用。三年前我在师范学院国文学会讨论会上,谈起"小说作者和读者"时,把小说看成"用文字很恰当记录下来的人事"。因为既然是人事,就容许包含了两个部分:一是社会现象,便是说人与人相互之间的

沈从文

种种关系;二是梦的现象,便是说人的心或意识的单独种种活动。单是第一部分容易成为日常报纸记事,单是第二部分又容易成为诗歌。必须把人事和梦两种成分相混合,用语言文字来好好装饰剪裁,处理得极其恰当,才可望成为一个小说。

我并不觉得小说必须很"美丽",因为美丽是在文字辞藻故事动人以外可以求得的东西。我也不觉得小说需要很"经济",因为即或是个短篇,文字经济依然并不是这个作品成功的唯一条件。我只说要很"恰当",这恰当意义,在使用文字上,就容许数量上的浪费,也不必对于辞藻过分吝啬。故事内容呢,无所谓"真",亦无所谓"伪"(更无深刻平凡区别)。所要的只是那个"恰当"。文字要恰当,描写要恰当,分配更要恰当。作品的成功条件,就完全从这种"恰当"产生。

我们得承认,一个好的文学作品,照例会使人觉得在真美感觉以外,还有一种引人"向善"的力量。我说的"向善",这个词的意思,并不属于社会道德那方面"做好人"的理想,我指的是这个读者从作品中接触了另外一种人生,从这种人生景象中有所启示,对"生命"能作更深一层的理解。普通做好人的乡愿道德,社会虽异常需要,有许多简便方法工具可以利用,"上帝"或"鬼神","青年会"或"新生活",或对付他们的心,或对付他们的行为,都可望从那个"多数"方面产生效果,不必要文学来作。至于小说可作的事,却远比这个重大,也远比这个困难。如像生命的明悟,使一个人消极地从肉体爱憎取予,理解人的神性和魔性,如何相互为缘。(并明白生命各种型式,扩大到个人生活经验以外,为任何书籍所无从企及。)或积极地提示人,一个人不仅仅能平安生存即已足,尚许可在他的生存愿望中,有些超越普通动物的打算,比饱食暖衣保全首领以终老更多一点的贪心或幻想，方能把生命引导到一个崇高理想上去。这种激发生命离开一个普通动物人生观，向抽象发展与追求的兴趣或意志，恰恰是人类一切进步的象征。这工作自然也就是人类最艰难伟大的工作。在过去两千年来，哲人的经典语录可做到的事，在当前一切经典将失去意义时，推动或执行这个工作，就唯有文学作品还相宜。若说得夸大一点，尚可说到近代，别的工具都已办不了时，尚唯有“小说”还能担当这种艰巨。原因简单而明白：小说既以人事为经纬，举凡机智的说教，梦幻的抒情，一切有关人类向上的抽象原则的说明，都无不可以把它综合组织到一个故事发展中。印刷术的进步，交通工具的进步，既得到分布的便利，更便利的还是近千年来读者传统的习惯，即多数认识文字的人，从一个故事取得娱乐与教育的习惯，在中国还好好存在。加之用文学作品来耗费他个人剩余生命，取得人生教育，从近三十年来年青学生方面说，在社会心理上即贤于博弈。所以在过去，《三国志》或《红楼梦》所有的成就，显然不是用别的工具可以如此简便完成的。在当前，几个优秀作家在国民心理影响上，也不是什么做官的专家部长委员可办到的。在将来，一个文学作者若具有一种崇高人生理想，这理想希望它在读者生命中保有一种势力，将依然是件极其容易事情。用“小说”来代替“经典”，这种大胆看法，目前虽好像有点荒唐，却近于将来的事实。

这是我三年前对于小说的解释，说的虽只是“小说”，把它放在“短篇小说”上，似乎还说得通。这种看法也许你们会觉得可笑，是不是？不过真正可笑的还在后面，因为我个人还要从这个观点上来写三十年！三十年在中国历史上，算不得一个数目，但在个人生命中，也就够瞧了。这种生命的投资，普通聪明人是不干的！

有人觉得好笑以外也许还要有点奇怪，即从我说这问题一点钟两点钟得来的印象，和你们事先所猜想到的，读十年书听十年讲记忆中所保留的，很可能都不大相合。说说完了，于是散会。散会以后，有的人还当作笑话，继续谈论下去，有的人又匆匆忙忙地跑出大南门，预备去看九点场电影，有的人说不定回到宿舍，还要骂骂“狗屁狗屁，岂有此理”，表示在这里所受的委曲。这样或那样，总而言之，是不可免的。过了三点钟后，这个问题所能引起的一点小小纷乱也差不多就完事了。这也就正和我所要说的题目相合，与一个“短篇小说”在读者生命中所占有的地位相合，讲的或写的，好些情形都差不多。这并不是人生的全部，只那么一点儿，所要处理的，说他是作者人生的经验也好，是人生的感想也好，再不然，就说他是人生的梦也好。总之，作者所能保留到作品中的并不多，或者是一闪光，一个微笑，以及一瞥即成过去的小小悲剧，又或是一个人临于生死边际作的短期挣扎。不管它是什么，都必然受种种限制，受题材、文字以及读者听者那个“不同的心”所限制。所以看过或听过后，自然同样不久完事。不完事的或者是从这个问题的说明、表现方式上，见出作者一点语言文字的风格和性格，以及处理题材那点匠心独运的巧思，作品中所蕴蓄的人生感慨与人类爱。如果是讲演，连续到八次以上，从各个观点去说明的结果，或者能建设出一个明明朗朗的人生态度。如果是作品，一本书也会给读者相同印象。至于听一回，看一遍，使对面的即能有会于心，保留一种深刻印象，对少数人言，即或办得到，对多数人言，是无可希望的！

新文学中的短篇小说，系随同二十二年前那个“五四”运动发展而来。文学运动本在“五四”运动以前，民六左右，即由陈独秀、胡适之诸先生提出来，却因“五四”运动得到“工具重造工具重用”的机会。当时谈思想解放和社会改造，最先得到解放的是文字，即语体文的自由运用。思想解放社会改造问题，一般讨论还受相当限制时，在文学作品试验上，就得到了最大的自由，从试验中日有进步，且得到一个“多数”（学生）的拥护与承认。虽另外还有个“多数”（旧文人与顽固汉）在冷嘲恶咒，它依然在幼稚中发育成长，不到六七年，大势所趋，新的中国文学史，就只有白话文学作品可记载了。谈到这点过去时，其实应当分开来说说，因为各部门作品的发展经过和它的命运，是不大相同的。

新诗革命当时最与传统相反，最引起社会注意，情形最热闹（作者极兴奋，批评者亦极兴奋），同时又最成为问题，即大部分作品是否算得是“诗”的问题。

戏剧在那里讨论社会问题，处理思想问题，因之有“问题”而无“艺术”，初期作者成绩也就只是热闹，作品并不多，且不怎么好。

小说发展得平平常常，规规矩矩，不如诗那么因自由而受反对，又不如戏那么因庄严而抱期望，可是在极短期间中却已经得到读者认可继续下去。先从学生方面取得读者，随即且从社会方面取得更多的读者，因此奠定了新文学基础，并奠定了新出版业的基础。

若就近二十年来过去作个总结算，看看这二十年的发展，作者多，读者多，影响大，成就好，实应当推短篇小说。这原因加以分析，就可知道一是起始即发展得比较正常，作品又得到个自由竞争机会，新陈代谢作用大些，前仆后继，人才辈出，从作品中沙中捡金，沙子多金屑也就不少。其次即是有个读者传统习惯，来接受作品，同时还刺激鼓励优秀作品产生。

若讨论到“短篇小说”的前途时，我们会觉得它似乎是无什么“出路”的。它的光荣差不多已经变成为“过去”了。它将不如长篇小说，不如戏剧，甚至于不如杂文热闹。长篇小说从作品中铸造人物，铺叙故事又无限制，近二十年来社会的变，近五年来世界的变，影响到一人或一群人的事，无一不可以组织到故事中。一个长篇如安排得法，即可得到历史的意义，历史的价值，它且更容易从旧小说读者中吸收那个多数读者，它的成功伟大性是极显明的。戏剧娱乐性多，容易成为大时代中都会的点缀物，能繁荣商业市面，也能繁荣政治市面，所以不仅好作品容易露面，即本身十分浅薄的作品，有时说不定在官定价值和市定价值两方面，都被抬得高高的。就中唯有短篇小说，费力而不容易讨好，将不免和目前我们这个学校中的“国文系”情形相同，在习惯上还存在，事实上却好像对社会不大有什么用处，无出路是命定了的。

不过我想在大家都忘不了“出路”，多数人都被“出路”弄昏了头的时候，来在“国文学会”的讨论会上，给“短篇小说”重新算个命，推测推测它未来可能是个什么情形。有出路未必是好东西，这个我们从跑银行的大学生，有销路的杂志，和得奖的作品即可见到一二。那么，无出路的短篇小说，还会不会有好作者和好作品？从这部门作品中，我们还能不能保留一点希望，认为它对中国新文学前途，尚有贡献？要我答复，我将说“有办法的”。它的转机即因为是“无出路”。从事于此道的，既难成名，又难牟利，且决不能用它去讨个小官儿做做。社会一般事业都容许侥幸投机，作伪取巧，用极小气力收最大效果，唯有“短篇小说”可是个实实在在的工作，玩花样不来，擅长“政术”的分子决不会来摸它。“天才”不是不敢过问，就是装作不屑于过问。即以从事写作的同道来说，把写短篇小说作终生事业，都明白它不大经济。这一来倒好了。短篇小说的写作，虽表面上与一般文学作品情形相差不多，作者的兴趣或信仰，却已和别的作者不相同了。支持一个作者的信心，除初期写作，可望从“读者爱好”增加他一点愉快，从事此道十年八年后，尚能继续下去的，作者那个“创造的心”，就必得从另外找个根据。很可能从外面刺激凌轹，转成为自内而发的趋势。作者产生作品那点“动力”，和对于作品的态度，都慢慢地会从普通“成功”，转为自我完成，从“附会政策”，转为“说明人生”。这个转变也可说是环境逼成的，然而，正是进步所必需的。由于作者写作的态度心境不同，似乎就与抄抄撮撮的杂感离远，与装模作样的战士离远，与逢人握手每天开会的官僚离远，渐渐地却与那个“艺术”接近了。

照近二十年来的文坛风气，一个作家一和“艺术”接近，也许因此一来，他就应当叫作“落伍”了，叫作“反动”了，他的作品并且就要被什么“检查”了，“批评”了，他的主张意见就要被“围剿”了，“扬弃”了。但我们可不必为这事情担心。这一切不过是一堆“词”而已，词是照例摇撼不倒作品的。作品虽用纸张印成，有些国家在作品上浇了些煤油，放火去烧它，还无结果！二三子玩玩字词，用作自得其乐的消遣，未尝无意义。若想用它作符咒，来消灭优秀作品，其无结果是用不着龟筮卜算的。“落伍”是被证明已经“老朽”，“反动”，又是被裁判得受点处分，使用的意义虽都相当厉害，有时竟好像还和“侦探告密”“坐牢杀头”这类事情牵连在一处。但文人用来加到文人头上时，除了满足一种卑鄙的陷害本能，是并无何等意义，不用担心吓怕的。因为这种词用惯后，用多后，明眼人都知道这对于一个诚实的作家，是不会有何作用的。文学还是文学，作品公正的审判人是“时间”（从每个人生命中流过的时间），作品在读者与时间中受试验,好的存在,且可能长久存在,坏的消灭,即一时间偶然侥幸,迟早间终必消灭。一个作者真正可怕的事,是无作品而充作家,或写点非驴非马作品应景凑趣,门面总算支持了,却受不了那个试验,在试验中即黯然无光。

日月流转,即用过去二十年事实作个例,试回头看看这段短短路上的陈迹,也可长人不少见识。当时文坛逐鹿,恰如运动场上赛跑,上千种不同的人物,穿着各式各样的花背心和运动鞋,用各自习惯的姿势,从跑道一端起始,飞奔而前。就中有仅仅跑完一个圈子,即已力不从心,摇摇头退下场了的。有跑到三五个圈子,个人独在前面,即以为大功告成而不再干的。有一面跑一面还打量到做点别的节省气力事情,因此装作摔了一跤,脚一蹿一蹿向公务员丛中消失了的。也有得到亲戚、朋友、老板、爱人在旁拍巴掌叫好,自己却实在无出息,一阵子也败溃下来的。大致地说来,跑到三五年后,剩下的人数已不甚多。虽随时都有新补充分子上场,跑到十年后,剩下的可望到达终点的人就不过十来位了。设若这个竞赛是无终点的,每个人的终点即是死,工作的需要是发自于内的一点做人气概,以及支持三五十年的韧性,跑到后来很可能观众都不声不响,不拍掌也不叫好,多数作家难以为继,原是极其自然的。所以每三五年照例都有几个雄赳赳的人物,写了些得商人出力、读者花钱、同道捧场、官家道贺的作品,结果只在短短"时间"陶冶中,作品即已若存若亡,本人且有改业经商,发了三五万横财,讨个如夫人在家纳福的。或改业从政,作个小小公务员,写点子虚乌有报告的。或傍个小官,代笔做做秘书,安分乐生混日子下去的。这些人倒真是得到了很好的出路!逝者如斯,不舍昼夜,历史虽短,也就够令人深思!

"得到多数"虽已成为一种社会习惯,在文学发展中,倒也许正要借重"时间",把那个平庸无用的多数作家淘汰掉,让那个真有作为诚敬从事的少数,在极困难挫折中受试验,慢慢地有所表现,反而可望见出一点成绩。(三五个有好作品的作家,事实上比三五百挂名作家更为明日社会所需要,原是显然明白的。)对这个少数作家而言,我觉得他们的工作,正不妨从"文学"方面拉开,安放到"艺术"里去,因为它的写作心理状态,即容易与流行文学观日见背驰,已渐渐和过去中国一般艺术家相近。他不是为"出路"而写作,这个意见是我十三年前提起过的,我以为值得旧事重提,和大家讨论讨论。

记得是民国十七年秋天,徐志摩先生要我去一个私立大学讲"现代中国小说",上堂时,但见百十个人头在下面转动,我知道许多"脑子"也一定在同样转动。我心想:"和这些来看我讲演的人,我说些什么较好?"所以就在黑板上写了一行字:"请你们让我休息十分钟吧。"我意思倒是咱们大家看看,比比谁看得深。我当然就在那里休息,实在说就是给大家欣赏我那个乱蓬蓬的头,那种狼狈神气。到末后,我开口了,一说就是两点钟。下课钟响后,走到长廊子上时,听到前面两个人说,"他究竟说些什么?"这种讲演从一般习惯看来,自然是失败了。那次"看"的人可能比"听"的人多,看的人或许还保留一个印象,听的人大致都早已忘掉了。忘不掉的只有我自己,因为算是用"人"教育"我",真正上了一课。这一课使我明白文字和语言、视和听给人的印象,情形大不相同。我写的小说,正因为与一般作品不大相同,人读它时觉得还新鲜,也似乎还能领会所要表现的思想内容。至于听到我说起小说写作,却又因为解释的与一般说法不同,与流行见解不合,弄得大家莫名其妙了。这对于我个人，真是一种离奇的教育。它刺激我在近十年中，继续用各种方式去试验，写了一些作品和读者对面。我写到的一堆故事，或者即已说明我对这个问题的意见和态度，若不曾从我作品中看出一点什么，这种单独的讲演，是只会作成你们的复述那个“他究竟是说什么”印象的。

其实当时说的并不稀奇古怪，不过太诚实一点罢了。“诚实”二字虽常常被文学作家和理论家提出，可是大多数人照例都怕和诚实对面。因为它似乎是个乡巴佬使用的名词，附于这个名词下的是：坦白，责任，超越功利而忠贞不易，超越得失而有所为有所不为。把这名词带到都市上来，对“玩”文学的人实在是毫无用处的。其实正是文学从商业转入政治，“艺术”或“技巧”都在被嘲笑中地位缩成一个零。以能体会时代风气写平庸作品自夸的，就大有其人。这些人或仿佛十分前进，或俨然异常忠实，用阿谀“群众”或阿谀“老板”方式，认为即可得到伟大成就。另外又有一部分作家，又认幽默为人生第一，超脱潇洒的用个玩票白相态度来有所写作，谐趣气氛的无节制，人生在作者笔下，即普遍成为漫画化。“浅显明白”的原则支配了作者心和手，其所以能够如此，即因为这个原则正可当作作品草率马虎的文饰。风气所趋，作者不甘落伍的，便各在一种预定的公式上写他的传奇，产生并完成他“有思想”的作品。或用一个滑稽讽笑的态度，来写他的无风格、无性格、平庸乏味的打哈哈作品。如此或如彼，目标所在是“得到多数”。用的是什么方法，所得到的又是什么，都不在意。

关于这一点，当时我就觉得，这是不成的。社会的混乱，如果一部分属于一般抽象原则价值的崩溃，作者还有点自尊心和自信心，应当在作品中将一个新的原则重建起来。应当承认作品完美即为一种秩序。一切社会的预言者，本身必须坚实而壮健，才能够将预言传递给人。作者不能只看今天明天，还得有个瞻望远景的习惯，五十年一百年世界上还有群众！新的文学要它有新意，且容许包含一个人生向上的信仰，或对国家未来的憧憬，必需得从另外一种心理状态来看文学，写作品，即超越商业习惯上的“成功”，完全如一个老式艺术家制作一件艺术品的虔敬倾心来处理，来安排。最高的快乐从工作本身即可得到，不待我求。这种文学观自然与当时“潮流”不大相合，所以对我本来怀有好感的，以为我莫名其妙，对我素无好感的，就说这叫作“落伍”“反动”。不过若注意到这是从左右两方面来的诅咒，就只能令人苦笑了。

我是个乡下人，乡下人的特点照例“相当顽固”，所以虽被派“落伍”了十三年，将来说不定还要被文坛除名，还依然认为一个作者不将作品与“商业”“政策”混在一处，他脑子会清明一些。他不懂商业或政治，且极可能把作品也写得像样些。他若是一个短篇小说作者，肯从中国传统艺术品取得一点知识，必将增加他个人生命的深度，增加他作品的深度。一句话，这点教育不会使他堕落的！如果他会从传统接受教育，得到启迪或暗示，有助于他的作品完整、深刻与美丽，并增加作品传递效果和永久性，都是极自然的。

我说的传统，意思并不是指从史传以来，涉及人事人性的叙述，两千多年来早有若干作品可以模仿取法。那么承受传统毫无意义可言。主要的是有个传统艺术空气，以及产生这种种艺术品的心理习惯，在这种艺术空气心理习惯中，过去中国人如何用一切不同的材料，不同的方法，来处理人的梦，而且又在同一材料上，用各样不同方法，来处理这个人此一时或彼一时的梦。艺术品的形成，都从支配材料着手，艺术制作的传统，即一面承认材料的本性，一面就材料性质注入他个人的想象和感情。虽加人工，原则上却又始终能保留那个物性天然的素朴。明白这个传统特点，我们就会明白中国文学可告给作家的，并不算多，中国一般艺术品告给我们的，实在太多太多了。

试从两种艺术品的制作心理状态，来看看它与现代短篇小说的相通处，也是件极有意义的事情。一由绘画涂抹发展而成的文字，一由石器刮削发展而成的雕刻，不问它是文人艺术或应用艺术，艺术品之真正价值，差不多全在于那个作品的风格和性格的独创上。从材料方面言，天然限制永远存在，从形式方面言，又有个社会习惯限制。然而一个优秀作家，却能够于限制中运用“巧思”，见出“风格”和“性格”。说夸张一点，即是作者的人格，作者在任何情形下，都永远具有上帝造物的大胆与自由，却又极端小心，从不滥用那点大胆与自由超过需要。作者在小小作品中，也一例注入崇高的理想，浓厚的感情，安排得恰到好处时，即一块顽石，一把线，一片淡墨，一些竹头木屑的拼合，也见出生命洋溢。这点创造的心，就正是民族品德优美伟大的另一面。在过去，曾经产生过无数精美的绘画，形制完整的铜器或玉器，美丽温雅的瓷器，以及形色质料无不超卓的漆器。在当前或未来，若能用它到短篇小说写作上，用得其法，自然会有些珠玉作品，留到这个人间。这些作品的存在，虽若无补于当前，恰恰如杜甫、曹雪芹在他们那个时代一样，作者或传说饿死，或传说穷死，都缘于工作与当时价值标准不合。然而百年后或千载后的读者，反而唯有从这种作品中，取得一点生命力量，或发现一点智慧之光。

制砚石的高手，选材固在所用心，然而在一片石头上，如何略加琢磨，或就材质中小小毛病处，因材使用作一个小小虫蚀，一个小池，增加它的装饰性，一切都全看作者的设计，从设计上见出优秀与拙劣。一个精美砚石和一个优秀短篇小说，制作的心理状态（即如何去运用那点创造的心），情形应当约略相同。不同的为材料，一是石头，顽固而坚硬的石头，一是人生，复杂万状充满可塑性的人生。可是不拘是石头还是人生，若缺少那点创造者的“匠心独运”，是不会成为特出艺术品的。关于这件事，《红楼梦》作者曹雪芹，比我们似乎早明白了两百年。他不仅把石头比人，还用雕刻家的手法，来表现大观园中每一个人物，从语言行为中见身份性情，使两世纪后读者，还仿佛可看到这些纸上的人，全是些有血有肉有哀乐爱憎感觉的生物。（谈历史的多称道乾隆时代，其实那个辉辉煌煌的时代，除了遗留下一部《红楼梦》可作象征，别的作品早完了！）

再从宋元以来中国人所作小幅绘画上注意。我们也可就那些优美作品设计中，见出短篇小说所不可少的慧心和匠心。这些绘画无论是以人事为题材，以花草鸟兽云树水石为题材，“似真”“逼真”都不是艺术品最高的成就，重要处全在“设计”。什么地方着墨，什么地方敷粉施彩，什么地方竟留下一大片空白，不加过问。有些作品尤其重要处，便是那些空白处不著笔墨处，因比例上具有无言之美，产生无言之教。

短篇小说的作者，能从一般艺术鉴赏中，涵养那个创造的心，在小小篇章中表现人性，表现生命的形式，有助于作品的完美，是无可疑的。

短篇小说的写作，从过去传统有所学习，从文字学文字，个人以为应当把诗放在第一位，小说放在末一位。一切艺术都容许作者注入一种诗的抒情，短篇小说也不例外。由于对诗的认识，将使一个小说作者对于文字性能具特殊敏感,因之产生选择语言文字的耐心。对于人性的智愚贤否、义利取舍形式之不同,也必同样具有特殊敏感,因之能从一般平凡哀乐得失景象上,触着所谓“人生”。尤其是诗人那点人生感慨,如果成为一个作者写作的动力时,作品的深刻性就必然因之而增加。至于从小说学小说,所得是不会很多的。

所以短篇小说的明日,是否能有些新的成就,据个人私意,也可以那么说,实有待于少数作者,是否具有勇气肯从一个广泛的旧的传统最好艺术品中,来学习取得那个创造的心,印象中保留着无数优秀艺术品的形式,生命中又充满活泼生机,工作上又不缺少自尊心和自信心,来在一个新的观点上,尝试他所努力从事的理想事业。

或者会有人说,照你个人先前所说,从十八年起文学即已被政治看中,一切空洞理想,恐都不免为一个可悲可怕事实战败。即十多年来那个“习惯”,以及在习惯中所形成的偏见,必永远成为进步的绊脚石。原因是作家如不能再成为“政策”的工具,即可能成为“政客”的敌人。一种政治主张或政客意见,不能制御作家,有一天政治家的做作庄严,便必然受作品摧毁。因之从官僚政客观点来说,文学放到政治部或宣传部,受培养并受检查,实在是个最好最合理地方,限制或奖励,异途同归,都归于三等政客和小官僚来控制运用第一流作家打算上。其实这么办,结果是不会成功的,不过增加几个不三不四的作家,多一些捧场凑趣装模作样的机会,在一般莫名其妙的读者中,推销几百本平庸作品罢了,对于这方面的明日发展,政治是无从“促成”也无从“限制”的。

然而对面既是十多年来养成的一种根深蒂固的习惯,使一般作家的自尊心和自信心，都极其容易消失。空洞的乐观，当然还不够。明日的转机，也许就得来看看那个“少数”如何“战争”了。若想到一切战争都不免有牺牲，有困难，必需要有无限的勇气和精力支持，方能战胜克服。从小以见大，使我们对于过去、当前，各在别一处诚实努力，又有相当成就的几个作者，不论他是什么党派，实在都值得特别尊敬。因为这也是异途同归，归于“用作品和读者对面”。新文学运动，若能做到用作品直接和读者对面，这方面可做的事，即从娱乐方式上来教育铸造一个新的人格，如何向博大、深厚、高尚、优美方面去发展。且启发这个民族的感情，如何在忧患中能永远不灰心，不丧气，增加抵抗忧患的韧性，以及翻身的信心，就实在太多了。

（原载《国文月刊》第 18 期，1942 年 4 月 16 日）

论东西文化与心理建设

林语堂

林语堂(1895—1976),作家、学者。本篇系1944年10月24日,林语堂在重庆中央大学的演讲辞。

语堂按:本文发表《大公报》后,颇有凑热闹之徒,断章取义,颠倒是非,尽缠夹之能事。余以当日所言,任人如何歪曲,原文俱在,不难对证。且原文阐意极明,非有意歪缠者,不致误会,故亦毋庸另文答辩。兹将原稿重载《宇宙风》,并将可注意者二点,特为指出。非难文字,一曰"劝青年读《易经》",二曰"中国亦有臭虫"。关于第一点,原文谓"认识吾国文化,本非易事……必有好学深思之士……始贯通得来",且谓"儒家的中心思想必须找到,始可以谈到中国固有的文化",而"《易经》为儒家精深哲理所寄托,非懂《易》,不足以言儒"。意思是"与国人治学者愿互相劝勉"。此"劝青年读《易》"一语所由来也。关于第二点,原谓"一国之大,错综复杂,自有不如意事,而自信心因以动摇。须知不但本国如此,各国皆如此,外国也有黑市……凡视一国的发展,总要眼光放远些……目前有不如意小事,应当批评与纠正,但自信的心理,必须树立。他事可以消极,抗战与建国决不容消极"。此"外国也有臭虫"一语所由来也。原文既在,吾不复多赘。至原文谓自己行年将近五十,不敢说已懂东西文化,已懂《易》,乃学然后知不足者之辞,非仅固谦之语,以此"与国人治学者互相劝励",冀当代国人对儒家思想,得更进一步的了解。乃竟有人亦以此语做文章,谓我未读《易》,不懂

林语堂

《易》,甚且造谣谓我不识于民十一年在柏林早已见过了焦循易学等书。凡此下流蜚语,皆无置辩之必要。

——三十三年正月二十二日于桂林

鄙人这次归国,一则参观国内情形,征求抗战事实,二则报告国人国际政治思想动向,国外对本国流言甚多,传闻失实,或见诸文字,或出之口传,或为有作用的宣传,或只是无意识的闲话。这种徜恍迷离的局面要打破,便须供给确切事实。且一国之大,内在之能力如何,思想之动向如何,决非西人记者所能彻底了解与鉴别,希望此次回来,再到国外,能正国外的视听,并使外邦人士对中国将来发展的动向,有更亲切的认识。中国官方宣传,虽有组织,而文字宣传,实在太少,比起英国在美宣传,真是微乎其微。最近美国人士对中国的好感友谊,十分诚挚,但是因此对中国之将来,也很关切。我们应该纠正种种的错解谬说,使对中国的政府及人民的正常发展,不要有一点的怀疑。

关于报告国外政治思想动向,鄙人已著《啼笑皆非》一书,正在翻译中,并不多赘。所谓《啼笑皆非》,就是叫人哭不得笑不得的一种局面。所收的是公开的材料,所表的是私人的见解,也可以做我数年来国外视察之总报告。希望国人读了,对国际政治将来之发展及战后的局面,有更亲切之认识。我也觉得,国内的人因为读物缺乏,对国外政治的暗潮,未免太隔膜了。

今日讲的是东西文化与心理建设。何以挑这题目?因为我觉得国人还是缺乏自信心,自信心不立,就是没有心理建设,没有心理建设,物质的建设,便感困难。一国之大,错综复杂,自有不如意事,而自信心因以动摇。须知不但本国如此,各国亦皆如此。外国也有黑市,也有人弄权舞弊,也有骈枝机关、人浮于事的混乱局面(美国中央政府职员多至三百万人可惊之数),也有吏曹因循成法推诿责任,也有政策未立举棋不定的外交等等。我以为中国如一大海,只看沙滩上的飘泊稃草及鹬蚌相争渔翁得利的小玩意儿,是不足以言观海的。有人恶意宣传,正像向大海投石。投一担石海水不加多。取出所投之石,海水也不减少。凡视一国家的发展,总要眼光放远些,信心要坚定些,营私舞弊,固然也有,而抗战可歌可泣之事也所在多有。目前有不如意小事也!应当批评与纠正,但自信的心理,必须树立。他事可以消极,抗战与建国决不容消极,这才是纯正的态度。孔子说:立国之道有三:足食、足兵、立信。"自古皆有死,民无信不立。"所以可以无食,去兵,而不可无信。信就是心理建设,而兵食是物质建设。可见孔老夫子并非物质主义崇拜者,也是心理学家。他精神与物质两方面是都顾得到的。

但是要一般社会有自信心,必需国人对于吾国文化及西方文化有一番相当正确的认识。认识吾国文化,本非易事;认识西方文化,也非朝夕可致。必有好学深思之士,通达古今,兼有悟力识见,始贯通得来。但学问之事极难。我行年将近五十,中文也看,西文也看,时时视察,穷其条理,对于中西哲理人生社会思想习惯始稍稍窥一个眉目,略知其条理沿革。然而我懂中国文化哲理吗?并不。譬如《易经》,还是未窥其涯略。然《易经》为儒家精深哲理所寄托,非懂易,不足以言儒。孔子谓假我数年,五十以学《易》,可以无太过。盖阴阳消长之理所在,不得以一本卦书等闲视之。故曰,学然后知不足。凡此皆吾辈所应致力之处。欧洲心理家容氏(C.J. Jung)谓看《易经》始知东方逻辑及思想法与西洋因果的逻辑不同,而且较合科学新条理,因为今日科学的基本因果律已经动摇。事理变化极为复杂，决非如前因后果的科学讲得那么简单。谁不相信这话，试将第一次大战的原委分出哪个是因，哪个是果，便知这断片的前因后果说是不通而与事实不符的。因果是同时并行的，互相倚伏消长，成为循环律而近于相对论。我也可以套孔夫子的话，假我数年，五十以学中西文化，穷究其源流，也许可以稍窥其梗概。这是我与国人治学者愿劝勉的。

现在中国思想是混乱的状态。外国文化，且不必说，本国文化也难有真知灼见的认识。但没有真知灼见的认识，对本国文化的自信心就不能建立。举一例，以前鲁迅说中国书看得教人昏睡，外国书看了就抖擞精神。他说外国虽有颓唐派，但是有生命的颓唐派，中国虽有积极入世的士大夫，但只是没有生命的入世士大夫。这种愤激的话，不能叫作认识。说贾宝玉做和尚是无生命，而《罪与罚》的主人翁自杀是有生命，是不通的话。左派作家说中国书有毒，《三国》《水浒》忠孝节义的话都有毒。现在从抗战看来，大后方的老百姓，所听的就是《三国》《水浒》关羽武松的戏，全没受过上海租界消过毒的洋青年的洗礼，然而抗战的力量，反而靠这些老百姓。你说中国书本上忠孝节义的思想有毒，试想怎么四千年传到今还能产生并保存这样的好百姓，可见左派理论与事实不符，一味抹杀固有文化的理论，为抗战的事实所驳倒。这个哑谜摆在眼前，大家赶紧搔首，用脑想吧。所以这种愤激之论，不能称为认识，只能称为迎合青年心理。何以言之？今日青年，或者未读古书，于心有疚。你告诉他，古书读不得，因为有毒，岂不是使青年对自己说，幸哉我未读古书，幸哉我未中毒。《论》《孟》读也未！未也；于是恭喜。《史》《汉》读也未？未也；于是恭喜。所以大家不但不内心有疚，还应额手称庆。所以这叫作迎合青年心理。或谓古书有毒，或谓古书是封建思想,或谓经书未经整理过以前读不得。总而言之,理由很多,正如我们不愿意到朋友约会,也必有许多理由。至于左派前辈作家,自己躲在床上偷看古书,似乎十分歉意,也必造出许多的理由,或者说我是整理古书,不是读,或谓我明知是毒药,但是我是医生,有经验,还无妨看看,至于你们后进青年后生小子是万万吃不得这毒药的。

反过来说,中国近年也屡见复古的思潮。盲目拜外,固然不是,一味复古,也无是处。在这一点,更需要对于儒道释有真知灼见的学识。儒家的中心思想,必须找到,始可以谈到中国固有的文化。尤其要与西方比较之下,权其轻重,知其利弊,弃其糟粕,取其精华,得一哲学条理,然后可谓学者的批评态度,然后可合大国之风。我想《大学》修身齐家治平的话,显而易见,其理易寻,懂得的人,十有八九。但是《中庸》一书,真懂中庸至德,而能以科学原理说出来的,也许国中没有几人。怎么叫作唯天下至诚为能尽其性,及尽人性尽物性之关系,都有玄通的哲理在焉。再如庄子齐物之论,列子商丘开之喻,都可与现代科学相对证,使理益彰而意益明。这也是治学的人应用一番苦心,发明新知,使古今中外互相印证,这样做法,然后可以融会贯通,自由自在,书为我用,我不为书用,收古今中外为我注脚。

这是言研究方面,还有中外交际方面。刚才我说大国之风,愿以此四字相勉。每思今人,思想复杂,流于片断零碎。对于我国文化,信心未立,见诸行事,便失大国之风。孟子言,人必自侮然后人侮之。上海买办洋奴侍奉洋大人的心理,可谓亡国奴的心理。见了洋大人必恭必敬,不寒而栗,这且不必论。但据我观察,不平等条约心理依然存在。外侨“中国通”轻蔑华人的心理未改,中国人之侍奉洋大人的买办心理也依然未改:因其未改,侍奉愈殷勤,愈引起洋大人的轻蔑。西人最要人自尊,看得起自己,你愈妄自菲薄,愈招外侮。这于近年来中外接触的事件上,处处可以发现。吾尝谓东方之道,让然后得,西方之道,攘然后得。鞠躬雅事也,但是对西人万万行不得,你鞠躬时,他从你背后一拍,你怎么办呢?倨傲不逊与叩头谢恩,两事都行不得,都不是大国之风。妄自夸大与妄自菲薄,都不是大国的风度。最要是与外人接触时,有自尊心,不必悖慢无理,也不必足恭逢迎,不卑不亢,是为大国的风度。事有必争便须争,若十九世纪半殖民地心理未解除,怕得罪洋大人,便一切外交都无可办。

今天所谈不及中西文化的本体,只当一个发凡。但是对于中外交际,我有两句话奉告诸位。(一)人必以平等自居,然后人肯以平等待之。(二)国家之事,我们若不争平等,外人决无将平等置在托盘上自送给你之理。这是我们目前最急要的彻底觉悟。

(原载《天下文章》第2卷第4期,1944年11月)

1939 年，西南联大新校舍建成，图为图书馆

新文艺和文学遗产

闻一多

本篇系1944年5月8日晚，闻一多在西南联大新校舍图书馆前草地上举行的联大文艺晚会的讲演辞。

今天晚上在场发言的，建设新文艺的人物有八位教授(编者按：八教授为冯至，朱自清，孙毓棠，沈从文，卞之琳，闻家驷，李广田，杨振声)。

而我和罗先生(常培)是干破坏的，破坏旧的东西，……月亮出来了(闻先生指着初从云中钻出来的满月说)，乌云还等在旁边，随时就会给月亮盖住。

我们要特别注意……要记住我们这个五四文艺晚会是这样被人阴谋破坏的；但是我们不用害怕，破坏了，我们还要来……五四的任务没有完成，我们还要干！我们还要科学，要民主，要打倒孔家店和封建势力！……文学遗产在五四以前是叫作国粹，五四时代叫作死文学，现在是借了文学遗产的幌子来复古，来反对新文艺，现在我就是要来审判它：中国在君主政治底下，'君'是治人的，但不是'君'自己去治，而实际治人的是手下的许多人，治人就是吃人！……中国的政治由封建而帝制，再由帝制而民治……中国的封建社会里面有四种家臣：第一种是绝对效忠主子的，是儒家，第二种次之，是法家，第三种更次之，是墨家，而庄子是第四种，是拒小惠而要彻底拆台的，但是因为有前三种人的支持，所以没有效果，后来，由反抗现实而逃到象牙塔中，辛亥以后，治人吃人的观念并没有打倒。管家人吃人,借了君子的名字。在五四,第四种人出塔了,他们要自己管理自己,管家的无立足余地了,但是他们仍旧可以存在的,不过不再是替君子管而是替人民管了。可惜第四种人在塔处住不惯,又回到塔里面去了!那么前三种人又活跃了!但他们觉得新主子不如旧主子好,所以才有'献九鼎'啊!新主子一出来首先要打击五四运动,要打击提倡民治精神的祸因。后来他们发现民主是从外国来的,于是义和团精神又出现了,跟外国人绝交。现在谈第四种人,他们拼命搬旧塔的砖瓦来造新塔,就如有人在提倡晚明小品,表面上是新文艺,其实是旧的。新文学同时是新文化运动,新思想运动,新政治运动,新文学之所以新就是因为它是与思想、政治不分的,假使脱节了就不是新的。文学的新旧不是甚么文言白话之分,因为古文所代表的君主旧意识要不得,所以要提倡新的。第四种人中的道家则劣处较少。新文学是要和政治打通的。至于文学遗产,就是国粹,就是桐城妖孽,就是骸骨,就是山林文学。中国文学当然是中国生的,但不必嚷嚷遗产遗产的,那就是走回头路,回去了!现在感到破坏的工作不能停止,讲到破坏,第一当然仍旧要打倒孔家店,第二要摧毁山林文学。从五四到现在,因为小说是最合乎民主的,所以小说的成绩最好,而成绩最坏的还是诗。这是因为旧文学中最好的是诗,而现在作诗的人渐渐地有意无意地复古了。现在卞先生(之琳)已经不作诗了,这是他的高见,作新诗的人往往被旧诗蒙蔽了渐渐走向象牙塔。

(选自朱自清、郭沫若、吴晗、叶圣陶编《闻一多全集》[三],生活·读书·新知三联书店,1982 年)

文学的严肃性

朱自清

本篇系1947年5月5日，朱自清在清华大学文艺晚会上的讲演辞。

严肃这个观念在我们现代文学开始发展时是认为很重要的。当时与新文学的创造方面对抗的是鸳鸯蝴蝶派，礼拜六派的小说。他们的态度，不论对文学、对人生，都是消遣的。新文学是严肃的。这严肃与消遣的对立中开始了新文学运动，尤其是新文学的创作方面。

本来在传统的文学里，所谓“文”的地位是不很高的。文章，小道也。在宋朝还有人说作文害道。作文对道学有害，这是一种极端的看法，作文至少是小道。这里面的小说，更是小而又小了，在新文学运动开始时，对人生先有一个严肃的态度。对文学，也有一个新的文学观念，这观念包括文学不是专门只为消遣，茶余酒后的消遣；他们认为文学有重大的使命和意义，这是一层。第二，文学并非小道，有其独立的地位。从前向来是不承认的，就是诗与文在文学中的地位很高，比起道来，仍然很差。五四运动开始时，反对“文以载道”，因为这样一说，文便成为一种无足轻重的东西，主要的是道。道把文压下来，所以要反对。但当时新文学运动如何表现这两个观念呢？这还得和鸳鸯蝴蝶派对比着来看。

鸳鸯蝴蝶派的小说，写的多是恋爱故事，但不是当作一件严肃的事情(有时也有为恋爱而恋爱)，总带点把恋爱当游戏的态度。看小说的，也是茶余酒后，躺在床上看看。虽然看到悲哀的时候，

朱自清

也流几滴眼泪，但总不认真似的。他们的文学大部分是文言，就是用白话，也是从旧小说里抄来的，不免油腔滑调。新文学在文字方面的态度很认真。教你不能不认真地看。有的人看惯了旧的，看新的作品觉得太正经，不惯，在内容方面，注重攻击礼教讽刺社会，发掘中国社会的劣根性而表现出来，在这方面见出认真的态度。

鸳鸯蝴蝶派的小说，倒合乎中国小说的传统，中国小说本来是着重在“奇”的。如唐朝的“传奇”，明朝的短篇集叫“拍案惊奇”。奇就是不正经，小说就要为的奇。我们幼时，看小说还叫看闲书，小说自身就以不正经自居，明朝虽有《警世通言》《醒世恒言》《喻世明言》，名称上似乎注重社会的作用，但这三种书被选出编成《今古奇观》，足见仍然也是以“奇”为主。鸳鸯蝴蝶派的小说就在满足好奇的趣味，所以能得到许多读众。新文学却不要奇，奇对生活的关系较少。要正，要正视生活。反礼教，反封建，发掘社会病根正视社会国家人生，因此他们在写作上是写实的，即如《犯人日记》，里面虽然是象征意义，但却用写实笔法来写，这种严肃的态度，维持不断。直到后来，社会比较安定些，知识阶级的生活也安定下来，于是严肃的态度改变了，产生言志载道的问题。

新文学初期反对载道，这时候便有人提倡言志。所谓言志，实在是玩世不恭，追求趣味，趣味只是个人的好恶，这也是环境的反映，当时政治上还是混乱，这种态度是躲避。他们喝酒，喝茶，谈窄而又窄的身边琐事。当时许多人如此，连我也在内，但这种情形经过的时间很短，从言志转到了幽默。好像说酒要一口一口地喝，还不成，一直要幽默到没有意义。为幽默而幽默，一面要说话，一面却要没有意义，这也是一种极端。生活的道路，越走越窄，一切都没有意义，变成耍贫嘴，说俏皮话，这明明白白回到了消遣。

人生原是两方面的，时代的压迫稍松，便走到这一边来。但中国的情形不允许许多人消遣。结果，消遣的时间很短，又回过头来，大家认为这种态度要不得。于是更明白地提出严肃的口号，鲁迅先生介绍了一句话："一方面是严肃的工作，一方面是荒淫与无耻。"这两者相对比严肃和消遣相对更尖锐，这表示时代要求严肃更迫切了。

这里应该补充一点。创造社的浪漫和伤感成为一时的风气，那是那个时代个人求解放的普遍趋势。个人生活中灵肉的冲突是生死问题，是严肃的问题，民国十四年五卅以后，反封建、反帝更是迫切。大家常提起鲁迅先生介绍的那句话，并且从工作扩大到行动，于是文学运动又回到严肃。

现在更是严肃的时期。新文学开始时反对文以载道，但反对的是载封建的道。到现在快三十年了，看看大部分作品其实还是在载道，只是载的是新的道罢了。三十年间虽有许多变迁，文学大部分时间是工具，努力达成它的使命和责任，和社会的别的方面是联系着的。

（原载《文汇报》，1947 年 5 月 19 日）

第七辑 社会

蔡元培

在上海南洋公学的演说

蔡元培

本篇系1916年12月13日,蔡元培在上海南洋公学的讲演辞。

某前掌教此间,规模草创,不若现实之感,其后数经艰险,而校名亦因之三更。初名南洋公学,名称极泛,继改高等实业,始表现为高等教育学校;今定名工业专门,而又冠以"交通部"三字,望而知为工艺而属于交通一途者。某因贵校改名为工业学校,心有所感焉,前某滥竽斯校时,校中所谓专门学科,仅有经济特班一班。夫经济属于政治,治人而非益人之学也。虽世界有此种学科,吾人求学有选择之权,经济亦非绝对不可学之学问,特其为益,究不若工业之昭著。

且近世学说日新,人民渐趋于个人独立之势,政府亦曰归于消灭之地位。斯宾塞尔著《群学肄言》有云:"凡人群一切事业,若人民自行处置。"又云"昔日政府所经营何种事业,皆应由人民自理"。近得读云南杨君新作著曰《义务政府》者云:"宪法内人民有当兵义务,纳税义务。当兵义务,应改服官义务。"从政作为义务,则一切政治弊病,概可祛除;贿赂苞苴,亦可不行,自有种种利益。依此言之,服官以义务视之,则有何政府之可言,政府自归于消灭。吾人有此准绳,自可达到目的,则将来政治学问,不为世重可知,此余之所以乐知斯校为工业专门也。

顾吾国自来四民不并视,偏轻工商,多以其劳力而无足轻重,近始知工商之要。工人制创物品,固为极要,而商人转运有无以利人民，亦不为无功。近时以商人广事花费，每使物价昂贵，若装潢、广告等费，动愈其物之原价，极不利于社会，故渐有废弃商人之趋势。欧洲各国有团体总管地方，或一团体货材出入需用者，有所谓工业协会，以多数人组织而成。会员有新发明时，可即开单示之办事者，办事者即依此制造。照给其价常较市上之货，便宜十分之三四，年终结算，赢余即分给会员。又经商人之手于个人之出款，省减不少，此法欧洲十分通行，此可以废弃商人之一证。而工业为制造之基本，果非若商业之可废弃也。在校诸君谅皆知工业在社会上之价值也。又工业有多种，而路电为尤要。德之胜法，胜俄，胜比，皆以路胜；而德人之消息，亦赖德人自创之德文新电报社，以传递至世界各国。中国处于今日之地位，路电尚寥寥无几，故极再三注重之。

然吾人所最不能者，即有专门学问，而无以自进于用材之地。余曾见校长唐蔚芝先生在交通会议之提案中有三节：一为本校卒业生广为录用，一为分派卒业生实习，一为路电各局收本校贫寒中小学生为生徒。斯校为部立学校，尚有如此之要求，他校可知，此中学所以应重职业教育也。贵校以部立而卒业，每不能就业，虽部中不能辞咎，然吾国交通事业幼稚，何处可以位置，亦心有余而力不足也，缘此高等教育人才虽多闲无所事，或就他业者，亦不少。然吾人虽曾受高等教育，亦不惮与平民为伍。当俄国托尔斯泰，身为伯爵尚与贫民共耕作，救济之方，自在吾人本身，则吾人求一学问，专心研究，不求其得用以否，但求其不退步，即不作懊丧之念头，然精神方面亦须顾及，盖执业无变化，则易生厌倦；静则思动、动则思静。如斯校之体育会，各种运动，均极有成绩，即为调剂心理之一法。而凡百科学，又有美术之感念；而美术亦为调剂心理不可少之事，如文学之诗歌、骈文，所以发抒吾人之怀抱情感也。凡一切事业，一方虽为实用，而无不有美术之意寓其于间，要之执业精神，务必调剂平和，则无论处何地位，均可自慰，断不至因抱负受屈，抑郁而自伤其身也。

（原载天津《大公报》，1916 年 12 月 29 日）

李大钊

给新闻界开一个新纪元

——在北京大学新闻记者同志会成立会上的演讲

李大钊

李大钊(1889—1927),无产阶级革命家、中国共产党的主要创始人之一。本篇系 1922 年 2 月 12 日,李大钊在北京大学新闻记者同志会成立会上的讲演辞。

我今对于我们北大同学,发起这个北大新闻记者同志会,抱着很大的希望。我以为新闻事业,是一种活的社会事业。刚才胡先生说新闻事业,是要研究“活的问题”“真的问题”,不希望诸位替人家做那“充篇幅”的事情。我现在更希望诸位对于新闻事业,是社会的事业这一点也特别注意,因为社会是复杂的、多方面的关系,要想把这不断的、发生的、多方面的社会现象描写出来,而加了批评或指导,非有相当的学问和知识不可。以前新闻界,所以有很多缺点,就是因为从事新闻业者的眼光不能映注到全社会的生活上的缘故。现在我们北大同学从事新闻事业的,如此之多,将来必能“改造”“提高”新闻界。因为大学是一个最高的学府,所研究的学问,是多方面的,故由大学出身的人,必有比较的多方面的知识,或有与多方面的知识界接近的机会,希望诸位同学出其所学,把新闻界在社会上的地位提高,给新闻界开一个新纪元。

新闻记者的责任,于记述事实以外,还应该利用活的问题,输入些知识。胡先生说,新闻宜注意活的问题,不应单讲克鲁泡特金、马克思等等死的学说。这话诚然不错,但是材料虽是死的,若是用当也未尝不可把他变成活的。譬如平日登些克鲁泡特金的学说,人便全不注意,若当接到克鲁泡特金逝世的消息那一天,把他的历史,他的学说,写出来贡献在社会上,便可以引起社会一般人的注意了。又如但丁的历史和他的文学,在平日登出来,充充篇幅,实在于一般看报的人没有多大的意味,若在去年,有为他作六百年纪念的事实那一天登出,便可以引起社会一般人的兴味来。又如今天高师为达尔文一百十三周年诞生纪念,开博物展览会并讲演会,北京的报馆若有在今日把达尔文的历史、肖像和他的学说的概要登出来的,岂不是格外有趣吗?又如一八七一年三月的巴黎自治团,在平时写出来,人并不十分注意,若在去年三月十八、九日恰恰是五十周年的纪念日,把这一段历史记载出来,登在报上,岂不是绝好的材料吗?可见死的材料,若是随着活的事实表现出来,便是活的、有趣味的材料。最好的材料,若作平日充满篇幅之用,因为他与现实的生活不相关联,于阅者亦丝毫不发生兴趣。照这样子做去,一切的科学知识,都可以觅得机会,利用一种活的事实输入给大家。例如新疆、甘肃发生地震,我们便去访问地质学家。太阳忽然现出红光,我们便去访问天文学家。某种政治问题发生,我们便去访问政治学家,请他就此事实为学理上的说明。此外如有各国学者来华,亦当随时访问,叩其意见,以转为介绍于社会。这是新闻界对社会灌输知识的职分与方法,这点诸位要注意的。

新闻是现在新的、活的社会状况的写真。历史是过去旧的社会状况的写真。现在的新闻纸,就是将来的历史。历史不应是专给一姓一家作起居注,或专记一方面的事情,应当是注重社会上多方面的记载,新闻纸更应当如此。但是现在新闻界,遇着"督军的举动”,或“阔人的一言一行”,都是用大字,排在前几版,那穷人因穷自尽,或其他种种因为受环境压迫发生不幸的结果,乃社会上很大的变故,反用小字,排在报的末几版不注意的地方,这是旧习惯未退尽的一个最大的表现,也就是新闻界的一个大缺点。这一点也希望诸位同学注意。

我们北大同学,在新闻界的人发生这样一个团体,是一件很有关系的事。胡先生说,不希望主张必定一致,希望人人能发挥个性固然不错,但是有了这个团体,总可以借此情谊,立在同一的、知识的水平线上,常有机会来交换各人不同的意见。遇有国民的运动发生时,我们总可以定一大目标,共同进行,以尽指导群众而为国民的宣传的责任。

敬祝北大新闻同志会的进展无涯!

(原载《晨报》,1922 年 2 月 14 日)

鲁迅

文艺与政治的歧途

鲁迅

本篇系1927年12月21日，受朋友章衣萍（时任上海暨南大学校长秘书）代表校方之邀，鲁迅前往暨南大学所作的讲演辞，最初发表时为刘率真（曹聚仁）的记录稿。

我是不大出来讲演的，今天到此地来，不过因为说过了好几次，来讲一回也算了却一件事。我所以不出来讲演，一则没有什么意见可讲，二则刚才这位先生说过，在座的很多读过我的书，我更不能讲什么。书上的人大概比实物好一点，《红楼梦》里面的人物，像贾宝玉林黛玉这些人物，都使我有异样的同情；后来，考究一些当时的事实，到北京后，看看梅兰芳姜妙香扮的贾宝玉林黛玉，觉得并不怎样高明。

我没有整篇的鸿论，也没有高明的见解，只能讲讲我近来所想到的。我每每觉到文艺和政治时时在冲突之中；文艺和革命原不是相反的，两者之间，倒有不安于现状的同冰雪的西伯利亚去。

有一派讲文艺的，主张离开人生，讲些月呀花呀鸟呀的话（在中国又不同，有国粹的道德，连花呀月呀都不许讲，当作别论），或者专讲"梦"，专讲些将来的社会，不要讲得太近。这种文学家，他们都躲在象牙之塔里面；但是"象牙之塔"毕竟不能住得很长久的呀！象牙之塔总是要安放在人间，就免不掉还要受政治的压迫。打起仗来，就不能不逃开去。北京有一班文人，顶看不起描写社会的文学家，他们想，小说里面连车夫的生活都可以写进去，岂不把小说应该写才子佳人一首诗生爱情的定律都打破了吗？现在呢，他们也不能做高尚的文学家了，还是要逃到南边来；“象牙之塔”的窗子里，到底没有一块一块面包递进来的呀！

等到这些文学家也逃出来了，其他文学家早已死的死，逃的逃了。别的文学家，对于现状早感到不满意，又不能不反对，不能不开口，“反对”“开口”就是有他们的下场。我以为文艺大概由于现在生活的感受，亲身所感到的，便影印到文艺中去。挪威有一文学家，他描写肚子饿，写了一本书，这是依他所经验的写的。对于人生的经验，别的且不说，“肚子饿”这件事，要是欢喜，便可以试试看，只要两天不吃饭，饭的香味便会是一个特别的诱惑；要是走过街上饭铺子门口，更会觉得这个香味一阵阵冲到鼻子来。我们有钱的时候，用几个钱不算什么；直到没有钱，一个钱都有它的意味。那本描写肚子饿的书里，它说起那人饿得久了，看见路人个个是仇人，即是穿一件单褂子的，在他眼里也见得那是骄傲。我记起我自己曾经写过这样一个人，他身边什么都光了，时常抽开抽屉看看，看角上边上可以找到什么；路上一处一处去找，看有什么可以找得到；这个情形，我自己是体验过来的。

从生活窘迫过来的人，一到了有钱，容易变成两种情形：一种是理想世界，替处同一境遇的人着想，便成为人道主义；一种是什么都是自己挣起来，从前的遭遇，使他觉得什么都是冷酷，便流为个人主义。我们中国大概是变成个人主义者多。主张人道主义的，要想替穷人想想法子，改变改变现状，在政治家眼里，倒还不如个人主义的好；所以人道主义者和政治家就有冲突。俄国文学家托尔斯泰讲人道主义，反对战争，写过三册很厚的小说——那部《战争与和平》，他自己是个贵族，却是经过战场的生活，他感到战争是怎么一个惨痛。尤其是他一临到长官的铁板前（战场上重要军官都有铁板挡住枪弹),更有刺心的痛楚。而他又眼见他的朋友们,很多在战场上牺牲掉。战争的结果,也可以变成两种态度:一种是英雄,他见别人死的死伤的伤,只有他健存,自己就觉得怎样了不得,这么那么夸耀战场上的威雄。一种是变成反对战争的,希望世界上不要再打仗了。托尔斯泰便是后一种,主张用无抵抗主义来消灭战争。他这么主张,政府自然讨厌他;反对战争,和俄皇的侵掠欲望冲突;主张无抵抗主义,叫兵士不替皇帝打仗,警察不替皇帝执法,审判官不替皇帝裁判,大家都不去捧皇帝;皇帝是全要人捧的,没有人捧,还成什么皇帝,更和政治相冲突。这种文学家出来,对于社会现状不满意,这样批评,那样批评,弄得社会上个个都自己觉到,都不安起来,自然非杀头不可。

但是,文艺家的话其实还是社会的话,他不过感觉灵敏,早感到早说出来。(有时,他说得太早,连社会也反对他,也排轧他。)譬如我们学兵式体操,行举枪礼,照规矩口令是"举……枪"这般叫,一定要等"枪"字令下,才可以举起。有些人却是一听到"举"字便举起来,叫口令的要罚他,说他做错。文艺家在社会上正是这样;他说得早一点,大家都讨厌他。政治家认定文学家是社会扰乱的煽动者,心想杀掉他,社会就可平安。殊不知杀了文学家,社会还是要革命;俄国的文学家被杀掉的充军的不在少数,革命的火焰不是到处燃着吗?文学家生前大概不能得到社会的同情,潦倒地过了一生,直到死后四五十年,才为社会所认识,大家大闹起来。政治家因此更厌恶文学家,以为文学家早就种下大祸根;政治家想不准大家思想,而那野蛮时代早已过去了。在座诸位的见解,我虽然不知道;据我推测,一定和政治家是不相同;政治家既永远怪文艺家破坏他们的统一,偏见如此,所以我从来不肯和政治家去说。

到了后来，社会终于变动了；文艺家先时讲的话，渐渐大家都记起来了，大家都赞成他，恭维他是先知先觉。虽是他活的时候，怎样受过社会的奚落。刚才我来讲演，大家一阵子拍手，这拍手就见得我并不怎样伟大；那拍手是很危险的东西，拍了手或者使我自以为伟大不再向前了，所以还是不拍手的好。上面我讲过，文学家是感觉灵敏了一点，许多观念，文学家早感到了，社会还没有感到。譬如今天××先生穿了皮袍，我还只穿棉袍；××先生对于天寒的感觉比我灵。再过一月，也许我也感到非穿皮袍不可，在天气上的感觉，相差到一个月，在思想上的感觉就得相差到三四十年。这个话，我这么讲，也有许多文学家在反对。我在广东，曾经批评一个革命文学家——现在的广东，是非革命文学不能算作文学的，是非"打打打，杀杀杀，革革革，命命命"，不能算作革命文学的——我以为革命并不能和文学连在一块儿，虽然文学中也有文学革命。但做文学的人总得闲定一点，正在革命中，哪有功夫做文学。我们且想想：在生活困乏中，一面拉车，一面"之乎者也"，到底不大便当。古人虽有种田作诗的，那一定不是自己在种田；雇了几个人替他种田，他才能吟他的诗；真要种田，就没有功夫作诗。革命时候也是一样；正在革命，哪有功夫作诗？我有几个学生，在打陈炯明时候，他们都在战场；我读了他们的来信，只见他们的字与词一封一封生疏下去。俄国革命以后，拿了面包票排了队一排一排去领面包；这时，国家既不管你什么文学家艺术家雕刻家；大家连想面包都来不及，哪有功夫去想文学？等到有了文学，革命早成功了。革命成功以后，闲空了一点；有人恭维革命，有人颂扬革命，这已不是革命文学。他们恭维革命颂扬革命，就是颂扬有权力者，和革命有什么关系？

这时，也许有感觉灵敏的文学家，又感到现状的不满意，又要出来开口。从前文艺家的话，政治革命家原是赞同过；直到革命成功，政治家把从前所反对那些人用过的老法子重新采用起来，在文艺家仍不免于不满意，又非被排轧出去不可，或是割掉他的头。割掉他的头，前面我讲过，那是顶好的法子咾，——从十九世纪到现在，世界文艺的趋势，大都如此。

十九世纪以后的文艺，和十八世纪以前的文艺大不相同。十八世纪的英国小说，它的目的就在供给太太小姐们的消遣，所讲的都是愉快风趣的话。十九世纪的后半世纪，完全变成和人生问题发生密切关系。我们看了，总觉得十二分的不舒服，可是我们还得气也不透地看下去。这因为以前的文艺，好像写别一个社会，我们只要鉴赏；现在的文艺，就在写我们自己的社会，连我们自己也写进去；在小说里可以发见社会，也可以发见我们自己；以前的文艺，如隔岸观火，没有什么切身关系；现在的文艺，连自己也烧在这里面，自己一定深深感觉到；一到自己感觉到，一定要参加到社会去！

十九世纪，可以说是一个革命的时代；所谓革命，那不安于现在，不满意于现状的都是。文艺催促旧的渐渐消灭的也是革命（旧的消灭，新的才能产生），而文学家的命运并不因自己参加过革命而有一样改变，还是处处碰钉子。现在革命的势力已经到了徐州，在徐州以北文学家原站不住脚；在徐州以南，文学家还是站不住脚，即共了产，文学家还是站不住脚。革命文学家和革命家竟可说完全两件事。诋斥军阀怎样怎样不合理，是革命文学家；打倒军阀是革命家；孙传芳所以赶走，是革命家用炮轰掉的，决不是革命文艺家做了几句“孙传芳呀，我们要赶掉你呀”的文章赶掉的。在革命的时候，文学家都在做一个梦，以为革命成功将有怎样怎样一个世界；革命以后，他看看现实全不是那么一回事，于是他又要吃苦了。照他们这样叫，啼，哭都不成功；向前不成功，向后也不成功，理想和现实不一致，这是注定的运命；正如你们从《呐喊》上看出的鲁迅和讲坛上的鲁迅并不一致；或许大家以为我穿洋服头发分开，我却没有穿洋服，头发也这样短短的。所以以革命文学自命的，一定不是革命文学，世间哪有满意现状的革命文学？除了吃麻醉药！苏俄革命以前，有两个文学家，叶遂宁和梭波里，他们都讴歌过革命，直到后来，他们还是碰死在自己所讴歌希望的现实碑上，那时，苏维埃是成立了！

不过，社会太寂寞了，有这样的人，才觉得有趣些。人类是欢喜看看戏的，文学家自已来做戏给人家看，或是绑出去砍头，或是在最近墙脚下枪毙，都可以热闹一下子。且如上海巡捕用棒打人，大家围着去看，他们自己虽然不愿意挨打，但看见人家挨打，倒觉得颇有趣的。文学家便是用自己的皮肉在挨打的啦！

今天所讲的，就是这么一点点，给它一个题目，叫作……《文艺与政治的歧途》。

（原载上海《新闻报·学海》第一八二、一八三期，1928 年 1 月 29 日，1 月 30 日）

文人的职业

傅斯年

傅斯年(1896—1950),历史学家、教育家。本篇系1928年时任广州中山大学教授的傅斯年在本校的讲演辞。

有歌曲必有歌者,有绘画必有画师,有文学必有文人,歌者,画者,文人,以及一切的艺术家,虽他自己要表达客观的境界,要说“实在”的话,但总是他自己的境界,他自己的话,这都是一个无量数方面的。物理学者虽然只有一个境界,而诗人和艺术家则因自身和环境互相反应之错综,有无量数之境界。惟一的然后是客观,多方面的必定由主观。所以谈一种文学,便等于谈该一种文人,拿文苑传当作文学史看,未尝不是,只是历来的文苑传都是依最形式的方法写的,正不能借此看出这些文人的实在罢了。

一个文人的成分是无限东西凑合的,以前的祖祖宗宗好些零碎,同时的东西南北又好些零碎。姑且约略来说,第一,他是个人;第二,他是个当时的人;第三,他是个在职业中的人。第一,文可不必谈,因为太普泛了。但我们还要提醒一句,因为文人是人,所以文学中最大的动荡力是情爱和虚荣心了;第二,我们在下一节中商量;第三,正是我们在这一节中说的。

文人的职业是因地有些不同的。譬如中国历代的文人大多数是官吏,西洋近代的文人,好些个不过是个国王或贵族的清客相公,而大多竟是优倡或江湖客而已。他们的职业成就他们的文学。十七八世纪的文学是贵族养他,近百年中是社会养他,所以十七八

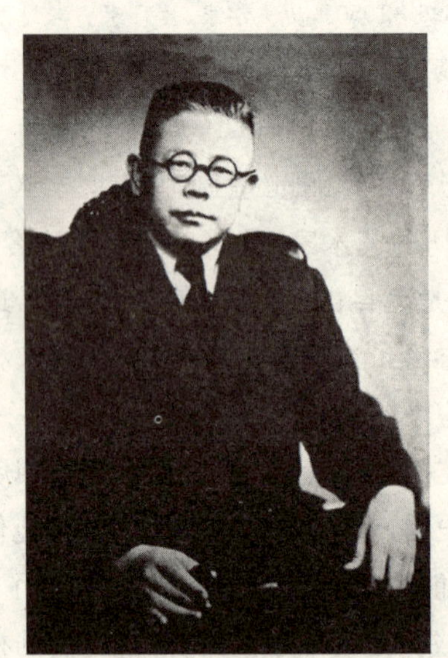

傅斯年

世纪的书籍，每每致于贵族，最近的书每每致于他的妻和友。又如唐诗和宋诗，真正不是一样的风格，也不是一样的题目。中晚唐的诗人，除韩、白几个人以外，都是枢臣节使的掾史或清客，所以所作的诗无论是藻饰的或抒情的，自咏的或赠给人的，每每带着些书记翩翩的样子，现出些华贵的环境，露一点逢场俯仰的情绪。在这个情景中，我们显然看出当时的文人不是贵族社会的自身，而是在贵族式的社会中做客。风气先已如此了，便是真的贵族，做起文辞来，便也不免是这个样子了。所以唐诗在大体上说去是说客人的话，为别人作诗的话(杜少陵大体不这样，然李太白却不免)。到宋朝便没有诸侯式的方镇了，每没有食客做了，文人多要去做皇帝的官了，做官比做客在当时实在独立得多，自由得多，所以用不着说话给府主听，只由着自己的性儿，说自己的话好了。文人自成一个社会，在这社会里文人是主人。所以像山谷后山，那类的诗，那类文人社会中的诗，绝难出现于中晚唐时府主的社会中，所以宋诗在大体上说是说主人的话，作自己的诗。举这一个例，以概括其他无数的例。

在中国，古往今来文人的职业大略有四种：一、史掾；二、清客；三、退隐；四、江湖客。

中国文学的开头是官的。这句话仿佛像答晋惠帝的傻问，但，文学确有官的、有私的。中国的典册高文，例如箴、铭、颂、赞、符、命、碑、志等，是官的，西洋的荷马等是私的，近代的文学尤其是私的。官文不必即是当官者之言，只是一经沿袭一个官文的来源，便成一个官文的质实，所以历来所谓大手笔者，所作多是些官文，这些人有的也不过是布衣的。官文的来源起于史掾，这个名词本不很好，但一时想不出更好的来。经典时代所谓史之一职，与八代所谓掾之一职，合起来以概后世，故用这个名词。经典时代中所谓史，八代所谓掾，皆是给人做书记的。史掾的文辞，在原始上不过是工具的文辞。不能说是艺术的文辞，但公文有时也很有艺术性，特别在中国文学史中这个情形尤其显著。不特六朝的大文多是官文或半官文，即开中国文学史的《尚书》《雅》《颂》又都是官文。史掾的职业是执笔的臣仆，这个情形在最早的记载上已经看得很清楚，周代金文刻辞中常有下列一个公式："王立中庭，呼史某册命某为某官。王若曰。……"所以史掾说的话是别人的话，他的作用不过是修饰润色而已。因为这样的职业是如此，所以这样的文章在最好时不过是"如黄祖之腹中，在本初之弦上"（汪中《吊马守贞文》）。这个职业在汉武帝以后尤大发达，枚乘司马相如的时代，文人的职业还只是清客，不是史掾（司马长卿曾为郎官使蜀，然还是清客的浪漫把戏，到王褒乃是个有秩位的官）；到王褒、谷永，文学改宗古典一派，而职业已不是客而是官；赋（此处但就京都一类之赋言）、诔、碑（私文而官气者）、论（此处但就符命一类之论言之，如"剧秦美新""王命"等）、颂、赞、箴、铭等等体裁，都是在这个时候始发达官的文学，扬子云正是古典文学的大成就，同时也是官气文章的十足发达，《剧秦美新》之论，《十二牧》之箴，可以为例。东汉一代的文学，除诗乐府（民间文学）及史书（工具文学）以外，几乎皆是这一类的文，而文人也是在上则为列大夫，在下则举孝廉，辟郎官，直到蔡邕便是这一线的最高点。魏晋六朝大手笔固然多是些国家的典制，即到了排除八代以归秦汉之韩文公手中，如《平淮西碑》之"点窜《尧典》《舜典》字，涂改《清庙》《生民》诗"者，看看这个大文中之衣冠礼乐气象思路，又何尝不是官样文辞呢？不过散文谈官话究竟没有骈文谈官话之便当，坏事说成好事，寻常事说得有风度，所以诏令制诰永远是以骈文行之。直到了骈文的创造性早已消失之后，骈文中官文之一部尚能有花样可翻，如宋之四六，正是好例。而宋代的散文，得有骈文包办了官文去，自身还可免说官话，较自由些，故差有新生命了(其实宋代散文之进展依科举者甚大，这虽然也是一种官文，而与做史掾之官文不同)。

文人的第二种职业是清客。清客也是在王庭或诸侯卿相乃至富家士族之家中供奉的。但史掾与清客有个大不同处，史掾是用自己的本领做别人的工具，清客是把自己的艺术供别人之欣赏，所以同样是个做奴才，史掾表达的是别人，清客表达的还是自己，史掾是僚属，清客仍不失其为客人，史掾是些官，清客还不失其为艺术或方术之士。

战国时，梁朝稷下的那些先生们，大约都是些清客，其中固有专以方术见长的，也有特别以文辞见长的，例如邹衍、淳于髡。到汉朝则梁朝与淮南朝的清客最多，果然楚辞的好尚就在这个环境中成就，歌辩的体制就在这个环境中演进。司马长卿、东方曼倩在汉武朝中也只是清客，不能算做官，虽然不免于"主上所戏弄优倡所畜"，但究竟比执笔说官说的人可以多多自显性灵些。中国文学的好多缺陷，每每由于文学大多不自清客或江湖客来，这是比起近代欧洲来相形见绌的。本来清客只靠诸侯及世家贵族来蓄养，专制帝王的朝廷是比较难容较有自由的艺术家的，即使容许，一个朝廷也养不了许许多，且一个朝廷更难得有两样的风气，而艺术风气统一了，每每即是艺术的死症。

文人的第三种营生是退隐，退隐虽不是"职"，却在甚多文人身上已经成了一种"业"，这一业与业官实在是一件事情的两面，进则为官，退则归隐，归隐仍是士大夫的身份。自然，隐居的人们也不全是一类，虽大多是退到林泉的，然也有退到林泉竟真归农的，也有是一生布衣未出过茅庐的。中国文学中甚发达的山林文学自然是这些人们成就的，这些山林文学的意境有的很是宁静的，有的很是激昂的，真隐士多是真激昂的，因为真的隐遁，非"带性负气"不可，这是朱文公说对了陶渊明的话，假的隐遁也可以认识些山林中的性灵，例如杜子美误认做高人的王摩诘之在辋川。

在中国，山林文学之发达和帝政很有关系，因为有这样的帝政，然后官多，然后退位的官多，然后官家子弟之在林下田间，可以凭借基业以欣赏文学者多，然后对于世务起了反感而深藏遗世者多，一统的帝政时代，清客之少，隐逸之多，当是一个原因；封建制度之下，正是相反的。

文人的第四种生活是做江湖客。江湖上的诗人文人，自古以来是很多的，只是因他们的文辞多上不了统治阶级之台面，所以我们不感觉着这些人的存在。虽时时代代多有这样的作者，而世过代迁每每留不下多少踪迹。敦煌石室卷子中给我们好些李陵、苏武的故事和诗歌，而不告诉我们以他们的作者；又给我们好多唐代的小说，汉土的佛曲，都不知作者。宋人的平话杂剧，亦不知作者；元明以来的长篇小说很多不知作者，我们所见近代的一切民间文学亦不知作者。这些东西中，自然也有些是好事的官们，清闲的绅士们作的，然大多总当是在江湖上吃闲、卖艺、说书、唱故事的人们所作的。这些众人中真有艺术家，因为只有他们乃是和倡优——这都是艺术家——同列的，乃不是士大夫，他们曾经以众人的力量创造了好些大文体，如楚辞、五言、七言、词、曲、杂剧、传奇、弹词、章回小说。又出产了好些有力量的文辞，例如"古诗十九首"，所谓苏李诗、东汉乐府、唐人无名氏的词,以及直到近代一切通俗文学中的佳作。

其实上述四类也都互有出入,我们不能指每一文人单独的属于某一类。这样四种生活的交错,有个对称的样子,做官和做隐士原来只是一件事的两面,都是士大夫阶级,分别只在一进一退而已。做清客和做江湖客也只是一种营生的高低,都是方技的职业,分别只在一有府主而在上,一无府主而在下而已。做官和做清客又有相同处,便是他们都在上层。做隐士和做江湖客也有相同处,便是他们都在民间。这很像一个四角形的关系。

我并不想把这一部讲义写成一个唯物史观的文学史,且我反对这样无聊的时髦办法,但在讨论许多文学史的问题时,若忘他的物质方面的凭借,是不能辟入的。

因文人的职业之不同,故文人的作品有的为人,有的为己,有的为多,有的为少,职业是在客位者为人,在主位者为己,在上层社会者为少,在下层社会者为多。文人和其他人一样,焉能自脱于他在社会中所处的地位呢?

文学因时代的不同,每每即是文人的地位因时代的不同。在了解很多文学史题上,这个观点很重要,现在姑举一个例,即上文已经提出过的唐诗、宋诗不同之一事。

自从五言诗成诗体正宗的时候——建安——算起,文人的地位多数是在朝做侍从供奉,在外作一薄宦或靠府主为生的。他们虽不全是这样,然多数是这样。这个情形,到了唐朝更甚,唐代的社会是贵族的社会,唐代的政治是在门阀手中的。中唐以来,地方割据的势力分了中朝的政权,各节度使又每成一个小朝廷,能养清客。这时候的书生,自是书生,不像宋朝人可以随便以天下事自任。这时候的书生正多出身清门的，然而与统治阶级每不是一事。他们所处的社会是华贵的社会，而他们正多是在这样的华贵社会中做客。譬如李白、杜甫的时代，主人自是杨家兄弟姊妹，及其环境中人乃外至严武等等，李白只是中朝的客，杜甫只是节度使的客。中晚唐诗人的客人生活尤其表显这情形，直经五代不会改，因此之故，唐代诗人除杜、韩几个大家而外，都是为这件事实所范围的。经五代之乱，世族社会扫地以尽，到了北宋以后，文人每以射策登朝，致身将相，所以文风从此一变，直陈其事，求以理胜者多，诗风从此一变，以作散文的手段作诗，而直说自己的话。这个转移，庆历间已显然，至元祐而大成就。以前读书人和统治者并非一事，现在差不多是一类了，以前的诗人寄居在别人的社会中，现在可以过自己的生活了。以前诗人说话要投别人的兴趣，现在可以直说自己的话了，总而言之，以前的诗多是文饰其外，现在的诗可以发挥其中了。以前是客，现在是主了。社会组织之变迁影响及于文人的生活，文人的生活影响及于文章之风气。诚然，最大家每每有超越时代的形迹，如韩昌黎的诗，在他当时是独立的，反而下与宋诗成一线，又如陆放翁的诗，在他当时是能高举的，反而与唐诗联一气，然而大大多数诗人总是完全受时代之支配，依环境以创作者，即此第一等之最大诗人，一经深者，仍不脱离其时代，不过占得最在前耳。世人每以为庆历以降之变唐风，由于范欧诸公之提倡，王苏诸人之继作，然若北宋中世文人的生活依旧如唐时，这提倡正未必能成立，即成立也不得发展绵长，自然不至于依旧局促于西昆诸体，然仍当是凭唐人之遗绪，在个外范中一层一层翻些花样而已，大前提是变动不了的，数百年之绪是不能一下子转的，如欧阳公之《明妃曲》者是做不出来的。下边对举温飞卿、黄鲁直诗各一首，以为这一节所说的意思之形容，我们不说这两首诗可以分别代表晚唐、盛宋，然把这两首诗对着看一下，看看他们的身世之不同主或客，出词之不同内或外，境界之不同文或质，意态之不同清或醇，则时代之异，环境之别，再显然不过。

温飞卿《过陈琳墓》：

> 曾于青史见遗文，今日飘蓬过此坟。词客有灵应识我，霸才无主始怜君。石麟埋没藏春草，铜雀荒凉对暮云。莫怪临风信惆怅，欲将书剑学从军。

黄鲁直《池口风雨留三日》：

> 孤城三日风吹雨，小市人家只菜蔬。水远川长双属玉，身闲心苦一舂锄。翁从旁舍来收网，我适临渊不羡鱼。俯仰之间已陈迹，墓窗归了读残书。

宋朝庆历以来诗虽不接唐人，而宋朝的词反接唐人，唐人诗中的体质、情感、言语，到了北宋盛时不传入诗，反而转入词，这件事实我们几乎可以在一切北宋大家中看出的。这为什么，这因为宋诗人作词时的环境转与唐人作诗时的环境偶似，这便是说，在华贵的社会中做客。北宋的诗人作词还多是替歌妓作的，试着学说歌妓的话。南宋的词人作词便渐渐替自己作了，称心去说自己的话。唐诗人的环境同于倡，宋诗人的地位近于儒。北宋人制辞多是临时的解放，因而最富风趣，不说自己的职业话，而去代歌者表她自己的世界。即如欧阳公，在诗中是大发议论的老儒，在辞中香艳得温、李比不上，岂不以欧阳公当时在词在诗之社会的身份各不同，所以诗和词不像一个人的话吗？

（选自《傅斯年全集》第二卷，湖南教育出版社，2003 年）

在五四纪念大会上的演讲

闻一多

本篇系 1945 年，闻一多在云南所作的纪念五四运动的讲演辞。

五四过去二十六年了，我们大半个国家还在受苦受难。我们今天第一要民主，第二要民主，第三还是要民主！没有民主不能救中国！没有民主不能救人民！

但是，现在和五四时代不一样了。现在，我们国家的情况，也和当时大不相同了，我们要求民主，也不是过去那样的民主了。

五四还要科学，不过，没有民主，也就不可能发展科学。所以，我再三说要民主，这绝不是说不要科学。我们的国家太落后，封建迷信太严重，这两年闹的什么"献九鼎"那一套把戏，不就是宣传封建迷信吗？这也是同孔家店的思想有关的，所以五四要打倒孔家店。如果我们有了民主，又有了科学，国家就可以兴旺发达，可以消除反动复古的把戏了。

今天，大会的胜利，证明我们的要求是正确的，是受到人民拥护的，我们也一定会得到更大的胜利！不过也要记住，反对人民的人并没有睡觉，我们不能麻痹，不能自满。我们要更好地团结起来，保卫我们的胜利，争取更大的胜利！

（选自颜浩编著《新文艺和文学遗产——闻一多卷》，山东文艺出版社，2006 年）

西南联大纪念碑，由冯友兰撰文，罗庸书丹，闻一多篆额

在联大校友话别会上的演讲

闻一多

1946年4月14日，西南联大昆明校友会，在昆明东门外龙家花园举行话别会。到会的有联大教授闻一多、冯友兰、潘光旦等60多人，校友200多人。本篇系闻一多在会上的讲演辞。

联大就要分开了，北大、清华和南开，不久就要回到老家去了啦！这当然是值得高兴的，我也和大家一样，怀念故乡，怀念清华园。可惜，如今除了那半个中国之外，哪儿也不会有安乐土！比如说，这座美丽的花园，那么幽静！这个会场多么欢畅！你们可也知道：丑恶的东西就躲在旁边，要挟威胁，要破坏这个会议，要带军警来检查，要把他们的反动货色硬塞进会场，连这样一点高兴，也不甘心让人享受，连这样一个惜别联欢的会，也违反了什么集会法。现在总算开起来了。但是，这使我不能不想到北平，在那里等待着我们的恐怕不是什么幸福，也许是更丑恶的灾难！

从前，我们都在北平住过很长的时间，那时候，研究学术的条件很好，日子也过得非常舒服。我们在那里读书，教书，做研究工作，说起来总算多多少少做过一些事情，对大家做过的事情也都很满意。现在回想起来，当时的工作，当时的生活，好些都很不对头。说实话，我是不满意过去三校的作风的。我希望过去的就让它永远成为过去，三校今后应该继承和发扬这几年来联大的精神：爱民主，爱人民，开创一幅新面貌！

北大、清华、南开，都是有名的大学，确实为国家培养了一些人才，这几年三校联合在一起，在艰难的条件下，一直坚持勤学苦读

抗战中后期，昆明物价暴涨，闻一多不得已挂牌治印

的精神，相信也会出一些人才的。特别是联大成了著名的"民主堡垒"，在大后方的民主运动中作出了重要的贡献。"一二·一"运动更是近代史上的一件大事。所有这些，我们大家都有深刻的印象。今天我想说的是，这三个大学都和美国关系很密切，我们都是在美国式的教育里培养出来的，固然也可以学得一些知识和技术，但是经过这八年的检验，可以说，过去受的美国教育实在太坏了。它教我们只顾自己，脱离人民，不顾国家民族，这就是所谓的个人主义吧，几乎害了我一辈子！有些人毕了业，留了洋，干脆不回来了；有的人爬上去了，做了教授，或者当了校长，或者当了大官，有了地位，就显得不同，想的和说的也和别人不一样啦！其实，这些有什么值得夸耀的呢？我希望联大的同学再不要学我们的样子。你们这些校友都是走进社会上工作的人了，你们都有责任改革这样的现状，要拿出勇气来，不要重走误人误己的道路了。

别人又以为我在骂人了。是的，对于反动的不公道的不对的事情，为什么不该骂？

前几天有个刊物隐约地骂了蒋介石，于是他的党徒们嚷起来了，说侮辱了什么似的，还有些好心肠的知识分子也跟着说这太过分了，难道说，他这些年造了那么多的孽，害了那么多的人民，骂一下都不行吗？咱们应该讲真理，明是非。我有名有姓，我就要骂！

（选自颜浩编著《新文艺和文学遗产——闻一多卷》，山东文艺出版社，2006）